가족복지론

FAMILY WELFARE

가족복지론

박언하 저

동문사

머리말

가족복지란 가족 전체를 사회복지의 대상으로 하여 보다 통합적이고 예방적인 사회복지 서비스를 제공하기 위해 공공기관 또는 민간기관이 수행하는 조직적인 활동을 말한다. 현대사회의 급속한 변화에 따라 오늘날의 가족은 놀라울 정도로 빠르게 변화하고 있다. 이제는 가족을 부부와 자녀의 4인 가족이 함께 살아가는 것으로 보거나 이를 건강가족으로 정형화하는 것은 무리다. 이제는 가족을 변화하는 실체로 간주하면서 가족유형의 다양성을 받아들여야 한다.

현재 우리나라는 가족의식의 변화, 가족문제의 유형, 내용, 대처방안 등에서도 많은 변화를 경험하고 있다. 이러한 변화는 저출산, 고령화, 다문화가정의 급증, 가정폭력 및 아동학대의 문제, 한부모 가족문제, 이혼율 및 재혼율 증가, 독신가구의 증가, 빈곤가족의 문제, 장애인문제, 노인문제, 미혼모와 그 자녀의 문제, 가족해체 문제 등 가족과 관련된 다양한 문제들이 나타나고 있다.

한국사회의 저출산 고령화 진전은 생각보다 굉장히 빠르게 진행되고 있다. 아이들은 점차 줄어들고 있어 저출산 현상은 심각한 현실이다. 이제는 1인가구가 2인가구보다도 많아져 가장 주된 가구 형태가 되었다. 우리나라 전체 가구의 절반 이상이 1~2인 가구인 것이다. 한국사회도 2000년대에 들어서 다민족, 다인종사회로 이행하게 되어 다문화가족과 새터민 가족도 빠르게 늘어나고 있다.

본 교재에서는 최근 한국사회 내 가족의 변화와 가족복지 관련 연구와 정책의 흐름을 반영하여 총 10개의 장으로 구성되어 있다. 그리고 빠르게 변화하는 가족에 대한 이해를 돕고자 매 장의 마지막 부분에 관련 신문기사를 삽입하였다. 제1장 '가족복지의 개념' 부분에서는 가족복지의 개념, 가족복지의 대상영역, 우리나라 가족복지의 정책분류, 가족복지의 개선방안, 전통가족과 현대가족의 특징, 현대가족에서 나타나는 다양한 문제점, 현대가족에서 나타나는 다양한 문제점의 해결방안, 현대가족의 변화에 대한 가족위기론과 가족진보론의 쟁점을 파악하도록 하였다.

제2장 '현대가족의 성격' 부분에서는 가족에 대한 이해, 가족의 정의와 기능, 현대가족의 성격, 가족변화에 대한 쟁점, 현대가족이 변화와 특징, 전통가족과 현대가족의 비교, 미래가족, 현대 가족집단이 안고 있는 문제점, 핵가족의 문제점, 현대사회의 가족이 지닌 문제점에 대하여 다루었다.

제3장 '가족상담 및 치료' 부분에서는 가족상담 및 치료의 정의, 한국의 가족상담 및 치료의 발달사, 가족 상담 및 치료의 발달 중 체계이론, 해결중심가족상담, 정신역동적 가족치료, 대상관계이론, MRI 모델, Haley 모델, Milan 모델에 대한 이해를 돕고자 한다.

제4장 '가정폭력과 가족복지' 부분에서는 가정폭력의 개념, 가정폭력의 유형 및 특성, 가정폭력의 특성, 가정폭력의 이론, 가정폭력의 문제점, 가정폭력에 대한 개입방안에 대하여 살펴보고자 한다.

제5장 '1인가족과 가족복지' 부분에서는 독신가족에 대한 이해, 독신가족의

실태, 독신가족의 문제점, 노인독신가족에 대한 이해, 독신가족을 위한 가족복지대책에 대하여 다루었다.

제6장 '외둥이가족과 가족복지' 부분에서는 외둥이 및 외둥이가족의 개념, 외둥이가족의 현상과 이론적 관점, 외둥이 가족의 아동 특징과 문제, 외둥이가족의 부모양육, 외둥이가족을 위한 복지 대책을 살펴보고자 한다.

제7장 '맞벌이 가족과 가족복지' 부분에서는 맞벌이 가족의 개념, 맞벌이 가족의 원인, 맞벌이 가족의 유형, 맞벌이 가족의 문제점 및 개선, 맞벌이 가족을 위한 개선방안, 맞벌이 가족을 위한 사회복지관점 등의 내용들을 다루고자 한다.

제8장 '다문화가족' 부분에서는 다문화가정의 정의, 다문화가정의 현황과 욕구, 한국의 다문화 가족 증가 배경, 외국인 노동자의 현황, 다문화가족의 문제점, 외국인 노동자의 유입과 다문화가족의 문제, 다문화가족의 문제에 대한 대책, 다문화가족의 부모역할에 대하여 살펴보고자 한다.

제9장 '새터민가족과 가족복지' 부분에서는 새터민의 개념, 새터민 가족이 개념, 새터민가족의 특징, 새터민가족의 문제점, 새터민가족에 대한 개입, 새터민 가족 지원을 위한 사회복지 프로그램, 새터민 가족의 대책,

제10장 '성소수자 가족과 가족복지' 부분에서는 동성애가족의 개념과 실태, 동성애가족의 사회복지가치, 동성애가족의 사회복지적 가치, 동성애가족에 대한 가족이론 등의 내용들을 다루고자 한다. 특히 이 책에서는 성소수자가족에 대한 내용이 마지막 장에 있다. 2000년대 초, 저자가 뉴욕대학교에서 대학원

재학 당시, 사회복지학과 교수들의 성소수자의 인권과 권리와 동성애 이슈 등에 대한 차별금지를 위한 공청회를 개최하는 등의 다양한 노력을 하는 모습들은 신선한 충격으로 아직도 남아있다. 20여 년이 지난 지금 대한민국에서는 2022년 차별금지법을 발의하였으나 보수 기독교계와 재계의 반대로 성적 지향 등 7개의 차별금지 사유가 삭제된 법안을 정부가 발의했다. 차별금지법의 원칙은 누구도 남겨두지 않는다는 것이어야 한다는 의미에서 저자는 이 내용을 다루고자 한다.

마지막으로 이 책이 나오기까지 많은 도움을 주신 동문사 유재영 상무님과 편집부 직원분들께 깊은 감사의 말씀 전하고 싶다. 그리고 이 책을 집필하는 동안 많은 관심을 갖고 기다려준 두 아들, 유찬, 선우, 남편, 울산할머니와 어머니에게도 감사의 마음을 표현하고 싶다. 이 책이 가족복지에 관심을 갖고 사회복지학을 공부하는 많은 학생들에게 조금이나마 도움이 되기를 바란다.

2022년 화봉관에서

집필자 박언하

차 례

Chapter 01

가족복지의 개념

Chapter 01

가족복지의 개념

들어가며

현대의 가정 형태는 '핵가족'의 형태를 이루고 있다. 과거의 가부장적인 시대의 대가족의 형태에서 파생되어 나온 형태로서, 소규모 가족 구성원을 이루고 있다. 삶의 질 향상과 더불어 가족에게 집중하는 현상들이 발생하고 있다. 사회적으로 가족 이기주의나 기타 문제도 발생하지만 대체적으로 과한 사랑이 그 원인이라 할 수 있다. 핵가족화가 진행됨에 따라 가족복지에 대한 정부 정책 지원이 시작되었다. 이는 사람들이 가족 행태에 만족을 느끼고, 1인 가정의 형태에 자원을 배분하기 위함이다. 본 장에서는 가족과 가족복지에 대해서 살펴보고자 한다. 가족복지의 개념과 가족복지의 대상영역에 대해서 살펴보도록 하겠다. 그리고 현재 우리사회의 가족문제에 및 가족복지의 방향에 대해서 살펴보도록 하겠다.

1. 가족복지의 개념

'가족복지'란 가족 전체를 사회복지의 대상으로 입각하여 보다 통합적이고 예방적인 사회복지 서비스를 제공하기 위해 공공기관 또는 민간기관이 수행하는 조직적인 활동이다. 즉 가족복지란 사회복지의 대상이 보호를 필요로 하는 개인뿐만 아니라 가족 전체라는 점에서 통합적인 서비스 제공이다. 또한 보편적, 개별적인 사후치료 중심이 아닌 사전예방적인 서비스 제공의 기능을 갖는다고 볼 수 있다.

이 같은 개념의 가족복지는 최근에 관심을 모으고 있는 재가복지의 실시에 전제 조건이 된다. 오늘날 재가복지가 특히 강조되고 있는 것은 노인이나 장애인 등 혼자 힘으로 일상생활을 영위하기 어려운 사람들을 보호시설에 장기간 수용함으로써 초래될 수 있는 부정적 결과를 방지하고 그들에 대해 보다 '질 높은 삶'을 보장하여 사회보장의 기본 이념을 구현하기 위해서이다.

이러한 개념의 가족복지는 현재 중요한 가치와 역할을 하고 있다. 늘어나는 노인인구와 그들을 부양할 수 있는 정책적 구조를 통해서 앞으로 발생할 수 있는 사회적 문제를 미연에 방지하고 예방할 수 있도록 조치를 취한다.

국가적으로 가정에 대한 관심도를 높이고자 가정의 달 행사를 마련한다. 가족복지에 큰 관심을 보이는 장면이라고 할 수 있다. 이러한 행사를 통해서 사회적인 문제를 줄이고 혹여 있을지 모르는 가족 간의 갈등을 풀 수 있는 시간을 주는 것이다. 가족의 문제는 눈에 보여지는 것보다, 그들 안에서 보여지지 않는 문제들이 훨씬 더 많다고 한다. 가족을 소유물처럼 여기는 문화적 관점으로 보고 있는 국내 문화의 탓인 듯하다. 간혹 미디어를 통해 가정 문제의 심각성을 깨닫고 있으면서 쉬쉬하는 것은 가족 문제이다. 이에 가족복지 차원에서 근본적으로 갈등을 해결할 수 있도록 노력해야 한다.

과거 대가족 시절, 가족들 사이의 상세하거나 극도의 친밀함은 없었지만 대체적으로 화목했다. 가부장적 중심의 문화에서도 그 이유를 찾을 수 있겠지만, 많은 수의 가족은 그들만의 문제를 스스로 해결할 수 있는 능력 또한 갖추었다. 현대는 조그마한 구성원의 핵가족을 그 근본으로 두고 있다. 그들 간의 자세한 의사소통을 통하여 현재의 문제를 파악하고 도움주길 전혀 꺼리질 않는다. 사실 가족복지가 발생한 근간은 가족 간의 관계를 더욱 진척시키고, 사회적으로 성숙한 문화를 만들기 위함이다. 감정적으로는 조금 더 가까운 사이로서 존재하지만 그들 간의 갈등은 외부로 보여지는 부분이 아니기 때문에 정부적 자원의 영향을 받도록 해야 한다. 특히 요즘처럼 가족끼리 모일 시간이 없을 만큼 바쁜 시기에는 국가적 프로그램에 동참하여 보이지 않는 갈등을 해결하는 것이 좋은 방법이다.

2. 가족복지의 대상영역

현재의 우리 사회는 많은 도전에 직면해 있으며, 이러한 도전 중 일부는 경쟁의 증가, 도덕적 가치의 변화, 그리고 다양한 사회적 문제들로 인해 발생한다. 이러한 사회에서 우리는 정신적으로 힘들어하고 있다. 배려가 없어진 사회, 이기적으로 자기 자신만을 위한 사회에서 우리는 많은 스트레스를 받고, 심리적 불안은 우리의 정신을 흔들어 놓는다. 현 사회에서 우리를 불안하게 만드는 것은 대표적으로 사회생활을 하면서 받는 스트레스, 맞벌이 부부의 증가로 인한 가정위기 시 여기서 받는 심리적인 불안, 그리고 고령화 사회에서 노인들이 받고 느끼는 심리적 불안이다. 이처럼 다양한 심리적 불안이 오늘날 우리사회에서 다양한 문제를 만들고 있다. 그리고 사회문제는 사회복지의 중요성과 그 가치에 대해서 다시 한번 생각해 보도록 한다.

이러한 사회에서 우리 가족은 많은 위기를 겪고 있다. 사회의 변화로 인하여 가족의 위기도 변화하고 있다. 우리는 이러한 변화를 파악 후, 가족복지정책의 방향을 설정하고 가족복지서비스를 제공해야 한다. 변화된 문제에 맞는 가족복지정책을 제공해야 하나, 예전 문제에 맞는 정책을 제공한다면 이는 개선할 수 없다. 즉, 오늘날 어떤 문제를 가지고 있는지 잘 파악하고 이에 적절한 대안을 제시해야 한다.

가족복지를 통해서 실현하고자 하는 목표는 오늘날 우리 사회에서 가족이 겪고 있는 다양한 문제점들을 개선하고 가족들이 행복하게 살 수 있도록 만들기 위한 것이다. 가족 안에서 일어나고 있는 아동문제, 청소년문제, 청년문제, 경제적 문제, 노인문제 등 다양한 문제를 해결하기 위하여 가족복지가 존재한다고 생각한다. 가족복지를 통해서 가족이라는 공간을 지금보다 더 따뜻한 공간을 만들 수 있고, 이는 곧 가족복지의 필요성이라고 할 수 있다. 오늘날 앞에서 말했던 것처럼 가족이라는 공간이 위기를 겪고 있기 때문에 가족복지를 통해서 이 문제들을 해결해야 한다. 가족복지는 우리의 가족을, 넓게는 이 사회를 안정적으로 만들어 가는 복지라고 할 수 있다. 앞에서 언급한 가족복지의 필요성은 우리 사회를 안정화시킬 수 있는 장점이 있으나, 아직까지 우리 사회에서 가족복지는 사각지대가 있고, 부족한 부분이 많다는 것이 단점이라고 할 수 있다.

3. 우리나라의 가족복지의 대상영역, 정책 분류

1) 경제적 지원 정책

우리나라에서는 자녀를 둔 가정이나 미혼모, 한부모가족에 대한 조세감면제도를 시행하고 있으며, 저소득층을 위한 저소득 가족지원제도, 가족의 생계부양자가 노령이나 장애로 경제활동을 하지 못할 때를 대비한 국민연금제도를 마련함으로써 가족의 경제생활 안정을 도모하고 있다.

2) 일과 가정 양립지원을 위한 정책

우리나라에서는 출산이나 육아로 인한 여성의 경력단절을 예방하기 위하여 일과 가정양립지원을 위한 정책을 다각적으로 펼치고 있다. 대표적으로 출산전후 휴가 및 산전 후 휴가급여제도, 육아휴직제도, 부성 육아휴직, 빈곤가정 아동 공공지원 제도 등을 들 수 있다.

3) 가족 돌봄의 사회화 정책

우리나라에서는 가족복지 차원에서 가족 돌봄의 사회화 정책을 강화하고 있다. 대표적인 예로는 누리과정에 의한 무상보육제도, 한부모가정 아동양육비 지원 정책, 노인부양 지원이다.

4) 가족의 변화, 우리 주변의 다양한 가족 유형

오늘날 다양한 가족이 만들어지고 있다. 결혼을 하지 않고 홀로 지내는 가족, 다문화 사회에서 외국인과 결혼하여 만들어지는 다문화가족, 부모가 없어 아동이 가족을 책임지고 있는 아동가족, 자식들이 없거나 있음에도 홀로 지내는 독거노인 등 다양한 가족이 만들어지고 있다. 이처럼 다양한 가족 형태 속에서 우리는 다양한 문제에 노출되고 있다. 즉 건강한 가족이 만들어지지 않고 다양한 문제와 위기 속에서 힘들어하고 있다. 이러한 상황은 가족의 문제를 개선해 줄 수 있는 사회복지의 요구가 증가하고 있음을 보여준다. 하지만 예산 한계상 모든 가족에게 복지서비스를 제공할 수 없기 때문에 지속적으로 문제가 되고 있다.

5) 다문화가족, 장점과 어려움, 극복방안

다문화가정이란 국제결혼 또는 이중문화가정, 서로 다른 인종의 부부 사이에서 태어난 자녀를 중점으로 하여 다양한 문화 배경을 가진 가족 등으로 국제결혼가족의 새로운 개념을 의미한다. 현재 우리 사회는 다양한 다문화가족이 존재하고 있다. 다문화가족의 수치를 살펴보면, 매년 증가하여 2020년경에는 100만 명이 예상되고 있는 실정이다. 우리 사회에서의 다문화가족에 대한 문화적 편견이나 낙인, 차별의식, 내국인의 역차별 의식, 결혼이주여성이나 외국인 노동자들이 겪는 문화적 갈등, 출산 이후 자녀양육의 어려움, 혹은 그들 자녀의 발달적 부적응 문제 등과 같이 다문화가족의 양적 팽창이나 확산을 둘러싸고 나타날 수 있는 부정적인 측면도 무시할 수 없는 상황이다.

도시 어디든 방문해도 구성원의 가족들을 만날 수 있다. 그들의 자녀도 만나 관심을 기울여 다른 점을 찾아본다. 하지만 이러한 시선은 과거와는 많이 달라졌다. 일종의 편견이 있었다면, 지금은 호기심이다. 물론, 이런 시선조차 거북할 수 있다. 그런데 다문화가정은 한국문화에 이질감을 보이고 있지 않으며 일반 가족의 형태를 고스란히 갖추고 있다. 그들을 구성원으로 인식하고 그들을 위한 복지 차원의 정책을 하나씩 시작해 보는 것이 좋을 듯하다.

6) 노인가족

최근 사회가 어려워지면서 우울증을 호소하는 노인들이 늘어나고 있다. 자식들이 있음에도 불구하고 바쁘기 때문에 독거노인을 챙겨주지 못한다. 이로 인해 독거노인은 사회에서 홀몸이 되는 느낌을 받을 뿐만 아니라 외로움과 우울증은 증가하고 있다. 현재 국내 독거노인은 100만 명이 넘어가고 있는 상황이다. 고령화 사회로의 진입이 빠르게 진척되면서 가족과 떨어져 혼자 사는 노인이 100만 세대를 넘어 점차 증가하는 추세인 것이다. 독거노인가족의 문제는 빈곤, 자살, 정신적 어려움 등 다양하다. 이러한 문제를 개선하기 위해서는 사회복지정책적인 개선과 정부의 적극적인 지원이 필요하다고 생각한다. 뿐만 아니라 기관과 개인의 관심과 지원이 필요하다고 본다.

4. 우리나라의 가족복지의 개선방안

최근 우리나라에서는 가족복지에 대한 관심이 증가하고 있으며, 이에 따라 관련 정책에 대한 주목도도 높아지고 있다. 최근 가정의 노인과 아동에 대한 부양기능을 보완하기 위해 가사도우미를 파견한다. 그리고 일상생활 보조 서비스를 제공하는 재가노인 봉사사업과 맞벌이 가정을 위한 보육사업을 적극 추진하고 있다. 1인 가족, 다문화가족, 성소수자가족, 이혼가족, 재혼가족, 새터민가족, 가정폭력가족 등 불안정 세대에 대한 각종 지원 서비스 역시 강화하고 있다.

가족 윤리를 재정립하고 가정이 건전하게 유지되며 발전할 수 있도록 전통적인 가족제도의 장점을 유지하거나 발전시키는 방안이 필요하다. 우리는 현대사회에서 가족이 적용할 수 있는 새로운 가족 모형을 개발해야 한다. 그리고 가정에서 가족구성원 각자의 책임과 역할에 대한 인식 제고, 상호 간의 역할에 대해 이해를 증진시킬 수 있는 가정교육 프로그램을 개발하여 보급하는 정책을 만들어야 한다. 따라서 가족복지 정책으로 고려되어야 할 사항은 가정교육의 제도적인 기반을 마련하는 것이다. 현대가족의 기능이 축소되고 있다 하더라도 자녀들은 가정에서 태어나 제반 예절이나 가정교육을 통해 건전한 사회인으로 성장하고 발전한다. 이에 일반 학교 교육과 사회 교육을 통하여 가정생활 교육이나 부모교육이 활성화될 수 있는 제도적인 방안을 모색해야 할 것이다.

5. 전통가족과 현대가족의 특징

가족은 공동의 목표를 가지고 모여 살면서 서로 협력하는 가운데 그 가족만이 갖는 고유한 생활 습관이나 행동유형을 형성하는데, 이는 사회적 영향을 많이 받는다. 혈연중심적인 대가족인 우리나라 전통적 가족은 급격한 산업화와 도시화로 핵가족화되었다. 그리고 급격한 사회적 변화는 사회적 가치관의 변화와 더불어 가족관과 결혼관에도 변화를 가져왔다. 하지만 이러한 변화에 적응하는 과정에서 여러 가지 가족문제가 발생하고 있다. 과거의 가족은 구조적,

기능적, 이념적 측면에서 안정적이었지만 오늘날 가족은 불안정하며 또한 사회문제 발생의 소지가 있다. 특히 우리나라는 외환위기 이후 크게 부상한 가족문제는 중요한 사회적 과제로 대두되고 있다. 이에 여기서는 전통가족과 현대가족의 특징을 비교하고 현대가족에서 나타나는 다양한 문제점 및 해결방안을 다루고자 한다.

1) 전통가족과 현대가족의 특징

(1) 전통가족의 특징

전통가족은 공동거주, 경제적 협동, 배타적인 성관계, 공통의 문화를 강조함으로써 가족들 간 협력적인 관계를 형성한다. 매우 긴밀하며 함께 생활하면서 가족구성원 간 강한 일체감이 형성되어 있다. 그리고 자신의 행복과 불행이 다른 가족구성원의 행동에 크게 영향을 주는 것 같아 가족의 구성원들은 서로를 독립된 존재가 아니라 매우 상호의존적 관계에 놓여 있는 공동운명체임을 의식하게 된다. 이같이 전통가족은 자녀양육, 공동거주, 경제적 협동 그리고 배타적인 부부관계 등에서 상호의존적 관계를 형성하면서 강한 일체감을 지닌 집단이다.

(2) 현대가족의 특징

현대사회의 산업화, 도시화에 따라 현대가족은 기본적으로 전통적인 일체성, 연대성, 안정성을 유지하면서도 확연한 변화의 과정을 보여준다. 이런 변화로 인하여 전통적인 가족관을 부정하는 인식이 확산되고 있다. 정치, 경제, 사회적인 요인들을 약화시키고 있다. 이로 인해 가장의 지위, 남자의 권위가 저하됨에 따라 부부관계와 부모-자녀관계가 대등하게 되고 있다. 전통적 가족제도에서는 가부장에게 지배적 권위가 부여되고 그에 대한 복종의 질서가 강제되었으나 오늘날은 가장이라는 명목으로 권위에 대한 통일적 행동을 기대하기 어렵게 되었다. 동일한 가족의 구성원이라 하더라도 가치관과 사고방식의 변화 속도가 세대별, 성별 차이 나는 문화지체 현상을 보이고 있으며, 가족구성원들 사이의 조정이 필요하게 되었다. 결국, 이러한 과정에서 가족생활 전반에 걸쳐 부조화와 갈등이 발생하고 가족문제로 이어지는 경우가 증가하고 있다.

구분	전통가족	현대가족
가족규모	2세대 이상	1세대 부부
결혼동기	아들 낳아 대를 잇기 위한 수단인 전통적 관례 답습	사랑하는 사람과 안정된 가족 형성하는 우애 가족적 성향
배우자 선택	중매결혼(부모 의사존중)	연애결혼(결혼 당사자 의사존중)
부모-자녀 관계	권위적 지배, 복종 관계	대화 중심의 민주적 관계
부부관계	남성 우위위계 서열적 관계	양성 평등한 부부 중심관계
장점	삶의 지혜와 인생 경험 이어주고, 가풍, 가치관, 안정된 가족생활을 이어준다.	가족 구성원 간 친밀한 관계 유지, 민주적 평등관계 유지, 개성과 창의성 중시, 여성의 지위 향상
단점	가부장의 권위주의로 인해 개성 및 창의성 발휘 어려움 여성의 희생을 강요	가족의 안정성 약화(가족해체 증가), 노인 소외문제, 자녀 양육 문제(맞벌이 부부 증가)

6. 현대가족에서 나타나는 다양한 문제점

1) 가족기능의 약화

사회의 발달함에 따라 가족의 기능이 약화되고 사회구조가 급격하게 변하면서 복잡해진다. 이에 적응하기 위해 가족들은 가정 밖의 사회적 역할에서 더 많은 시간, 노력, 관심을 쏟게 된다. 이에 따라 가족 본연의 책임이 소홀해지기 쉽고 가족 간의 상호관계에서도 거리감이 생기게 된다. 또한, 가족의 통제기능과 가족공동체로서의 사회화 기능, 그리고 정서적 지지 기능이 약화되면서 가족 문제가 발생한다. 또한 세대 차이, 부부불화, 부모역할 모델 부족, 대화 부족 등이 원활한 가족기능 수행에 장애로 작용하여 가족 문제 발생의 중요한 요소가 되고 있다.

2) 문화적 간격

같이 사는 가족 안에서도 부모와 자녀 혹은 자녀들 간에 연령과 활동 배경에 따라서 문화적 차이를 가져온다. 같은 가족내에서도 각 구성원은 자신만의 독특한 문화적 특성을 가지게 된다. 특히 현대사회에서 고도로 발달된 산업화 사회에서는 상대적 실용적 물리적인 가치관이 젊은 세대를 유인하게 된다. 이에 세대 차이가 생기고 여러 가지 체계와 행동 양식의 혼란으로 갈등과 불화 현상이 나타난다.

3) 여성의 역할증가에 따른 갈등

현대사회에서는 여성의 사회진출 증가로 인해 주부 역할뿐만 아니라 가족 밖의 사회적 역할과 책임이 증가하므로 가족관리에 차질을 가져온다. 우리 사회에서는 여전히 집안일을 여성의 책임이라는 인식이 널리 퍼져있어, 여성에게 사회적 역할과 가정 내 역할의 이중 부담을 안겨주고 있다. 육아문제에서 아동복지와 여성복지의 문제가 발생하며 또한 가사분담 문제로 인해 부부간에 갈등이 빚어지는 경우도 많다.

4) 가족와해

현대병 중 하나가 애정적 부적응에 기인하는 경우도 있지만, 대부분은 도덕적 공백에서 비롯된다. 결혼관이 와해되고 인격적 책임성이 무시되고 물질적 감각주의가 인간의 정신을 점령하고 있기 때문이다.

5) 결손가정의 증가에 따른 문제

자녀 유기, 별거, 이혼의 증가, 배우자 부정 등으로 결손가정이 많아 생겨나고 그 속에서 가출 및 비행 청소년 등 문제가 나타나고 있다. 그리고 결손가정의 증가에 따른 가족구성원의 각종 심리적 경제적 소외문제 등이 많이 나타나고 있다.

6) 청소년 범죄의 증가

가정환경과 소년 범죄 문제는 밀접한 관련성이 있다. 문제아동 대부분은 그 원인이 부모나 가정환경에 기인되고 있다는 연구 결과가 많다. 결손가족, 거부적인 부모, 전과 경력, 정신질환을 가진 부모 밑에서 성장한 자녀의 범죄율이 높고, 사회경제적 압력, 사생아, 부모와 자녀의 빈번한 별거 등도 범죄율 상승의 큰 요인이다.

7) 노인문제

부부 중심으로 핵가족화된 현대사회에서 팽배해지는 개인주의와 전통적 권위상실은 가정 내의 노부모 봉양의 의무를 경시하는 결과를 가져왔으며 노인들은 그런 상황에서 정신적 육체적 소외감과 고독감을 느끼고 있다. 더욱이 산업화, 도시화로 인한 가정의 분열과 이동은 노부모와의 동거를 어렵게 함으로써 가정 안에서 노부모를 소외시키는 현상을 가속화시켰다.

7. 현대가족에서 나타나는 다양한 문제점의 해결방안

현대 가족의 문제점들을 극복하기 위해서는 근본적으로 가족의 소중함에 대한 재인식이 필요하다. 또한, 가족구성원 상호 간의 대화를 활성화하고, 가족구성원들이 함께 할 수 있는 공동 작업을 통해서 가족공동체 의식 함양에 노력해야 할 것이다. 노인문제와 같은 사회구조적인 문제는 인식의 전환만으로는 극복하기 어려운 점이 있으므로 국가와 사회 차원의 법적, 제도적 장치가 마련되면 현대가족의 문제점들을 극복할 수 있을 것이다.

1) 가족 친화적 복지정책 수립

혈연관계에 기반하지 않은 가족, 한부모가족, 다문화가족 등 다양한 형태의 가족 욕구에 대응하는 포괄적인 정책 마련이 필요하다.

2) 가족관계 증진 도모

가족 간의 의사소통을 원활히 하고 가족 구성원 간의 기대 역할을 명확히 함으로써 이상적인 가족관계를 유지함과 동시에 가족의 능력을 개발 강화하는 서비스를 제공한다. 이를 위해 부모교육, 부부교육, 의사소통 향상 교육, 부부상담, 가족상담 등을 강화한다.

3) 가족 돌봄 사회화 확대 방안 마련

돌봄 책임을 가족 외부로 확장하는 것이 필요하다. 그러나 믿고 맡길 수 있는 시설의 부족, 사회서비스 노동자의 저임금 및 고용 불안전으로 인해 질 높은 사회서비스 제공이 어렵다. 따라서 민간영리 중심의 시설 공공 보육시설 확충이 필요하며, 사회서비스의 시장화 노인요양시설에 대한 관리 · 감독 강화가 필요하다.

4) 가족기능 보완 서비스 제공

사회구조 변화로 부족한 가족기능, 특히 부모 역할을 보완하기 위하여 아동과 청소년 노인 돌봄 등을 위한 서비스를 제공한다. 가족 구성원 개인을 지원하는 것 뿐만 아니라, 가족단위로도 지원을 제공하여 가족 기능을 전반적으로 강화해야 한다.

5) 부양가족 지원

요보호 가족원을 돌보는 가족구성원의 부양 부담을 줄여 주고 관련 정보를 공유하는 등 부양가족 대상 지원 서비스를 제공한다. 치매 노인가족 지원, 장애인가정 지원, 장애아동 부모상담, 기타 부양가족을 지원할 필요가 있다.

6) 가정문제 해결치료 서비스 제공

가족 단위 또는 문제가 발생한 가족원에 대한 진단, 치료, 사회복귀 지원 서비스를 제공한다.

8. 현대가족의 변화에 대한 가족위기론과 가족진보론의 쟁점

현대사회에서는 사회적 변화가 급격하다. 이로 인해 현대사회에서는 가족에도 다양한 영향을 미쳐서 많은 변화가 일어나고 있다. 현대사회에서 발생하는 가족문제는 가족 내부의 가족구성원 간의 문제부터 가족구성원의 의식이나 행동이 다양한 사회제도와의 관계에서 부딪치게 되면서 발생하는 갈등과 마찰에 이르기까지 다양한 양상으로 나타나고 있다. 우리나라에도 다양한 변화가 일어나고 있다. 한국 가족의 변화 특징으로는 가족 규모의 축소, 핵가족화로 이행되는 가족 세대의 단순화, 비정형적인 가족형태들의 출현 등으로 나타나고 있다. 이와 같이 사회가 급격한 변동을 겪는 시기에서 다양한 차원에서 제기되는 가족변화를 바라보는 입장은 위기나 부정적으로 인식하는 가족위기론 입장과 변화를 긍정적으로 혹은 필연적으로 바라보는 가족진보론의 입장으로 대별되고 있다. 이에 여기에서는 현대가족의 변화에 대한 가족위기론과 가족진보론의 쟁점을 비교 설명하고자 한다.

1) 가족위기론

가족위기론의 입장은 개인주의와 이기주의, 쾌락주의로 인해 희생과 배려의 가치가 상실된다고 본다. 개인적 가치증대, 자아실현의 욕구가 강조되면서 가족이 자녀의 보호와 사회화 기능, 정서적 기능을 원활히 수행하지 못함으로 인하여 이혼가구, 독신가구, 무자녀가구 등 다양한 가족유형 출현과 가족해체 등으로 위기나 부정적 방향으로 흐른다고 인식하고 있다.

2) 가족진보론

가족진보론의 입장은 현대사회에서 가족의 이런 변화를 위기로 인식하기보다는 당연하고 자연스러운 변화로 수용하면서 다양한 가족 유형을 인정한다. 가부장적 가족구조의 변화는 성, 연령에 의한 불평등과 역할기대 및 기능수행의 의무에서 최근에는 부부간 평등, 가족구성원들의 개인적인 권리 존중으로 변화되어 가고 있다. 따라서 최근의 가족변화는 다양한 변화이며 긍정적인 현상이라고 본다.

(1) 가족변화의 원인에 대한 가족위기론과 가족진보론의 쟁점

① 가족위기론 입장

인간의 개인주의, 이기주의, 쾌락주의로 희생, 배려의 가치가 상실되고 개인가치 증대, 자아실현 욕구 등이 강조되면서 가족의 기능이 자녀의 보호와 사회화 기능, 정서적 기능을 원활히 수행하지 못하여 가족 문제가 발생한다고 생각한다. 즉, 전통적인 가족기능이 약화되면서 가족 문제가 발생한다고 본다.

② 가족진보론 입장

우리나라의 전통적인 가부장적 가족구조의 변화는 성과 연령에 의한 불평등과 역할기대 기능 수행의 의무에서 이제는 부부간 평등, 가족구성원들의 개인적인 권리존중으로 변화되어 가고 있다고 본다. 이러한 변화는 가족변화의 원인이며 자연스러운 현상이라고 본다.

(2) 이상적 가족형태에 대한 쟁점

① 가족위기론 입장

가족위기론에서 강조하는 전형적이고 정상적인 가족은 남성이 생계부양, 여성이 가족보호의 성별분업에 기반해서 아동을 양육하는 핵가족 형태를 말한다.

② 가족진보론 입장

가족진보론은 정상가족 이데올로기에 대한 신화를 비판하며, 이상적인 가족 형태에 대한 집착이 실제보다는 신념에 더 가까우며, 가족은 다양한 문제를 해결해 나가는 과정 속에 있음을 강조하며 정상가족 이데올로기를 거부한다.

(3) 중심적 가족가치에 대한 쟁점

① 가족위기론 입장

가족위기론 입장에서는 가족구조에 기반한 정서적 유대와 상호의존성에 의한 가족안정성을 중심적인 가치로 여긴다. 그리고 한부모가족, 동거부부, 동성애부부의 가족형태는 극단적인 일탈로 보거나 병리적 현상으로 간주한다.

② 가족진보적 입장

가족진보론 입장에서 중심적인 가족 가치는 개인의 만족과 자기발전, 자율과 독립성이 강조된다.

(4) 이상적 부부관계에 대한 쟁점

① 가족위기론 입장

가족위기론 입장에서 이상적인 부부관계는 남성 중심적인 '남성은 생계부양, 여성은 가족보호'라는 성별 역할분업에 기초한 동반자 관계를 말한다.

② 가족진보론 입장

가족진보론 입장에서는 성별 분업에 기초한 남성 중심적인 동반자 관계가 아닌 남녀 평등한 동업자 관계를 강조하고 있다. 이런 맥락에서 한부모, 독신, 동거, 동성애 가족 등 다양한 가족 유형을 새로운 대안적 가족 형태로 간주한다.

(5) 가족문제 대응에서의 쟁점

① 가족위기론 입장

여성의 권한을 제한하고 종래의 성별 역할을 지속시켜 나갈 방안을 강력하게 주장하면서 여성의 부인과 어머니 역할 강화를 위해 고등교육 금지, 노동 저임금 유지, 부계중심 가족가치로 전환, 피임금지법 제정 등의 다양한 주장을 한다.

② 가족진보론 입장

가족변화는 당연하므로 사회복지정책을 통한 전통적 가족기능을 사회화해야 함을 강조하고 있다.

(6) 현대가족의 변화

가족변화에서 가족변화를 위기보다는 당연하고 자연스러운 변화로 수용하면서 다양한 가족유형을 인정하는 가족진보론의 추세이다. 현대가족은 과거 위계적인 가족문화를 거부하고 민주적인 가족관계를 형성시키고자 성숙해가고 있으며 가족구조는 변화하고 다양화되어 간다. 즉, 현대가족은 성과 연령에 의한 불평등, 역할기대 그리고 기능수행의 의무에서 벗어나, 부부간 평등과 가족구성원 개개인의 권리 존중으로 변화하고 있다. 이로 인해 가족가치관도 개인의 만족과 자기발전, 자율과 독립성을 존중하는 방향으로 변화하고 있다. 그리고 이혼율 증가, 결혼율 감소와 같은 문제는 불행한 가족을 지속할 필요가 없다는 인식상의 전환이다. 이에 새로운 삶의 기회를 모색하기 위한 적극적인 생활방식을 반영한 것이며, 성숙한 가족관계를 가능하게 하는 것으로 간주해야 한다. 따라서 이런 사회적 변화로 생기는 다양한 가족형태를 대안가족으로 인식해야 한다. 이러한 가족변화는 당연한 것으로 이런 변화에 능동적으로 대처하는 사회복지정책을 시행하여야 한다.

마무리하며

현대가족은 전통가족에 비해 그 역할이 상당 부분 줄어들고 구성원의 역할도 변하고 있다. 개개인을 모두 포괄하고 안아주는 전통가족과는 달리 현대가족은 급변하는 사회에서 받는 스트레스와 여러 가지 문제들을 내려놓고 쉴 수 있는 휴식처로의 기능을 강조하는 가족으로 변하고 있다. 이로 인해 가족의 고유기능은 상실되고, 영향력은 줄어들고 있다. 이에 적절하게 대응하기 위해서 현대사회의 가족 특성을 이해하고 이에 맞는 지원을 해줄 수 있도록 국가와 사회의 노력이 필요하다.

현대사회의 급격한 변화 속에서 가족 변화를 바라보는 관점은 크게 두가지로 나뉜다. 첫째, 가족위기론은 이러한 변화를 위기로 보며, 전통적인 가치관이 퇴색하는 현상을 부정적으로 평가한다. 반면, 가족진보론은 사회변화에 따른 다양한 가족 형태의 변화를 긍정적으로 받아들이며, 이를 새로운 기회로 간주한다.

신문기사 1

인구정책 담을 새로운 기본법 필요하다

'인구' 하면 저출산 고령화가 가장 먼저 떠오른다.

그런데 인구에는 저출산과 고령화만 있는 것이 아니다. 수도권 인구 집중과 지역 인구 감소, 신규 교원임용 축소, 입학 정원을 못 채우고 있는 대학들, 징병 자원이 부족해 모병제를 고민하는 국방부, 기금고갈 위험이 커진 각종 연금제도, 시장을 바꿀 만큼 빠르게 증가하는 1인 가구의 수 등이 모두 인구와 밀접한 관계가 있다.

저출산고령사회 기본법 효력 다해
인구 정책은 미래를 기획하는 것
인구 절벽 대비 위한 법 당장 필요
새 정부, 인구 정책에 관심 가져야

현재의 인구 정책은 2005년 만들어진 '저출산고령사회기본법'을 토대로 하고 있다. 고령인구 비중이 7%가 넘어 고령화가 시작되었고, 합계출산율이 1.0에 가까워지면서 고령화를 대비하고 출산율을 다시 올리자는 목적으로 만들어진 법이다. 법이 만들어진 배경도 그렇고, 법의 이름에도 포함되어 있듯 우리나라의 인구 정책은 자연스레 저출산·고령화에 초점이 맞춰져 왔다. 고령자 복지사업인지 헷갈릴 정도로 복지가 강조되어 온 고령화 정책과, 육아정책인지 헷갈릴 정도로 양육·보육환경 개선 사업이 된 저출산 정책의 배경에 저출산고령사회기본법이 놓여 있었다.

고령 복지 환경과 보육·양육 환경이 과거에 비교할 수 없을 정도로 개선되었으니 기본법의 성과가 없었다고 말할 수는 없다. 하지만 고령 빈곤율은 경제협력개발기구(OECD) 국가 중 최고 수준이고, 출산율은 세계 최저가 되었다. 게다가 위에서 언급한 바와 같이 인구 변동이 미치는 사회적 파급효과는 지방 소멸, 국방, 대학, 공적 연금 등 더 광범위하게 커지고 있다.

아직은 인구 절벽이 실감되지 않지만, 오늘부터 시작하여 9년 뒤인 2030년까지 일하고, 소비하고, 투자하는 사람들인 25~59세 인구가 충청남도 인구(233만 명)만큼 줄어든다. 2032년까지 보면 줄어드는 인구는 부산시 인구에 맞먹는 324만 명이나 된다. 오늘에 비해 12%가 감소하는 것인데, 그렇게 되면 시장과 사회의 모든 분야에서 인구 절벽을 느끼지 못하는 곳이 없게 된다. 그런데 이 변화는 개연성이 아니라 이미 정해진 미래다. 저출산 · 고령화가 아니라 인구 변동이 만들 지금과는 질적으로 다른 대한민국에 맞는 인구 정책 관련 법이 당장 필요한 이유다.

저출산 고령화

인구 정책을 담을 새로운 기본법은 다음 두 가지를 반드시 포함해야 한다. 하나는 정책의 대상을 출생, 이동, 사망 등 인구 요소만이 아니라 인구 변동의 효과가 파급될 다양한 사회요소와 제도를 모두 담아내는 것이다. 그래야 각 부처별로 혹은 지역별로 분절되지 않은 종합적인 인구 정책이 가능하게 된다.

다른 하나는 인구를 되돌리거나 대응하는 수준이 아니라 2030년 이후 완전히 달라질 대한민국을 새롭게 기획할 수 있는 기능이 포함되는 것이다. 예컨대 2028년에 2020년 태어난 27만 명이 대학 입시를 치른다. 대학진학률이 지금의 70%가 유지되고 그중 80%가 4년제 대학에 진학한다고 가정하면 입학 정원 4000명 정도의 종합대학은 38개면 충분하다. 이러면 현재의 대입제도는 물론이고 대학 생태계 자체가 완전히 다른 것으로 기획되어야만 한다. 어찌 대학만 이렇겠는가. 그러므로 인구 정책과 관련된 새로운 기본법에는 대한민국의 미래를 기획하고 새 판을 짜는 기능이 반드시 포함되어야 한다.

누군가 인구 정책을 담는 기본법이 바뀌면 저출산이 해결되냐고 물을 수 있다. 새 기본법은 단기 사업이 아니라 장기 관점에서 기획을 하는 것이므로 수년 안에 출산율이 1.3 이상으로 회복되길 기대할 수 없다. 그럼에도 불구하고 명확한 것이 있다. 출산율이 2045년경까지 1.3 이상으로 회복되어도 출생아 수는 앞으로 30만 명을 넘어설 수 없다. 여성의 수가 이미 줄었기 때문이다. 그러므로 우리에게 필요한 인구정책은 저출산 고령화가 아니라, 2030년부터 시작될 새로운 대한민국을 질적으로 개선하여 지금보다 살기 좋은 나라로 만드는 기획에 방점이 찍혀야 한다. 마침 새 정부가 곧 시작되니 기대를 걸어본다.

출처: 중앙일보, 중앙시평, 조영태(2021.11.12).

신문기사 2

한국뿐만 아니다…
'인구 대국' 중국도 저출생에 골머리 앓는다

11월 출생아 수가 통계 작성 이후 처음으로 2만 명 밑으로 떨어졌다.

인구는 25개월 연속 자연 감소하고 있다.

지난 26일 통계청이 발표한 '2021년 11월 인구동향'에 따르면 지난해 11월 출생아 수는 1만 9800명으로 1년 전보다 254명 줄었다. 월별 출생아 수가 2만 명 밑으로 내려간 것은 11월 기준으로 이번이 처음이며 월간 통계 작성이 시작된 지난 1981년 이래 역대 최저치다.

월별 출생아 수는 지난 2015년 12월부터 72개월 연속 감소 추세다. 인구 1000명당 출생아 수를 나타내는 조출생률(4.7명) 역시 작성 이래 최저치를 보였다.

통계청의 2020~2070년 장래인구추계에 따르면 우리나라 총인구(국내 거주 외국인 포함)는 올해 처음 감소하기 시작해 2070년 3700만 명대로 감소할 전망이다.

한국만 겪는 게 아니다. '인구 대국'이라 불리던 중국 역시 저출생에 골머리를 앓고 있다.

중국 국가통계국에 따르면 2021년 중국의 신생아 수는 1062만 명을 기록했다. 1949년 중국 공산당 건국 이후 가장 낮은 수준이다. 베이징, 톈진, 장쑤와 같은 1선 도시의 출생률은 20년 넘게 1% 미만을 기록했다.

통계에 따르면 중국 신생아 수는 높은 기록을 세운 2016년(1천883만 명)을 기점으로 감소세로 전환됐다. 그 결과 2021년 말에는 전체 인구가 전년 말보다 48만 명 증가하는 데 그쳤다.

인구문제는 한 국가의 경제 · 사회 발전의 기본 요소로, 항상 중대한 문제로 여겨왔다. 중국 인구 통계학자들은 이르면 올해부터 중국의 인구가 감소할 것으로 내다봤다.

인구 보너스 효과를 누려 왔던 중국이 이제는 인구의 구조적 감소라는 도전에 직면했다.

지난해 발표된 중국의 제7차 인구센서스 결과 2010년 대비 생산가능인구는 4천만 명 이상 줄어든 반면 60세 이상 고령 인구 비중은 5.44% 포인트 높아진 18.70%였다. 합계출산율 1.3명을 기준으로 중국의 총인구는 '14차 5개년(2021~2025년)' 계획 기간 동안 제로 성장, 심지어 마이너스 성장을 보일 것으로 예측된다.

중국에서 저출생 문제가 나타나는 원인이 뭘까?

신화통신에 따르면 전문가들은 ▲산업화 및 현대화 ▲여성의 교육 수준 및 노동 참여율 제고 ▲가임 여성 감소 ▲피임 보편화 ▲코로나 19로 인한 결혼 · 출산 계획 변화 ▲결혼 · 출산에 대한 인식 변화 등을 꼽았다. 인민대학교 연구원은 코로나바이러스 대유행으로 인해 30세 미만 여성의 출산 의지가 더욱 위축됐다고 진단했다.

저렴한 보육 시설의 부족, 생활비 증가, 힘든 노동 시간으로 인해 많은 중국인은 자녀를 갖는 것을 꺼리고 있다. 중국청년보가 지난해 3월 밀레니얼 세대 1938명을 대상으로 실시한 설문조사에 따르면 67.3%의 젊은이들이 가사도우미를 구하지 못하는 것이 아이를 낳고 싶지 않은 가장 큰 이유라고 말했다. 비슷한 수준으로 응답자의 61.7%는 경제적 압박이 높다고 답했다.

41.6%는 주택 수요를 요인으로 꼽았다. 또 중국의 높은 부동산 가격과 특히 대도시에서의 교육비 상승은 부부들이 더 많은 아이를 갖지 못하게 하는 가장 큰 요인으로 조사에서 자주 언급됐다.

24.3%는 여성의 직업과 고용 기회에 미칠 수 있는 영향을 꼽았다. 세계은행에 따르면 2019년 중국의 여성 노동률은 약 61%로 미국의 57%, 일본의 54%보다 높았다. 높은 노동력 참여는 출산에 부담을 줄뿐더러, 아이를 낳는 것이 여성의 임금에 부정적인 영향을 미친다는 증거도 있다. 2014년 중국건강영양조사에 따르면 평균적으로 한 자녀의 출산은 산모의 임금을 약 7% 줄인다.

휴가, 돈… 각종 혜택으로 회유하는 중국

인구 감소에 위기감을 느낀 중국 당국은 산아제한 정책을 철폐하고 2016년 '두 자녀 정책'을 도입한 후 지난해에는 '세 자녀 정책'을 꺼내 들었다.

중앙 여러 부처에서 전국 여러 성에 이르기까지 관련 정책 및 법규를 개정하고 각종 출산 지원 조치를 내놓고 있다.

중국 출산 휴가 기준은 중국 법상 98일이다. 그러나 20개 이상의 지방 정부가 여성의 출산 휴가 연장을 포함하여 가족계획법을 개정했다. 저장(浙江)성은 국가가 규정한 출산휴가 외에 한 자녀 산모는 60일, 두 자녀 산모는 90일의 출산휴가를 추가 사용하도록 하고 있다. 북부 산시(山西)성에서는 여성이 셋째 아이를 낳으면 350일의 유급 휴가를 받을 수 있다.

쓰촨(四川)성 판즈화(攀枝花)시는 중국에서 최초로 육아 보조금을 지원하고 있다. 북동부 지린(吉林)성은 자녀가 있는 부부에게 최대 20만 위안(약 3700만 원)의 대출을 제공하고 자녀 수에 따라 이율을 공제한다. 저장(浙江)의 닝보(寧波)시는 주택기금의 첫 주택 구매 대출 한도를 1자녀 이상 가정의 경우 60만 위안에서 80만 위안으로 인상했다.

적극적인 지원에도 함정 곳곳에 숨어 있어…

이러한 적극적인 지원책에도 불구하고 출생인구가 단기간 내 급등하긴 어렵다는 지적이 나오고 있다. 중국 정부의 '세 자녀 정책' 시행이 얼마 되지 않은 데다가 출산을 결정하는 요인도 매우 다양하기 때문이다.

쑹젠(宋健) 중국인민대학 인구발전연구센터 부주임은 "성 평등, 일과 가정 양립, 가정 발전 등 정책이 출산율 증가에 도움이 된다"고 설명했다. 이어 중앙 및 지방 정부가 현지 상황에 맞는 지원책을 꾸준히 모색해야 한다고 조언했다.

더 많은 유급 출산 휴가는 기업이 여성을 고용하려는 의지를 낮추고 출산에 대한 거부감을 더욱 부추길 수 있다. 이에 쑹 부주임은 가임기 여성의 출산 의지를 높이기 위해서는 정책 간 연결도 강화해야 할 필요가 있다고 덧붙였다. 예를 들면 출산휴가 제도 시행을 위해 출산 비용을 국가 · 기업 · 가정이 공동으로 부담하도록 하고 정부는 기업에 보조금, 세제 감면 혜택 등을 제공해 가임기 여성의 출산에 대한 부담을 줄여줘야 한다는 설명이다.

고령화와 낮은 출생률은 한 국가의 경제성장에 중대한 영향을 미친다. 경제발전의 필수 요소인 생산가능인구가 감소하게 되고, 경제 위축으로 국가 경쟁력이 약화하며, 국가 균형 발전은 멀어지고 잠재성장률은 하락한다.

결국 여성에게 출생의 짐을 짊어지우는 것이 아니라 직업 발전과 출산 사이에서 고민하지 않도록 남성 및 사회적 지원이 꾸준히 이어져야 하며, 사회 구조를 변화시키는 데 일조해야 한다는 게 전문가들의 입장이다.

출처: 중앙일보, 김은수 기자(2022.02.07).

Chapter 02

현대가족의 성격

Chapter 02

현대가족의 성격

들어가며

21세기를 맞아 우리나라는 급속도로 저출산 고령화 사회가 되고 있으며, 이러한 현상은 빈부 양극화 현상과 맞물려 가족체계와 국가의 가족정책에 많은 영향을 주고 있다. 가족해체 현상이 두드러지게 나타나고 있는 가운데 결혼하지 않은 동거가족, 기러기 아빠 등 별거가족, 동성애가족 등 다양한 새로운 가족형태가 우리 사회에서도 등장하고 있다. 그리고 국가적으로도 여성부가 여성가족부로 확대 개편됨으로써 가족정책의 중요성이 부각되고 있다. 따라서 무엇보다도 가족체계와 그 안에서의 가족 구성원 간의 친밀한 관계가 어떻게 작용하며 이러한 가족관계 및 기능 그리고 구조상에 나타나는 가족문제, 그리고 이러한 가족문제에 대한 국가적, 사회적 대책 등에 관한 것을 체계론적 관점에서 종합적으로 연구하는 일은 더욱 중요시되고 있다고 해도 과언이 아니다.

본 장에서는 가족이 무엇이며, 가족에 대한 연구 분야는 어떻게 이루어지고 있고, 오늘날 현대가족이 갖는 성격은 무엇인지 살펴보려고 한다. 그리고 가족 변화의 대립적인 쟁점에 대한 이해를 돕고자 우선 가족에 대한 여러 관점들을 살펴보며, 이를 토대로 가족에 대한 정의와 기능을 정리해보고자 한다. 또한 다학문적인 가족연구 분야를 살펴보고, 현대가족의 여러 다양한 특성 등을 제시하고자 한다. 아울러 현대가족에 대한 두 가지 대조적인 쟁점에 대하여 알아보고자 한다.

1. 가족에 대한 이해

1) 가족에 대한 쟁점

(1) 구조기능론자들의 낙관적 관점

이 관점의 대표적인 학자는 파슨스(Parsons)인데, 그는 가족을 사회체계 유지를 위한 중요한 기능 중 유형 유지의 기능을 담당한다고 본다. 즉, 부모는 자녀에게 사회의 기본적인 가치관을 내면화시켜 체제 안정과 사회질서를 유지하는 데 기여한다. 그리고 사회체제가 개인들에게 요구하는 인성을 형성하며 그들이 수행해야 할 사회적 역할을 교육시킨다는 것이다.

(2) 갈등론자들의 비판적 관점

이 관점은 주로 마르크스주의자들에 의해 주장되고 있다. 특히 마르크스와 엥겔스의 가족에 대한 비판은 가족이 부르주아적 제도의 표상이라는 데 기반한다. 즉 이들은 자본주의 경제체제와 함께 등장한 가족제도는 그 체제의 붕괴와 함께 소멸될 것으로 본다. 따라서 마르크스주의 이론은 자본주의의 착취적 속성이 개인으로 하여금 사적 생활과 친밀감 등의 주관적 영역에서 가족에 더욱 의존하게 만들었다고 분석한다. 그리고 이러한 안식처로서의 기능 강조는 핵가족에게 긍정적 효과보다는 부정적 결과를 초래하였다고 언급한다.

(3) 여권론자들의 비판적 관점

여권론자들은 현재의 가족체계는 남편과 아내가 상이한 계급에 놓여 있고 이익과 권력에서 불평등이 존재하므로 가부장적 체계는 권력을 가진 남성의 이익에만 기여하고 여성들은 억압되어 있다고 본다. 여권론적 관점에서는 가족을 단일한 단위가 아닌, 권력 구조를 가진 집단으로 본다. 여성해방론자의 강조점이나 지향은 각각 다르지만 공통적으로 현대 가족의 다음 세 가지 면이 여성을 억압한다고 주장한다. 즉 주부역할을 우선적으로 취하게 함으로써 여성노동을 규제한다는 점, 여성의 성과 출산에 대해 남성이 통제를 가한다는 점, 성 정체감을 구조화시켜 전통적인 남성우위의 사회화를 유지시킨다는 점이다.

이상으로 볼 때 마르크스주의자들은 갈등과 착취에 급진적 여권론자들은 성의 갈등과 착취에 초점을 둔다. 이와 대조적으로 기능론자들은 갈등과 억압보다는 협동과 사회에 내재된 것으로 고려하고 가족생활의 긍정적인 면에 초점을 둔다.

(4) 체계이론적 관점

가족에 대한 체계이론적 관점에서의 가족은 개인에 초점을 맞추기보다는 오히려 전체로서의 가족에 강조를 두는 방식인데, 특히 가족에 대한 체계이론적 관점을 적용한 가족체계이론이라고 한다. 체계이론적 관점은 우리가 전체성,

상호의존성, 하위체계, 투입과 산출과 경계, 변형과정, 선택, 정보처리와 피드백 등이 가능하도록 돕는다. 가족체계이론은 원인과 결과를 보는 관점에서 여타 많은 과학적 이론들과 구별된다. 가족을 상호 관련된 부분이나 하위체계들의 조직으로 보는데 가족을 배우자 하위체계, 부모-자녀 하위체계, 부모 하위체계 그리고 개인적 하위체계 등으로 구분하여 본다. 가족이 바람직하게 기능하기 위해서는 이 하위체계들이 서로 분리되어 있어야 한다. 분리된 하위체계의 경계가 희미해질 때 배우자 하위체계의 갈등이 부모-자녀 하위체계로 넘쳐 들어가거나, 근친상간과 같은 역기능적 가족을 만들어 낼 수 있다고 본다. 가족체계이론에서 도출된 이 아이디어들은 다양한 방법으로 생활의 질을 향상시키는 데 활용될 수 있다.

2. 가족의 정의와 기능

1) 가족의 정의

가족에 대한 여러 관점으로 미루어 보아 현대의 가족에 대한 정의는 한마디로 규정하기 어렵다. 가족이란 보편적인 생물학적 욕구를 충족시키기 위한 구체적인 사물이 아니고 사회변동과 함께 의도적인 개입에 의해 변화하는 실체다. 따라서 산업화, 도시화 등 사회적 조건의 변화에 대하여 역동적으로 적응할 수 있는 것이다.

가족은 일반적으로 부부와 그들의 자녀로 구성된 기본적인 사회단위로, 단순한 이익관계를 넘어선 애정에 기반한 혈연관계를 중심으로 한다. 또한 같은 장소에서 기거하고 취사하는 동거동재 집단이고 그 가족만의 고유한 가풍을 갖는 문화집단이다. 또한 양육과 사회화를 통하여 인격형성이 이루어지는 인간발달의 근원적 집단이라는 전통적 개념을 가진다. 이와 함께 가족이란 혈연적 관계가 아닌 2인 이상의 친밀한 관계를 갖는 다양한 집단을 구성하여 살아가는 대안적 형태로서 사회의 정치적 개입에 의해 변화하고, 그러한 변화에 대하여 역동적으로 적응할 수 있는 사회제도의 하나이다.

2) 가족의 기능

전통적인 관점에서 볼 때, 가족은 성이 다른 성을 가진 두 성인과 그들이 출산한 자녀들이 공동의 거주지를 공유하며 공통된 목표를 가지는 사회적 체계로 간주된다. 그러나 현대사회에서의 가족을 이해하기 위해서는 가족의 구조적 측면에 초점을 맞춘 전통적 개념보다는 가족구성원 사이의 상호작용을 중요시하는 기능적 측면에 초점을 맞추어야 한다. 다시 말하면 가족을 상호작용하는 인격체들의 통일체로 간주하여 가족의 기능적 측면에 관심을 집중시킬 필요가 있다. 사실상 가족은 그들의 구성원들을 위해 그리고 가족이 포함되어 있는 더 큰 사회를 위해 고유한 기능을 수행한다. 학자들에 따라 서로 조금씩 다른 기능들을 제시하고 있으나, 가족이 담당하는 기능들을 다음과 같은 네 가지 기능으로 요약할 수 있다.

첫째, 친밀한 관계의 근원을 제공한다.
둘째, 경제적 협조의 단위로서 기능한다.
셋째, 자녀를 출산하고 그들을 사회화시킨다.
넷째, 가족구성원에게 지위와 사회적 역할을 할당한다.

3) 가족연구 분야

가족연구는 가족의 독특한 영역을 종합적으로 다루는 분야이다. 그 주된 관심은 가족행동의 내적 작용에 맞추어지며, 가족 내에서의 감정, 사랑, 경계, 의식, 패러다임, 규칙, 일상생활, 의사결정 그리고 자원관리와 같은 가족과정에 중심을 두고 환경과의 관련성을 항상 고려한다. 가족의 이러한 관점에서 연구자와 임상가들이 연구할 때 사회학, 심리학, 인류학, 사회복지학 등 관련 분야에서 밝혀진 정보를 활용하여 체계적인 관점에서 연구하게 된다. 그러나 가장 뚜렷하게 강조되는 것은 역시 가족체계, 그 안에서의 친밀한 관계가 어떻게 작용하는지, 이러한 가족관계 및 기능 그리고 구조상에 나타나는 가족 문제와 관련된 것이다.

3. 현대가족의 성격

사회의 산업화와 도시화에 따라 현대 가족은 전통적인 일체성, 연대성, 안정성을 유지하고 있으면서도 눈에 띄게 변화하는 과정에 있다. 가족구조, 가족관계, 윤리관의 면에 걸쳐 많은 연구결과들이 이를 입증하고 있는데, 이를 한마디로 요약하면 가족의 핵가족화 현상 또는 개인주의화라고 할 수 있으며 그 주요 동향을 열거하면 다음과 같다.

첫째, 전통적인 가족관과의 단절이란 의식이 확산되고 있다.

둘째, 아버지의 가장으로서의 권위와 남자로서의 권위가 저하됨에 따라 부부관계와 친자관계가 대등화되고 있다.

셋째, 가족의 보호 및 부양기능이 점차 감퇴하고 있다.

넷째, 부부가족이 일반화되고 있다.

다섯째, 가족 규모가 축소되고 있다.

여섯째, 가족주기상의 변화가 현저히 일어나고 있다.

일곱째, 기혼여성의 사회활동 참여가 늘어나고 있다.

여덟째, 이혼율이 증가하는 경향이 있다.

아홉째, 다양한 가족생활양식을 바탕으로 한 다양한 가족 유형이 증가하고 있다.

열째, 이러한 가족의 변화는 또한 불가피하게 많은 가족 문제를 발생시키고 있다.

여성취업 증가에 따른 자녀양육과 가사노동분담이 문제가 그것이다. 자녀양육과 가사노동의 분담화, 합리적인 사회화가 이루어지지 않아 결국에는 가족 내 다른 누군가가 전통적 여성의 몫을 떠맡게 되어 또 다른 지배-종속의 인간관계가 만들어진다. 또한 부부중심의 생활방식이 결과적으로 아이들을 소외시키게 되어 자녀 과보호에 못지않게 자녀의 정서불안정은 핵가족의 문제점으로 지적되고 있다.

4. 가족변화에 대한 쟁점

흔히들 사람들의 생각 속에 존재하는 가족은 '변함없이 늘 포근한 휴식처'로서 정형화함으로써 변화하는 실체로 보지 않는 경향이 있다. 그러나 가족은 사회환경과 역동적인 상호작용 관계를 끊임없이 가짐으로써 지속적으로 변화할 뿐만 아니라 때로는 급격한 변동을 하기도 한다. 따라서 사회가 급격한 변동을 겪는 시기에는 기존의 가족가치가 강조되고 가족의 변화에 대한 거부감이 동시에 증가하는 현상이 발생함으로써 사회 전체적으로 가족위기론이 등장하게 된다. 특히 산업화 과정에서 나타난 가족의 변화는 다양한 조건들이 상호 복합적으로 작용하여 형성되었다. 그러므로 이에 대한 원인을 규명하기 위해서는 사회경제적, 문화적 그리고 가족내적인 조건 등 거시적 차원과 미시적 차원에서 동시적으로 접근해야 한다.

다양한 차원에서 제기되는 가족의 변화를 바라보는 입장은 가족형태의 다양화를 위기나 부정적으로 인식하는 입장과 긍정적 혹은 필연적으로 일어날 수밖에 없다고 바라보는 입장으로 대변해 볼 수 있다. 즉 전자는 급격한 새로운 형태의 가족 출현을 가족위기로 보는 반면 후자는 가족의 진화 및 진보로 보는 경향이 강하다. 아울러 이들은 각각 가족변화의 원인, 이상적 가족형태, 중심적인 가족가치, 이상적 부부관계 그리고 사회적 대안 등 각 쟁점을 둘러싸고 상이한 내용을 제시하고 있다. 편의상 전자를 가족위기론으로 후자를 가족 진보론으로 부르기도 한다.

5. 현대가족의 변화와 특징

1) 가족의 의미

가족은 사람이 태어나서 성장하고 일하며 늙어가는 생활의 장이다. 가족은 혈연으로 맺어진 사람들의 공동체로서 구성원에 대한 양육 및 교육기능 그리고 사회보장기능 등을 수행한다. 그러나 국가나 경제적인 면에서 보면 가족은 생산과 상속의 단위이며 소비를 하고 노동력을 재생산하는 편리한 조직이다. 따라서 국가가 처한 사회문화적 환경이나 역사적 환경이 변화하면 가족의 모습과 기능도 변화할 수밖에 없다.

2) 가족의 변화에 영향을 주는 현대사회의 요소

현대에 와서는 모든 변화가 다방면으로 심한 소용돌이를 만들고 있으나, 그 많은 변화 중에서 가족에게 영향을 주는 것을 확인해 보면 다음과 같다.

(1) 현대인의 생활은 직업을 중심으로 영위되어 이동이 잦다. 이사를 쉽게 다니기 위해서는 가족구성원수가 적은 핵가족이 훨씬 유리하다. 따라서 현실적으로 핵가족이 가장 일반적인 가족형태를 이루게 되었다.

(2) 현대사회는 개인의 능력을 주로 요구하는 고도로 공업화된 사회이다. 개인은 그가 태어난 가정, 출신배경을 불문하고 능력에 의해 직업을 선택할 수 있고 업적에 의하여 직장에서 승진할 수 있다. 친족조직의 붕괴를 용이하게 하고 있다.

(3) 현대의 공업사회는 완전히 전문화된 사회이다. 직장생활이나 사회생활이 전문화 · 세분화되어서 인간관계가 직업적 · 부분적이며 전인격적인 접촉이 거의 불가능하다. 따라서 가족의 기능 역시 전문화된 사회조직으로 분화되었다.

(4) 현대의 공업사회는 자연스러운 배우자 선택의 기회를 갖게 한다. 직업 직장을 찾아 부모형제의 곁을 떠나 멀리 낯선 지역에서 생활하면서 자연스러운 배우자 선택의 기회를 가지게 되고, 이에 따라 결혼의 형태가 자유연애 결혼으로 변화되어 간다.

(5) 철저한 개인주의의 발달은 개인을 가족의 일원으로서가 아니라 개인 그 자체의 능력으로 보게 되었으며 남녀평등 사상으로 여성의 취업 기회가 늘게 되었다.

3) 현대가족의 특성

현대의 가족은 확대가족에서 핵가족으로, 가족수는 소인수가족으로 핵가족화되어 가고 있다.

가족의 형태는 구성원의 범위를 기준으로 핵가족, 확대가족, 노인가족, 한부모가족, 이혼가족, 재혼가족 등으로 구분된다.

(1) 핵가족

가장 보편적인 가족형태로, 부부와 미혼인 직계자녀로 구성되며, 자녀가 결혼할 경우 부모로부터 분가하는 것이 일반적이다. 최근에는 수입은 두 배이지만 아이를 갖지 않는 가족형태인 딩크(Double Incomes No Kids, DINK) 가족이 등장하였다. 이는 정상적인 부부생활을 영위하면서 의도적으로 자녀를 두지 않는 맞벌이 부부로서 1세대가족이 계속적으로 증가하는 추세이다.

(2) 확대가족

한집에서 여러 세대가 사는 가족을 말한다. 즉 확대가족은 핵가족이 종적 혹은 횡적으로 연결되어 형성되며 자녀가 결혼한 후에도 부모와 동거하는 가족형태이다. 전통적으로 우리나라에서는 가부장제도에 근거한 확대가족이 이상적인 가족형태였으나 핵가족의 증가와 반대로 확대가족은 감소하고 있다.

(3) 노인가족

일반적인 노인인구의 급증과 자녀와의 동거를 원치 않는 노인 및 부모와의 동거를 원치 않는 자녀의 증가로 노인 가족이 늘어나고 있다. 새로운 노인상으로 떠오르는 통크(TONK) 족은 Two Only No Kids의 약자이며, 자식이 있으나 자식의 효심에 의존하지 않고 취미, 운동, 여행 등 부부가 둘이서 즐겁게 생활하는 노부부를 말한다.

(4) 한부모가족

점점 늘고 있는 가족형태로 주로 이혼과 배우자 사망으로 한부모가족이 된다. 현대사회에서는 친척 간의 상부상조 기능의 약화로 한부모가족이 경제적 원조를 받기가 어렵다. 일반적으로 모자가정의 경제적 문제가 부자가족보다 심각하나 한부모가족도 가사 및 육아에서 다른 사람의 도움을 받아야 하므로 경제적 문제에 부딪힌다. 한부모는 고립되고 과다한 역할로 인하여 갈등을 느끼고 경제적으로 어렵다. 자녀들은 양부모 가정의 자녀보다 정서적으로 불안정하며 성취도가 낮고 비행을 저지른 경우가 높다.

(5) 재혼가족

가장 복잡한 가족형태로 일반적으로 자녀가 포함된다. 재혼비율은 계속 증가하는 추세이다. 특히 남자가 초혼이고 여자가 재혼인 재혼유형이 증가함으로써 재혼이 여성에게 확대되는 경향이며 재혼가정의 출현율이 더욱 증가할 것이다. 재혼에 대한 사회적 인식이 변하고 있다. 우리나라의 가부장적 전통은 여성의 결혼을 죄악시하였으나 요즘에는 분위기가 변화하여 사회적 문화 규범을 반영하는 대중매체 등에서 이혼남과 미혼남의 결합 또는 사별한 남자와 이혼녀의 결합 등 다양한 유형의 재혼가족이 긍정적으로 비치고 있다.

(6) 기타

현대의 가족생활은 친척과의 접촉이 감소하였으며 상부상조의 정신이 약화되었고 친족관계에 있어서 상호 간의 기대하는 의무와 권리마저 약화되고 있다. 즉 가족이 불안정하다. 배우자 선택에 있어서 결혼은 두 당사자 사이의 문제로 한정되고 이성을 만날 수 있는 기회가 많아짐에 따라 자유연애의 형태에서 결혼으로 이어진다. 살림의 형태는 두 사람이 새로이 건설하는 단가살이인 독립생활의 경향으로 되어가고 있다. 그러나 우리나라에서는 표면적인 단가살이인 경우도 많아 이에 따른 갈등이 발생하고 있다. 남녀평등 사상에 따라 가계계승에 있어 부계 단일제도에서 양계제도로 변모되어가고 있다. 가족의 안정면에서 핵가족은 고립된 단위인 만큼 인간관계의 범위가 부부와 자녀와의 관계로 좁아졌다. 따라서 가족의 안정은 부부생활의 감정조절과 인간적 융합에 의존하게 되었다. 부부 사이의 강한 감정적 유대는 오히려 불만과 실망을 낳게 하여 애정의 냉각을 초래하기 쉽다. 그리고 인격적 성장이 이러한 위기를 극복하지 못하게 될 때 결혼생활은 이혼과 같은 파탄의 경지에 도달하게 된다.

4) 가족의 기능적 측면에서 본 현대가족의 경향적 특징

가족의 생산기능이 소멸하고 소비단위로서의 기능이 강화됨에 따라, 다양한 상품 중에서 어떻게 현명하게 선택하고 소비할 것인가가 중요한 문제로 대두되었다. 과학문명의 발달과 새로운 지식의 급격한 유입은 전문기술 교육의 필요성을 강화시켜 가정 이외의 교육기관에 의한 기술 직업 교육이 중시되었다. 반면, 자녀에 대한 인성 도덕교육의 주관자였던 가족의 교육기능은 감퇴되고 있다. 현대사회의 과도한 경쟁과 갈등적 요소들 속에서 애정적 양육을 통한 인성의 형성 및 정서적 안정을 꾀할 수 있는 휴식처로서의 가족의 질적 기능이 강조되고 있다. 가족의 기능 중 인간의 발달과 상호작용이 이루어지는 사회적 단위로서의 기능에 중점을 둔다. 현대가족의 기능으로는 특히 가족 간의 애정, 가족의 안정과 수용, 가족의 만족감과 목표달성, 동료감과 협동감의 지속, 사회적 역할수행과 사회화, 올바른 가치관의 확립 등을 강조하고 있다.

5) 현대가족의 경향

(1) 가족이 가족원에게 가하는 통제력 감퇴한다.

(2) 가족이 수행하던 많은 기능의 감소 혹은 상실함– 경제적 생산단위로서의 가족기능의 상실, 오락, 종교, 교육 등의 기능 상실한다.

(3) 가족이 애정의 본산지로서 가지는 중요성이 증가하고 있다.

(4) 자녀중심의 가정을 더욱더 강조한다.

(5) 남녀평등을 위한 여자 신분의 변동한다.

(6) 출산율의 저하와 소가족으로서의 경향이 증가한다.

(7) 이혼율 증가한다.

(8) 자녀에 대한 책임은 증가하고 부모를 봉양할 책임은 감소, 이혼, 산아제한, 기타의 도덕문제에 대한 태도 변동이 발생한다.

(9) 가족에 대한 일반관심의 증가와 가족의 요구에 영합하려는 공공기관이나 민간기구가 계속 생겨난다.

6) 가족유형의 변화 양식

(1) 혈족과 그 밖의 협동적 친족조직은 그 영향력이 쇠퇴한다.

(2) 배우자를 자유를 선택하는 흐름이 일반적으로 지배적이다.

(3) 결혼선택과 가족 내 의사결정이라는 양 측면에서 볼 때에 여성의 권리가 보다 강하게 인정된다.

(4) 성 개방의 풍조는 그것이 아주 엄격했던 사회에서 널리 받아들여지고 있다.

(5) 아동의 권리를 신장하려는 일반적인 추세가 존재한다.

6. 전통가족과 현대가족의 비교

구분	전통가족	현대가족
가족의 규모	두 세대 이상	한 세대 부부
결혼동기	전통적 관례 답습 아들을 낳아 대를 잇기 위한 수단 우애가족적 경향	사랑하는 사람과 안정된 가족 형성
배우자의 선택	중매결혼(부모 의사존중)	연애결혼(당사자 의사존중)
가족생활이 중심	부계친족중심	부부중심
부모자녀관계	권위적 지배, 복족 관계	대화중심의 민주적 관계
부부관계	위계 서열적 관계	평등한 부부 중심적 관계
장점	삶의 지혜, 인생의 경험을 이어줌 가풍, 가치관 이어줌	안정된 가족 생활 구성원들 간에 친밀한 관계 유지 민주적 평등 관계 유지 개성과 창의성 중시 여성의 지위 향상
단점	가부장의 권위주의 개성, 창의성 발휘 어려움 여성의 희생을 강요 가족의 안정성 약화(이혼율 증가)	노인 소외문제 자녀 양육문제 맞벌이 부부증가

7. 미래가족

1) 독신가족, 동거가족, 자녀 없는 가족(Dink족) 등의 형태가 증가하는 추세이다.
2) 역할 전이 가족, 즉 가족적 역할을 남성이 담당하고, 사회적 역할을 여성이 담당하는 형태가 된다.
3) 동성 가족, 비혈연 가족, 공동체 가족 등이 출현한다.

8. 현대 가족집단이 일반적으로 안고 있는 문제점

1) 가족기능의 약화: 사회의 여러 기관이 발달함에 따라 가족이 수행하던 많은 기능들이 약화되고 있다.
2) 문화적 간격: 동일한 가족 안에서 성장하고 생활하는 사이일지라도 부모와 자녀들 사이에 연령과 활동배경에 따라서 문화적 차이를 가져오게 된다. 동일가족 문화 속에 살면서도 각자 자기 자신의 문화성을 지니게 된다.
3) 가족와해: 현대병의 하나로 애정적 부적응에 기인되는 것도 있지만 도덕적 공백에서 오는 것이 많다. 결혼관이 와해되고 인격적 책임성이 무시되고 물질적 감각주의가 인간의 정신을 점령하고 있기 때문이다.

9. 핵가족의 문제점

1) 수명의 연장으로 점점 늘어가는 노령층의 문제가 있다.
2) 부모가 병이나 사고로 사망했을 경우 고아가 된 어린이들의 양육이 문제가 된다.
3) 이혼에 따르는 여러 가지 현상이다.
4) 여성의 직업 참여와 사회적 활동에 대한 욕구가 증가하고 있지만, 전통적인 주부역할에서 벗어나기 어려운 상황이 있다.
5) 젊은 세대가 부모에게서 완전히 독립하여 그들 중심의 새 가족을 형성하고 늙은 세대와의 접촉을 끊고 산다면 문화적으로 전통에서의 단절을 촉구할 수 있다.
6) 핵가족이 자녀들의 인격형성과 발전에 미치는 소극적인 영향이다.
7) 세대 계승이 중요시되지 않기 때문에 부부의 사망이나 이혼별거 등으로 가족이 쉽게 해체될 위험성과 불안정성을 내포하고 있다.
8) 노인문제가 부수적으로 생겨난다. 장성한 자녀들이 결혼 후 모두 분가하기 때문에 노부모의 부양에 따르는 문제가 생기게 되는 것이다.
9) 핵가족은 자녀의 분가를 그 본질의 하나로 하기 때문에 자연 세대가 많아지고 주택부족 문제를 유발하게 된다.
10) 전통적 확대가족에 비하여 가족의 재기능이 약화되었다.
11) 부부간의 평등관계가 갈등관계로 변질되는 경우에는 이혼, 별거, 가출, 배우자 박해 등으로 인하여 가족 구성원 간의 응집력이 약화된다.

10. 현대사회의 가족이 지닌 문제

1) 부부간의 문제: 부부간의 심리적, 사회적, 경제적 갈등과 이혼 문제
2) 부모와 자녀 간의 문제: 부모와 자녀의 갈등, 자녀의 교육과 양육문제
3) 노후문제: 시부모와 며느리 간의 갈등, 노인 부양, 노부모와의 관계, 그리고 부부간의 문제 등이 있다.
4) 주부의 취업문제: 남녀의 양육과 교육, 노부모와의 관계, 부부간의 문제
5) 가족문화 계승의 문제: 가족문화의 단절, 가족가치관의 혼란, 가족의 불안정성

신문기사 1

'딩크족' 급증…2인가족 수, 3인가족 '추월'

딩크족(Double Income, No Kids)을 포함한 2인가구 수가 '외둥이' 가족 중심의 3인가구 수를 추월한 것으로 나타났다. 우리나라의 평균 가구원수도 3명 아래로 떨어졌다.

통계청이 28일 발표한 '2006 한국의 사회지표' 자료에 따르면 지난 2005년 우리나라 전체 1589만 가구 가운데 2인가구의 비중은 22.2%로, 3인가구(20.9%)를 추월했다.

2인가구의 비중이 3인가구를 앞지른 것은 지난 1978년 사회지표 체계가 수립된 이래 처음이다. 직전 조사가 이뤄진 지난 2000년까지도 2인가구 비중은 19.1%로 3인가구(20.9%)에 못 미쳤다.

1인 가구의 비중도 2000년 당시 15.5%에서 2005년 20.0%로 뛰었다. 반면 4인 가구의 비중은 2000년 31.1%에서 2005년 27.0%로 낮아졌다. 5인 가구는 10.1%에서 7.7%로, 6인 이상 가구는 3.3%에서 2.3%로 줄었다.

이에 따라 평균 가구원 수는 2000년 3.1명에서 2005년 2.9명으로 줄었다. 75년 5.0명을 기록한 뒤 30년 만에 평균 3명 이하로 줄어든 것. "4인 가구를 기준으로"라는 말은 이제 옛말이 돼 버린 셈이다.

여성의 첫 결혼 및 첫 출산 연령이 갈수록 늦어진 것이 저출산의 원인 가운데 하나로 지목된다.

여성의 평균 초혼 연령은 2005년 27.7세로, 2000년(26.5세) 당시보다 1년 넘게 늦춰졌다. 같은 기간 첫 자녀 출산 연령도 27.7세에서 29.1세로 미뤄졌다. 또 남성의 평균 초혼 연령은 2000년 29.3세에서 2005년에는 30.9세까지 늦춰진 것으로 나타났다.

출처 : 머니투데이, 이상배 기자(2007.01.28).

신문기사 2

엄마 · 아빠 합의 땐, 엄마 성도 물려받게 된다… 제도 변경 추진

정부가 자녀에 대한 부모의 양육책임 규정을 법에 담고, 이혼 등으로 자녀를 부양하지 않는 부모에겐 자녀가 직접 양육비를 청구할 수 있도록 하는 방안을 추진한다. 또 자녀의 성(姓)을 결정할 때 부모가 협의해 아버지나 어머니의 성을 고를 수 있도록 하고, 비혼 · 동거 커플도 가족의 범위에 포함하는 방안을 검토한다.

여성가족부는 이러한 내용을 담은 제4차 건강가정기본계획(2021~2025)안을 마련하고, 전문가와 일반 국민 여론 수렴을 위해 26일 오후 온라인 공청회를 개최한다. 여가부는 "자녀에 대한 부모의 양육책임 규정을 민법에 신설하고, 자녀가 부모에 대한 부양청구권을 가진다는 내용을 명문화하는 방안을 추진하겠다"고 밝혔다.

한국여성정책연구원은 "현행 민법은 '친권과 양육권을 가진 부모는 자녀를 보호할 의무가 있다'고 규정한다. 이혼하면서 자녀를 포기하는 경우 자녀에 대한 부양의무도 없는 것처럼 읽힌다. 자녀가 부모에게 자기 부양을 청구할 수 있도록 하고, 청구했는데도 부양 안 하는 부모에게는 향후 자녀 재산에 대한 책임을 잃도록 해야 한다"라고 설명했다.

지금은 이혼 부모 중 자녀를 양육하는 쪽에 비양육 배우자에 대한 양육비 청구권이 주어진다. 아이에겐 자기 부양을 청구할 권리가 없다. 조부모나 위탁가정에서 아이를 맡아 기르고 부모가 외면하더라도 아이를 대리해 양육비를 청구할 수도 없다.

"가수 고(故) 구하라 씨 사례가 대표적이다. 20년간 자녀를 돌보지 않던 친모가 구씨가 숨진 뒤 갑자기 나타나 유산의 40%를 받아갔다. 부모의 자녀 양육책임을 명문화해 이런 걸 막아야 한다"라고 지적했다. 고 구하라 씨는 2019년 숨졌는데 구 씨의 아버지는 자신의 상속분을 아들(구 씨의 오빠)에게 양도했지만, 20년간 연락이 닿지 않았던 어머니가 상속을 요구해 논란이 됐다. 이달 초 법무부는 부모가 자녀에 대한 양육의무를 저버린 경우 상속권을 상실시키는 내용을 담은 민법 개정안을 입법 예고했다.

‘무조건 아빠 성’ 대신 부모 협의해 결정

여가부는 자녀 출생신고 시 아이의 성을 정할 때 아버지의 성을 우선하는 기존의 원칙에서 벗어나 부모가 협의해서 아버지나 어머니의 성으로 정할 수 있도록 법 개정을 추진한다. 현재도 혼인신고를 할 때 부부가 협의하면 어머니의 성을 따를 수는 있다. 하지만 혼인신고 때 미리 정하지 않으면 자녀 출생신고 때 ‘부성 우선 원칙’이 적용된다.

여가부는 “부성 우선 원칙을 부모 협의 원칙으로 전화하는 것은 법무부민법개선위원회가 2019년 개정 필요성을 권고한 사항이다. 관계부처 간의 오랜 논의가 있었고 개선이 필요하다는 공감대가 형성돼 있다”라고 설명했다.

이와 함께 가족의 범위를 확대하는 방안도 추진된다. 현행 민법(779조)과 건강가정기본법(3조)에는 가족을 혼인과 혈연 · 입양으로 맺어진 관계로 정의하고 있다. 여가부는 이런 법률을 개정해 가족의 정의를 넓힐 계획이다. 결혼 제도 밖에 놓여있는 다양한 가족구성을 보장하고 혼인 · 혈연 · 입양 외에 친밀성과 돌봄에 기반을 둔 대안적 관계도 가족으로 인정하겠다는 것이다.

여가부는 비혼 1인 가구, 동거 커플뿐 아니라 애정 관계와 무관한 생활 파트너도 가족 정책의 대상에 포함돼야 한다고 보고 있다. 1인 가구는 급격히 증가하고(2010년 23.9%→2019년 30.2%), ‘부부와 미혼자녀’ 가구 비중은 감소하는(2010년 37.0%→2019년 29.8%) 등 전형적인 가족의 모습이 빠르게 바뀌고 있어서다.

여가부는 “국회에 계류된 민법 개정안(남인순 · 정춘숙 의원 발의)은 아예 가족의 정의 조항을 삭제하는 것이다. 가족의 정의를 좀 더 폭넓게 보는 안과 삭제하는 안 중에 어떤 것이 현재 법 체계상 맞는지 논의가 필요하다”라고 설명했다. 더불어, “최근 주택 청약을 위해 자녀 5명인 사람과 위장 결혼하는 사례가 적발되기도 했다. 이렇게 가족제도를 악용하는 사례를 방지할 수 있도록 장기간에 걸쳐 꼼꼼하게 검토해야 한다”라고 말했다.

다양한 가족을 인정하는 방안은 3차 기본계획에도 담겼던 내용이다. 하지만 일각에서 “동성 부부를 인정하자는 것”이라고 반발해 진척되지 못했다. 여가부는 “동성 부부를 염두에 둔 것이 전혀 아니다. 제도권 밖에 있는 다양한 가족들, 사각지대에 있는 이들에 초점 맞추고 제도를 개선하려는 것이다”라고 선을 그었다.

여가부는 이와 별도로 개별 법률 · 제도를 손보는 작업도 병행할 계획이다. 구체적으로 보면 공공주택특별법 시행령은 공공 주거지원 관련 정책 대상에 '신혼부부' 등 법률혼만 인정하고 있다. 여가부는 이를 비혼 동거나 생활공동체 등 가족 다양성을 반영해 변경해야 한다고 보고 있다. 또 지금은 수술동의서나 의료행위에 관한 설명 · 동의서에 법정대리인이나 가족만 서명할 수 있게 돼 있는 제도 · 관행을 바꿔 '본인이 지정한 자'가 서명하도록 해야 한다고 지적했다.

법무법인 태평양의 임채웅 변호는 "사회가 급격하게 변화하고 있는데 기존 혼인 · 가족제도는 너무 경직돼있다. 변화가 필요한 시점이다. 완전히 새로운 권리를 창조하는 것이 아닌 기존에 일부 보호받던 권리를 제도화하는 수준이라 큰 혼란은 없을 것으로 본다"라고 말했다.

다만 여가부가 추진하는 기본계획은 민법 등 다른 부처 소관 법률 개정 문제와 연결돼 있어 당장 시행되긴 어렵다. 여가부는 앞으로 관계부처와 계속 협의해 나갈 예정이다. 법무부 관계자는 "관계부처 협의가 아직 진행되지 않은 상태다. 공청회 의견 수렴 이후 논의하겠다"라고 밝혔다.

다양한 가족 포용을 위한 차별 해소 과제

고용관계 및 일·생활양립 관련 규정

차별적 제도	현재	개선방향
배우자 출산휴가	법률혼 "배우자" 한계	법률혼 관계뿐 아니라 파트너 등 출산으로 인하여 돌봄이 필요한 경우 이용할 수 있도록 개선
가족돌봄 지원제도	가족(부모, 배우자, 자녀 또는 배우자의 부모) 한계	돌봄이 필요한 가족 또는 동거인으로 확대
가족수당 관련 규정	법률혼/혈연 중심 부양가족 개념	변화하는 가족에 맞게 정비 / 다만 부양가족의 이슈와 연결되는 문제로 중장기적으로 종합적 검토 필요

피부양자·유족 범위 관련 규정

차별적 제도	현재	개선방향
국민연금법·근로기준법·국민건강보험법상 유족의 범위/피부양자 관련 규정	사실혼관계까지 보호	변화하는 가족에 맞게 정비 / 다만 부양가족의 이슈와 연결되는 문제로 중장기적으로 종합적 검토 필요

의료와 장례 관련 법률 규정

차별적 제도	현재	개선방향
의료·수술 동의 관련 규정	의료행위에 관한 설명·동의 법정대리인/수술동의서(관행)-가족	본인이 지정한 자 등을 추가하여 개선
장사법 연고자 정의 규정 등 무연고 장례 관련 제 규정	법률혼/혈연 우선의 연고자 규정, 가족관계 증명이 가능한 자만 사망진단서 발급	본인이 지정한 자 등을 추가하여 개선

주거 관련 지원 규정

차별적 제도	현재	개선방향
공공주택 특별법 시행령	공공 주거지원 관련 법령 및 정책에 있어 "법률혼" 중심 규정	비혼 동거, 생활공동체 등 가족다양성을 반영한 정책 수립 및 시행령 반영

비혼 가족 자녀에 차별적 민법 규정

차별적 제도	현재	개선방향
민법 및 가족관계등록법상 혼인중·혼인 외 출생자 구별	비혼가족 자녀를 차별적으로 구별/출생신고서에 기재	혼인외의 출생자 구별 및 법률용어 삭제, 출생신고서 기재사항 삭제
민법상 부성 우선주의 규정	부성우선주의를 채택하여 모의 성을 사용하는 다양한 가족 자녀들에게 차별적 인식을 강화	부성우선주의 폐지, 출생신고시 부모가 협의하여 부 또는 모의 성으로 정할 수 있도록 개선

자료: 여가부 ⓒ중앙일보

출처: 중앙일보, 이에스더 기자(2021.01.26).

Chapter

03

가족상담 및 치료

Chapter 03

가족상담 및 치료

들어가며

아무런 갈등 없이 살아가는 가족은 거의 없다. 서로 다른 두 사람이 만나서 새로운 가족을 형성하고 가족원이 늘어나면 가족 안에 문제와 갈등이 일어나는 것은 자연스러운 현상이다. 그렇기 때문에 건강한 가정은 '갈등이 없는 가정이 아니라 갈등을 보다 유연하게 해결할 수 있는 능력을 가진 가정'이라고 할 수 있다. 하지만 많은 가정들이 미성숙한 방법으로 갈등에 대처함으로써 극단적인 위기까지 겪는 경우가 허다하다. 심각한 부부갈등, 고부 갈등, 부모와 자녀사이의 갈등 등 가정 안에서 심각한 어려움에 노출되어 있음에도 그것을 묵인하거나 간과한다면 결국 가정이 깨질 수밖에 없다. 가족 간의 갈등을 겪고 있는 상당수의 사람들이 정서적인 문제가 있음에도 불구하고 '가족상담 및 치료'에 관한 도움을 요청하지 않고 수동적인 자세를 취하고 있다. 특히 우리나라는 '가족

상담 및 치료'의 짧은 역사, 일반인들의 낮은 인지도로 인해 이러한 경향이 더욱 강하다. 가정을 지키기 위해서 당사자는 좀 더 적극적으로 가족상담 및 치료에 관심을 기울이고, 문제점을 개선하려는 노력이 필요하다. 그리고 국가 차원에서 현재 우리나라의 '가족상담 및 치료'에 대해 되돌아보고 미흡한 점과 개선할 점에 대해 면밀히 분석해 볼 필요가 있다. 본 장에서는 한국의 가족상담 및 치료의 발달사를 알아보고, 한국가족의 특성에 의한 앞으로의 가족상담 및 치료의 발전 과제에 대해서 살펴보고자 한다.

1. 가족상담 및 치료의 정의

1) 가족상담의 정의

가족상담은 개인상담의 문제로만 고려하기 쉬운 한 개인의 고민, 역기능적 행동과 증상, 또는 대인관계 특히 가족관계에서 갈등과 같은 문제의 원인이 당사자에게만 있는 것이 아닌 가족이라는 체계 전체에 있다는 가정하에 가족구성원 전체 혹은 다수를 대상으로 상담을 진행하는 접근방법을 말한다. 가족상담은 순수체계이론과 심리역동적 체계이론 이외 정신분석적 가족상담과 인지-행동적 가족상담이론이 있다.

2) 가족치료의 정의

가족치료란 가족을 하나의 체계로 보며 그 체계 속의 상호 교류양상에 개입

함으로써 개인의 증상이나 행동에 새로운 변화가 일어나도록 추구하는 치료적 접근법을 의미한다. 이처럼 가족치료는 가족을 하나의 역동적 구조이며, 물리적 또는 정서적으로 공간을 공유하는 개인들의 집합체 이상으로 보았다. 왜냐하면 개인은 가족 속에서 다른 가족구성원들과 끊임없이 상호작용을 통해 나름대로 독특한 역할이나 규칙을 만들어 내기 때문이다. 따라서 가족치료는 생활체계 안에서 발생하는 과정을 중요하게 여긴다. 또한 다양한 방법론을 포함하는 용어로서 한 가족을 하나의 체계로 여기며 가족치료의 초점은 가족을 하나의 친족적인 체계로 보는 데 있다. 다시 말해서, 문제행동의 영향으로 또 다른 문제행동을 초래하게 되는 악순환의 연쇄고리를 잇는다. 그리고 가족 자체가 가진 회복력을 통하여 가족과 개인 모두 기능을 회복시키고자 시도한 것이다. 가족치료는 가족 전체에 초점을 두고 행해지는 치료방법이기 때문에 가족체계의 역기능적인 상호작용 패턴 및 관계구조를 변화시킴으로써 현재 가족체계 내의 역기능적인 의사거래 유형을 개선시킬 수 있도록 도움을 준다. 즉, 현재 가족체계 내의 연동적인 정서적 문제를 찾아 개선시키려는 일종의 심리치료 기법이라고 정의할 수 있다.

2. 한국의 가족상담 및 치료의 발달사

가족상담이 우리나라에 본격적으로 요구되기 시작한 때는 1990년대 이후로 여겨진다. 그 이유는 그동안 우리나라 가족은 가부장제의 전통과 계층적 질서에 의해 안정되어 있어 일찍부터 가족상담의 도움이 필요하지 않았기 때문이다. 이런 전통적인 질서는 1960년대 산업화 정책에 의해 인구가 도시로 집중되면서 진행된 핵가족화 내지 남녀 평등사상으로 붕괴되었다. 가족 기능 약화의 결과는 1980년부터 개인 및 사회 전반에 나타났다. 문제해결을 개인 초점에 맞추어 시도하였고 대중적 사회 정책의 한계는 1990년대에 와서야 인식하게 되었다. 따라서 문제를 보는 가족상담적 인식론과 문제해결의 가족상담적 접근법이 절실히 요청되기 시작했다.

1) 1970년대 초

1970년대 초에 미국의 사티어가 '공동가족치료'(Conjoint Family Therapy)라는 책을 통해 소개되었고, 이후 미 8군 병원의 정신과에서 부부 또는 가족을 대상으로 한 치료기법이 사용되었다.

2) 1980년대 초

1980년 초부터 대학원 과정에서 이론을 중심으로 가족치료에 관심을 가지기 시작하여, 이화여자대학교 사회사업전공을 최초로 정규과목이 개설된 이래 여러 대학교와 대학원의 가족학, 사회복지학, 상담전공에 정규과목으로 개설되었다.

3) 1980년대 후반부터 1990년대

1980년대 후반부터 1990년대에 이르러 가족치료에 관한 학위논문과 저서, 번역서 등이 출판되기 시작하였다. 학회가 결성되어 워크숍이 열리면서 상담실무자들의 가족치료에 대한 관심이 증가하였다. 이는 외국이론과 외국의 저명한 가족치료자들이 우리나라에서 들어온 영향도 있었지만 이 시기에 부부문제와 이혼, 아동과 청소년문제, 가정폭력, 노인문제 등의 가족문제가 사회문제로 대두되어 가족상담 및 치료의 필요성이 커진 사회적 배경에서 비롯되었다.

4) 1990년 후반

1990년대 후반에는 가족상담사나 가족치료사를 양성하는데 대학원 전공과정이 개설되었으며 그중 상담 및 목회상담 분야, 가족학분야, 사회복지 분야가 대부분을 차지하였다. 이외에 학부과정이나 개인 연구소, 상담센터 등에서도 가족상담 및 치료전문가를 양성하기 시작하였다.

3. 가족상담 및 치료가 실시되고 있는 곳

종합병원, 정신과 병원 등의 의료기관, 종합사회복지관, 가정폭력상담소, 사설연구소, 상담소, 대학부설 상담기관, 지역정신보건센터 등의 기관이다. 이들이 제공하는 가족대상 서비스는 가족상담 및 치료 이외에도 개인상담, 집단상담, 가족교육 등이 있다. 대다수 기관이 가족상담 및 치료를 시작한 역사가 짧고 슈퍼비전을 받지 못하는 경우가 많다. 기관에서 가족치료가 제대로 실시되지 못하고 있는데 이는 실무자의 해당 지식 및 기술 부족과 업무과중 때문이다. 이러한 모습은 2005년 건강가정기본법 시행 이후 개설되고 있는 지역건강가정지원센터에서도 유사하게 나타난다. 우리 사회에서 전반적으로 부부갈등과 이혼, 자녀문제와 관련된 가족상담 수요가 급증하고 있으나 본격적인 가족상담은 제한적으로 실시되고 있다. 이는 전화 상담이나 사이버 상담 선호경향, 가족상담에 대한 일반인의 이해부족, 전문상담 인력의 부족과 예산지원의 미흡 등이 원인이라고 할 수 있다.

4. 가족상담 및 치료의 발달사

1) 가족상담의 발달사

가족상담은 제1차 세계대전 이후 1919년 독일에서 마그누스 히르슈펠트가 베를린 연구소 내에 성에 대한 정보와 상담을 위한 클리닉을 개설한 것이 그 시초이다. 1932년까지 독일과 오스트리아에서 설립·운영된 결혼 및 가족상담센터(Marriage and Family Counseling Center) 수만 해도 수백여 개에 이르렀다. 그리고 초기에 설립된 가족상담센터는 가족상담과 함께 가족계획, 위생학, 성적 문제에 대한 정보를 주로 제공하였다.

북유럽국가의 결혼 및 가족상담센터 확산은 결혼이나 가족의 문제를 다루는 데 있어 특별히 훈련받은 전문가의 도움이 필요함을 사회적으로 인식시킬 뿐만 아니라 공공부문이 관심을 갖도록 유도한다. 이처럼 북유럽국가의 가족상담은 히틀러의 등장 이후 쇠퇴하기 시작하였으며 오늘날 사용되고 있는 가족상담의 이론이나 기법은 미국을 중심으로 크게 발달하였다. 미국 역시 초기의 가족상담은 결혼 상담을 토대로 가장 먼저 발달하였다. 그다음 부부상담, 부부치료, 아동문제상담 등이 발전하면서 가족의 중요성이 부각되었고 가족상담을 실시하였다.

가족상담이 전체 가족에 대한 새로운 시도로써 시용되고, 본격적으로 발달하게 된 것은 1950년대 초이다. 이때 가족체계를 대상으로 다양한 학문의 과학적 연구를 실시하였으며, 가족상담이 '가족치료'라는 이론적 기반의 토대를 구축하였다. 1980년대에는 다양한 가족치료학파 간에 통합이 이루어졌으며 가족치료자의 전문직이라는 정체감이 확고해지게 되었다.

(1) 1940년대(모종기)

2차 세계대전을 겪은 후 많은 가족 문제가 발생하였다. 1949년까지 심리분석, 정신의학, 사회사업학 등에서 서비스를 위하여 가족에 초점을 두기 시작하였다. 산발적인 가족치료에 대한 연구가 세분화, 전문화되었다. 각 전문분야에서 협의회나 조직체가 설립되었다.

(2) 1950년대(뿌리 내리기)

Bowen의 정신분열증 환자와 그 가족에 관한 연구는 가족치료 이론 발전 역사에 크게 기여하였다.

(3) 1960년대(발아기)

가족치료에 관한 초기 연구들과는 달리 정신분열증 환자보다는 다른 역기능적 행동을 나타내는 가족을 대상으로 하게 되었다. 대상 범위를 비행, 학습부진, 정신 신체적 장애 부부갈등으로 확대하였다. 애커먼(Ackerman)은 1965년 가족연구소를 설립하였고 가족치료대상은 저소득층과 중산층 가족, 상류층 가족 모두를 포함하였다.

2) 가족치료의 발달사

(1) 1950년대

클라크 대학의 심리학 교수였던 벨이 최초의 가족치료자로 알려지고 있으나, 대부분 사람들은 애커먼을 가족치료의 선구자로 생각한다.

(2) 1960년대

Bowen은 그의 이론이나 방법에 대해서는 커다란 변화를 보이지 않으나, 그는 정신분열증 환자가족의 치료에만 국한하지 않고 치료를 원하는 가족이 지닌 여러 가지 문제에 그의 개념을 적용하였다.

(3) 1970년대

1970년 이전에는 정신분열증 환자와 그 가족을 치료하였으나, 1970년 이후에는 폭넓은 종류의 정신질환을 취급하기 시작하였다.

(4) 1980년대

1980년대 기법에 있어서 절충적이면서 다양한 시도를 모색하였다. 해결중심모델, 심리교육, 외재화, 내재적 가족체계모델 등 새로운 시도는 이 시기의 특징이다. 이러한 다양한 접근의 선두주자는 해결중심모델이다.

(5) 1990년대

1990년대에는 가족치료의 분야에 대해 문화나 계층이 다른 내담자나 가족에 대하여 논의하는 계기가 되었으며, 문제행동에 대해 다차원적으로 보게 되었다.

5. 가족상담 및 치료의 발달

1) 체계이론

오늘날 한국사회에서 '가족상담 및 치료'가 발전하기 위해서는 체계이론에 기초한 접근이 중요하다. 체계이론은 새로운 인식론을 제시한다. 이는 대상을 규정하는 구조가 아니라 부분들의 상호작용 양상에 따라 결합되는 조직이므로 순화적 인과론이 성립될 수 있다는 입장이다. 이에 체계이론에서는 부분들끼리 또는 부분들과 전체와의 상호성과 관계성을 중시하고, 배경 맥락에 기초하여 현상을 파악하고 설명한다. 즉 기존의 개인적인 접근과 달리 개인을 가족이라는 전체 체계의 한 부분으로 보고 개인의 행동을 다른 부분이나 전체 가족체계와의 관계성 맥락에서 설명한다. 개인의 문제는 하나의 부분이 되는 체계 안에 있으면서 체계 유지에 필요한 것이며 관계 맥락 문제라고 보는 것이다.

전통적 가족 특성과 현대적 가족 특성이 맞물려 있는 한국 가족의 특성을 고려해 볼 때 체계이론은 문제해결에 있어 매우 중요한 단서를 제고할 수 있는 이론이다. 체계이론을 가족에 적용시키면 가족체계는 가족원 개개인과 가족원 사이의 관계, 속성, 환경 등으로 구성된다. 모든 가족체계는 부부, 부모자녀, 형제자매 등 여러 하위체계로 구성되고 동시에 사회나 문화가 같은 더 큰 체계의 부분이 된다. 즉 가족은 상호 관련된 부분이나 하위체계들이 서로 분리되어 있어야 한다. 분리된 하위체계의 경계가 희미해질 때 배우자 하위체계의 갈등이 부모－자녀 하위체계로 넘어 들어가 역기능적인 가족을 만들어 낼 수 있기 때문이다. 가족체계에서는 가족구성원 개인의 특성을 단독으로 연구하기보다는 가족구성원의 상호적인 면에 관심을 가진다. 그러므로 가족에 대한 체계적인 접근은 가족 구성원 개인의 문제를 가족 간 관계에서 일어나는 가족의 상호작용 측면에서 분석할 수 있도록 하는 관점을 제공한다고 볼 수 있다. 결국 개인이 문제를 상담하거나 가족치료 장면을 효율적으로 다루기 위해서는 그 개인이 속한 가족체계를 이해하는 것이 중요하다.

(1) 체계이론의 개념

체계이론은 조직을 체계, 즉 시스템(System)으로 파악하는 조직이론 중 하나이다. System이란 단어는 그리스어의 Systema에서 유래되었으며, '여러 부분으로 구성된 전체'라는 의미를 가진다. 따라서 체계의 개념은 부문과 전체의 결합이다. 하나의 전체라고 하는 것은 전체를 구성하는 부문들의 유기적인 모임이라고 볼 수 있는데 바로 이것이 체계의 개념이다. 관리적인 측면에서 본다면 한 개 또는 그 이상의 부문, 요소, 하위시스템으로 구성되고 조직 외부의 환경으로부터 명확한 한계를 그을 수 있는 조직화된 하나의 전체라고 할 수 있다.

생물학적으로 볼 때, 하나의 생물은 다수의 기관으로 구성되어 있고, 기관은 조직으로, 조직은 다시 세포로 구성되어 있다. 그리고 세포는 핵, 세포질 등으로 더욱 분화될 수 있을 것이다. 따라서 하나의 생물은 다양하게 분화된 계층적 하위체계를 가진 하나의 커다란 시스템이다.

이러한 시스템은 그 구조적인 복합성에 따라 단순시스템과 복합시스템으로 구분된다. 예를 들어, 인간은 우주상의 시스템 중에서 가장 많은 구성인자를 가진 복합시스템 중 하나이지만, 무생물이나 미생물은 그 구성인자가 단순한 단순 시스템 중 하나이다. 그리고 시스템의 외부적 환경과의 상호작용에 따라 개방시스템과 폐쇄시스템으로 구분할 수 있다. 개방시스템은 외부환경과 활발한 상호작용을 하지만 폐쇄시스템은 밀폐된 조직적 성격을 가지고 외부환경과 상호작용을 전혀 하지 않는다.

조직을 체계로 이해하려는 체계이론은 조직의 구성원을 피동적으로 보거나 조직을 폐쇄적으로 이해하며 조직의 외적 환경을 무시한다. 또한 고전이론과는 달리 구성원과 환경을 충분히 고려하여 조직 전체를 하나의 유기체로 이해하고

자 한다. 따라서 여러 가지 구조와 체계 속에서의 상호작용 및 외부적 환경과의 연관성을 통하여 다양한 문제를 바라봄으로써 개방적이고 전체적인 안목을 제시해준다고 할 수 있다.

(2) 체계이론의 정의와 특징

가족 상담과 치료와 관련하여 체계이론은 매우 중요한 의미를 갖는다. 1930년대 주장된 체계이론은 생태계 시스템과 같이 체계의 한 부분이 변할 경우 다른 부분도 연쇄적으로 변화는 과정을 거치며, 이 변화는 처음에 영향을 미쳤던 부분까지 다시 영향을 준다는 기본적인 가정을 두고 있다. 이는 부분과 전체에 있어 구성요소 간의 상호작용을 중시하는 개념이기 때문에 보다 전체적인 관점에서 현상을 바라볼 수 있는 장점이 있다. 가족이라는 큰 틀 안에 가족구성원이 존재하며 부부와 형제자매, 부모와 자녀 등의 하위체계가 서로 복합적으로 영향을 주고받기 때문에 가족 상담 및 치료에 있어 체계이론은 중요하다. 그리고 가족을 둘러싸고 있는 더 큰 체계인 사회가 원활하게 기능하기 위해서는 그 부분적 요소인 가족의 기능에 문제가 없어야 한다. 그러나 최근의 상황을 돌아보면, 1인 가구의 증가, 이혼가족 및 별거가족의 증가, 다문화가족의 증가 등으로 기존의 가족체계를 위협하는 다양한 가족형태가 예측할 수 없을 정도로 늘어나고 있기 때문에 기존의 가치관을 지닌 구성원에게는 당연히 갈등요소가 나타날 수밖에 없는 상황이다. 이처럼 가족은 상호작용을 이루는 개인들의 집단이기 때문에 한 가족원의 변화만으로도 다른 가족원은 영향을 받으며, 이는 곧 가족 전체의 변화를 가져오게 된다. 새롭게 형성된 가족의 정서는 다시 개별 구성원에게 영향을 주는 순환구조를 가지기 때문에 체계이론을 통해 가족의 관계에서 오는 맥락적인 부분을 이해하는 것이 선행되어야 한다.

(3) 체계이론의 활용

체계이론은 다양한 분야에서 활용될 수 있는데, 먼저 가족 내의 자녀가 학교에서 문제행동을 일으킬 경우 체계이론의 관점에서 문제에 접근할 수 있다. 아동의 가치관과 태도의 형성은 대부분 가정문화의 영향을 많이 받는다. 때문에 기본적인 성격에 대한 상담이나 치료가 필요할 때 가장 먼저 아동을 둘러싼 가정환경에 대한 분석이 이루어져야 한다. 자녀는 가정이라는 한 체계의 부분적 요소이므로 가족기능이 약화되었거나 상실된 경우 또는 가정의 불화로 인한 부모의 이혼, 일관적이지 않은 훈육 방식 등에 의해 많은 영향을 받게 된다. 물론 학교에서 이러한 점에 대한 중요성은 인식하고 있지만, 담임교사가 담당하고 있는 아동에 대해 일일이 대응하기 어려운 한계점이 있다. 그리고 아동 개인별로 나타날 수 있는 다양한 변수를 고려해야 하기 때문에 실제 교육현장에서 활용되기 어렵다는 단점이 있다. 따라서 아동이 겪을 수 있는 문제행동을 완화하기 위해 아동복지 측면에서 보다 전문적인 서비스가 제공되어야 한다. 그리고 각 가정의 관계행동이 자녀에게 영향을 미치고 영향을 받은 자녀들이 다시 학교라는 공간에 모여 사회화를 이루기 때문에 그 관계행동이 학교체제로 옮겨질 수 있다. 따라서 가정이 건강한 관계형성을 유지할 수 있도록 더욱 노력해야 한다.

아동에 대한 문제행동을 완화하기 위해서는 사회적 차원의 가족상담과 치료도 필요하지만, 부모교육도 병행되어야 한다. 우리나라는 부모교육의 중요성을 인지하고 있지만, 단순히 부모와 자녀 관계로만 바라보고 대응하기 때문에 보다 큰 맥락에서 접근하지 못하고 있다. 부모는 가정이라는 큰 체제 속에서 핵심적인 역할을 담당하는 하위 요인이다. 이로 인해 자녀가 영향을 받기 때문에 가족체계적인 접근으로 부모교육을 진행해야 할 것이다. 부모교육의 대상자들 역시 자신들이 가족 안에서 차지하는 역할과 관계성을 인식하면 보다 개방적이고 적극적인 태도를 가진다. 따라서 가족체계에 대한 이해가 선행되어야 한다.

이를 수용하는 과정을 거침으로써 건강한 가족체계와 의사소통이 이루어질 수 있기 때문이다. 부모는 자녀에 대한 이해를 하기 전에 가족체계 안에서 자신의 역할을 인식해야 한다. 그리고 자녀와 다른 가족구성원과의 의사소통 문제에 대해 효과적으로 반응해야 하고, 표현하는 방식이 중요함을 깨달아야 한다. 이러한 과정이 반복되면 자연스럽게 행동의 개선이 이루어진다. 또한 부모의 문제행동에 영향을 받아 학교생활에서 문제를 일으켰던 자녀들도 점차 행동의 변화를 보여준다.

(4) 체계이론의 중요성과 의미

체계이론은 가족관계에서 발생할 수 있는 문제에 대한 시각 자체를 바꿔줄 수 있기 때문에 우리가 처한 많은 문제를 다르게 바라볼 수 있도록 해준다. 가족 간의 갈등이 발생할 경우 우리는 일반적으로 다른 구성원의 문제행동을 들춰내거나 성격적 결함에 따른 결과로 생각하기 쉽다. 그러나 체계이론을 이해하게 되면 해당 구성원의 문제행동에 대해 자신도 많은 영향을 끼쳤음을 이해할 수 있게 된다. 가족 문제 해결의 핵심은 상대방에 대한 이해와 수용이다. 이러한 부분에 동의할 수 없다면 어떠한 전문적인 상담이나 치료로도 좋은 성과를 낼 수 없다고 본다. 아직도 우리나라에 진행되는 가족 연구들은 이미 해제된 이혼가정이나 한부모 가정에 집중되어 있기 때문에 사후적인 예방만을 제시하고 있다. 물론 외부적으로는 정상적인 가족의 형태를 보이고 있으나 내부적으로는 완전히 단절된 가족들이 더 위험하고 전문적인 상담이 필요하다고 생각한다. 이들에 대한 예방적 치료를 통해 가족의 붕괴를 막을 수 있으며 작은 갈등의 해소만으로도 다시 예전의 가족관계를 회복하기 쉬운 특성을 보여준다. 따라서 감정 불화로 일시적인 문제 상황이 처해 있는 가족에 대한 예방적 치료를 할 수 있는 해결중심의 가족상담이 반드시 필요하다고 본다.

2) 해결중심가족상담

해결중심가족상담은 체계이론과 같이 가족을 하나의 단위로 보기 때문에, 개인이 문제를 가지고 상담을 의뢰해도 가족관계를 중심으로 상담 및 치료를 진행하게 된다. 개인적인 상담은 개인의 특성이나 가치관, 특정습관, 생활환경을 분석하고 이중에서 문제가 될 말한 것들을 개선하는 데 치중하지만, 가족의 문제를 간과한다면 일시적인 처방이 될 수밖에 없다. 진정한 문제점을 해결하지 못한 채 기존의 가족 구성원은 고통받게 될 수도 있다. 그러나 해결중심가족상담은 문제 전반에 대해 포괄적이다. 가족상담 외에도 알코올 중독이나 각종 위기상담, 자녀의 행동장애 대인관계 문제, 교육 측면에서 다양하게 활용되고 있다. 체계이론이 가지는 기본적인 사항을 상담에 활용하기 때문에 기존의 정형화 된 문제해결방식은 크게 의미가 없다. 그러나 가족에 적합하고 가족이 원하는 해결방식에 집중하여 실용적인 해결방안을 제시하도록 할 필요는 있다. 문제의 원인을 없애는 것보다 가족 구성원이 가지는 자원을 최대한 활용하여 내담자가 중심이 되고, 가족문제를 해결할 수 있도록 하는 것이 이 상담의 핵심 목표이다. 효과성과 효율성이 매우 높고 상담 이후에도 만족도가 매우 높다. 따라서 해결중심의 가족상담이 활성화되어 사회적 갈등상황을 최소화할 수 있는 다양한 연구와 지원이 필요하다.

3) 정신역동적 가족치료

정신분석은 프로이트(Sigmund Freud)에 의해 개발된 이론으로, 제2차 세계대전 이후 미국 정신의학계에서 중심적인 위치를 차지하게 되었다.

가족치료의 선구자들은 대부분 정신분석에 기초한 훈련을 받았고, 혁신을 열망하는 학자들은 기존의 정신역동학에서 새로운 체계역동학(System dynamics)으로 전향하였으나, 보웬(Bowen) 등의 학자들은 여전히 정신분석적 접근을 유지하며 발전시켰다. 1960년대와 1970년대에 미누친(Minuchin) 등은 정신분석적 근간을 완전히 벗어나 가족치료의 새로운 분야를 개척하고 많은 지도자를 배출하였다. 미누친은 탈상황적 개인(the decontexted individual)이란 정신역동적 맹인에 의하여 창출된 환영이며 미혹의 괴물이라고 표현하였다. 이는 종래의 가족상황을 무시한 개인치료에 대한 허구성을 맹렬히 비난한 표현이라고 하겠다.

가족치료자들은 내담자들이 문제를 깊이 간직하고 있다는 과거의 해석화된 견해로부터 자유롭게 탈피할 수 있어야 한다고 주장했다.

(1) 정신분석 가족치료의 발달과정

가족치료에 대한 정신분석적 연구는 프로이트에서부터 시작된다고 할 수 있다. 프로이트는 가족관계의 영향을 인정했으나 개인적인 정신내적 갈등을 해소시키는 데만 주력하고 가족체계의 특성을 변화시키는 데에는 관심을 두지 않았다. 1930년대~1950년대에 정신분석 연구자들은 가족에 흥미를 갖기 시작하였다. 초기 가족치료자인 애커먼은 개인의 무의식에 관한 정확한 이해는 가족 상호작용의 이해를 돕는다고 믿었다. 1950년대와 1960년대에 정신분석은 심리내적 구조에 초점을 둔 자아심리학이 미국에서 강력한 영향력을 발휘하였고, 영국은 인간 상호관계 분석에 초점을 둔 대상관계이론이 번성하였으며, 1970년대와 1980년에 가족치료와 정신분석이론이 통합되었다.

(2) 이론과 주요개념

정신분석 가족치료의 본질은 현재의 관계를 왜곡시키는 무의식적 충동과 이에 대항하는 방어기제들을 대상관계 이론에 기초하여 인식하고 해석하는 것이다. 따라서 가족 상호작용을 무시한 개인을 분석하는 것이 아니라, 성숙한 방식으로 상호작용하고자 하는 가족의 역동을 방해하는 어떤 근본적인 욕구를 찾아내는 것이다.

① 충동 심리학

인간 본성의 중심에는 성적 충동과 공격적 충동이 있다. 아이가 알게 모르게 정신적 갈등이 일어나는 것은 이런 근본적인 충동 표현에 불안을 느끼기 때문이다. 갈등이란 불쾌한 감정으로 불안에 의해 나타난다. 불안이란 개인이 어떤 특정 욕구를 행함으로 인해 처벌받게 될 불유쾌한 관념의 연상이며 때로는 무의식적이다. 우울이란 이미 발생한 재난에 대한 두려운 관념의 불유쾌한 감정이며 이것 역시 때때로 무의식적이다.

② 자아 심리학

자아 심리학의 본질은 인간이 인정을 갈망하는 존재라는 점과 인간욕구의 중심은 관심에 대한 열망으로 구성되어 있다는 점이다. 어린 시절에 부모가 아이를 충분히 인정해 주었다면 그 인정은 아이로 하여금 안정감이 있고 자율적이며 자신감이 있는 인성을 형성하도록 내면화한다는 것이다. 아이가 받은 사랑은 후일 자신의 배우자와 자녀에게 사랑을 줄 수 있는 사랑의 원천이 된다.

아이의 건강하고 응집력 있는 자아감 형성은 부모의 자아 대상 이용 가능성에 의존한다고 말한다. 분리과정에서 어머니가 온정과 사랑을 보유하면 아이도 개별화하는 과정에서 온정과 애정을 보유하게 된다. 그러므로 아이는 부모의 거울이다.

③ 대상관계이론

비정신분석 가족치료자들은 사람과 사람 사이의 상호작용에서 문제를 찾는 방면, 정신분석 치료자들은 상호작용하는 개인 내부에서 문제를 찾는다. 전통적인 정신분석 갈등이론에 의하면 증세는 억압된 충동의 욕구를 나타내는 무의식적 갈등과 그에 따른 불안에 대처하고자 노력하는 시도라고 하였다. 구조적으로 이러한 갈등은 이드와 이고 사이에 존재한다. 즉 본능적인 충동은 반대하고 있는 자아의 억제에 대항하여 투쟁하고 있다는 것이다.

이들 내면화된 대상의 무의식적 잔재는 개인의 성격 형성의 핵심을 이루며, 과거와 현재의 사회적 관계를 통하여 자기 자신의 정체성을 발달시켜 나간다. 충동심리학과 자아 심리학은 인간 본연의 근본적인 욕구와 공포, 그리고 갈등을 연구하고 정신분석은 주로 개인의 기본적인 동기, 즉 애착에 대한 욕구와 충동에 관한 연구이며, 가족치료는 사회적 관계에 관한 연구이다. 즉 이 두 개의 연결고리가 여기서 말하는 대상관계 이라고 정리한다.

④ 주요개념

• 전이(Transference)

전이는 치료과정 중 내담자가 자신의 무의식적인 갈등문제를 표출하면서, 그 갈등과 관련된 대상에 대한 감정이 치료자에게 투영되는 현상이다. 이때 치료자는 내담자로 하여금 어린 시절의 꿈과 욕망, 환상들을 현실에서 이해할 수 있게 해주고, 과거와 현재를 분별할 수 있도록 한다. 그리고 자신의 충동과 불안이 비현실적이라고 사실을 깨닫고 통찰력을 갖도록 한다.

• 역전이(Counter-Transference)

역전이란 치료자가 과거에 어떤 사람과의 경험으로부터 떠오르는 감정을 무의식적으로 환자에게 반응하는 것이다.

• 저항(Resistance)

저항은 사람들이 자신의 억압된 충동이나 감정을 깨닫게 되어 불안을 느끼고, 그 불안으로부터 자아를 방어하려고 할 때 나타나는 현상이다. 저항의 원인은 변화에 대한 두려움, 무의식적 소원과 욕구충족, 무의식적 갈등에 대한 직시의 두려움 때문이다. 저항은 치료를 방해하기 때문에 치료자는 이를 지적해 주어야 하며, 내담자가 갈등 상황을 직면할 수 있도록 도와주어야 한다.

• 이중구속 메시지와 희생양(Double-blind message and scapegoat)

역기능 가족 구성원 간에는 서로 이중구속 메시지를 교환하는데 여기에는 적어도 두 가지 이상의 상반된 메시지나 요구가 있다. 이때 메시지를 받는 사람은 어떤 식으로 반응을 하든 실패하기 마련이다. 이중구속 상황은 항상 두 명 이상의 사람이 있어야 하고 그중 한 명은 희생양으로 지정된다. 희생양은 상황이 계속 변화하고 두 가지 서로 다른 메시지가 동시에 주어지기 때문에 상황을 제대로 파악하기 어렵다. 따라서 자신에게 보내진 메시지의 의미를 파악하기 위해 탐색하는 행동을 끊임없이 하고, 결국 혼돈에 빠지게 된다.

• 역할상보성(Role complementarity)

애커먼은 가족통합의 상징인 애정, 관심, 신뢰는 역할 상보성을 통해서만 이루어질 수 있다고 보았다. 치료자는 자연스럽게 가족 속에 들어가 가족구성원들의 다양한 기능과 정서적 관계, 상호의존 수준과 자율성 수준 간의 균형상태, 성장발달 정도를 점검한다. 그리고 가족구성원이 감정을 자유롭게 표현하게 하여 변화가 일어나게 한다.

• 의사상호성과 의사적대성(Pseudomutuality and pseudohostility)

의사상호성은 관계 속에서 자신의 정체성은 무시한 채 서로가 상대에게 빠져버린 상태를 말한다. 특성은 역할구조가 똑같으며, 이 역할구조가 바람직하며 적절하다는 사실을 강조하고, 역할구조로부터 독립하는 것에 대해 강력히 반대하며, 자발성과 유머, 열정이 부족하다는 것이다. 이러한 가족의 역할구조는 가족생활의 모든 면에 영향을 미친다. 의사적대성은 외부적 표현은 분열과 격리의 상태로 표출되나, 그 이면에는 친밀에 대한 욕구와 애정이 숨겨져 있는 것이다.

• 결혼분열과 결혼왜곡(Marital schism and marital skew)

결혼분열이란 부부 각자가 지닌 문제 때문에 가정 내에서 만족할 만한 배우자 역할을 하지 못하는 부조화 상태를 말한다. 결혼왜곡은 결혼생활 파탄에 대한 위험은 없지만, 상호관계에 있어서 역기능적인 면을 찾아볼 수 있다. 대체로 배우자 한 명이 심각한 심리적 장애를 가지고 있는 경우가 대부분이다.

• 내사(Introjection)

내사는 부모나 다른 중요한 타인에 대한 행동양식, 생각을 무의식적으로 받아들이는 것이다. 따라서 부모와 해결되지 않는 과거의 흔적이나 기억이 현재의 배우자나 자녀와의 관계에 이어진다.

• 투사(Projection)

투사는 자신이 용납할 수 없는 충동이나 태도 등을 무의식적으로 타인이나 환경의 탓으로 돌려 자신의 결함이나 약점 때문에 갖게 되는 위험이나 불안으로부터 자아를 보호하고자 하는 것이다.

• 동일시(Identification)

동일시는 내면화의 가장 높은 수준으로 역할의 내면화를 의미한다. 동일시의 결과는 아이가 부모와 같은 방식으로 어떤 행동과 역할을 취하는 것이다.

• 투사적 동일시(Projective identification)

투사적 동일시는 자신이 가지고 있는 부정적인 측면을 다른 사람이 가지고 있다고 믿고, 다른 사람을 그렇게 행동하도록 만드는 과정이다.

(3) 치료목표와 치료과정

정신분석 가족치료의 목표는 과거의 무의식적 이미지에 대한 통찰을 통한 인성변화, 가족 구성원의 무의식적 구속으로부터의 해방, 그리고 현실에서 더욱 건강하고 완전한 개인 및 가족으로의 성장에 있다. 가장 일반적으로 추구하는 인성변화의 유형은 분리 개별화와 분화이다. 분리나 개별화는 원 가족에서의 개인의 성장과 심리적 독립에 관련되어 있다. 정신분석 가족치료자는 사정(assessment)을 강조한다. 치료자는 누가 치료에 참여해야 하는가를 결정해야 한다. 정신분석 가족치료자는 가능한 모든 가족구성원을 치료에 임하게 한다. 그러나 가장 일반적인 치료는 가족의 핵이 되는 부부를 중심으로 한 부부치료가 될 수 있다.

정신분석 치료는 통찰에 의한 치료라기보다는 환자가 경험한 억압된 부분들의 표현을 방해하는 방어기제를 줄이는 것이다. 그러므로 만일 치료자가 현재 가족들 사이에 일어나는 상호작용만을 취급한다면 깊고 의미 있는 변화가 일어날 수 없다. 그러나 가족은 내면의 감정 노출을 꺼리기 때문에 오래된 상처와 혼란스러운 정서를 노출하도록 내담자에게 요구하는 것은 힘든 일이다. 가족치료에서 내담자는 자아보호와 자아노출에 대해 걱정하기 때문에 치료자는 그들에게 충분한 안정성을 제공해야 한다.

정신분석이론에 기초한 모든 형태의 가족치료는 어린 시기에 내면화된 대상관계 이미지를 노출시키고 분석하기 위해 충분히 안정된 분위기를 형성해야 한다. 통찰을 통한 작업을 미해결된 발달적 과업이 노출되어야 하며 치료자와 가족 간에 서로 신뢰할 수 있는 상호작용이 이루어져야 한다. 본능이론(Instinct Theory)을 강조하는 분석자들은 치료의 실패는 환자들의 강한 성욕과 공격성에 기인한다고 말한다. 부부갈등은 부부가 일찍이 내면화된 대상에 대한 상호투사의 결과로 보이기 때문에 부부관계는 과거의 갈등에 대한 전투장이 될 수도 있다. 따라서 치료자는 치료자 자신에게뿐만 아니라 배우자 서로에게 행한 그들의 전이와 투사를 인식해야만 한다. 내면화된 대상에 대한 어떤 측면은 현실에서 배우자에게 의식적으로 표현되기도 한다. 이는 지각된 부모 모델에 대한 직접적으로 동일시하거나 부정적인 이미지에 대한 과대부상을 의식적으로 요구하기 때문이다. 구타하는 남편은 그의 아버지의 연약함에 대한 과대 보상일 수 있다. 그의 행동은 "나는 아버지와 같이 연약하지 않다."라고 표현하고 있을지도 모른다. 그러므로 정신분석 가족치료자들은 그들이 공유하고 있는 의식적·무의식적 대상 이미지를 끌어내기 위해 탐색을 해야 한다.

가족치료에서 고려할 점은 누가 치료에 참여해야 하는지, 누구에게 중점적으로 도움을 주어야 하는지이다. 대부분의 정신분석 가족치료자는 가족 구성원 모두에게 치료가 필요한 것에 대해 동의한다. 가족 구성원들이 서로에 대한 병리적 애착을 극복하기 위해서는 그들 개개인이 하나가 되도록 도움을 받아야 한다. 개별 치료는 분열된 자아를 재통합시켜주며 상실된 전체감을 회복시켜 준다.

(4) 치료기법

정신분석 가족치료에서 사용하는 기법은 경청, 감정이입, 해석, 그리고 자유연상 등이다.

① 경청

경청은 우리의 문화에서 익숙한 것이 아니므로 계속 노력해야 할 묵시적 활동이다. 치료자는 피상적인 것 이상을 듣기 위해 많은 시간을 투자한다. 이는 또한 치료자가 문제의 가족들에게 무엇인가 도와주어야 한다는 압박감을 느끼게 하며, 분석의 중립성 유지를 필요로 한다. 분석적 분위기를 형성하기 위해 치료자는 가족이 어떤 변화를 이룰 것이지 여부를 걱정하기보다는 경청과 이해에 목적을 두는 것이 필요하다. 치료자의 효과적인 경청에 대하여 다음과 같이 정리한다.

치료자는 내담자가 자신의 생각과 감정을 자유롭게 표현하는 것을 방해하지 않도록 상담 전에 자신의 갈등들을 충분히 인식하고 해결해야 한다. 내담자가 말하는 내용이 치료자의 감정을 상하게 했을지라도 내담자의 이야기 내용을 경멸하거나 비난하는 언어적 혹은 비언어적 표현들은 피해야 한다.

경청과 개입에 대한 적당한 비율을 상술할 방법은 없지만 대부분의 치료자들은 너무 말을 많이 한다. 이런 지나친 개입활동을 하는 데는 많은 이유와 합리화가 있겠지만 치료자들은 분명히 중심을 유지해야 하며 주의를 기울여야 한다. 이는 그들이 내리는 해석에 힘을 부여하기 때문이다.

② 감정이입

정신분석적 치료자는 개입할 때 가족원이 개방적이도록 감정이입적 이해를 표현한다. 그리고 경험에 숨겨진 의미의 혼돈스러운 면을 명백히 해석한다.

③ 해석

전통적인 정신분석에서 치료적 변화는 직면, 명료화, 해석, 작업 등에 의해 실현된다. 해석(Interpretation)은 정신분석 과정에서 자유연상, 꿈, 저항, 그리고 전이를 분석할 때 사용된다. 해석의 과정에서 분석가는 꿈이나 자유연상의 내용, 저항 그리고 상담관계 자체의 의미를 지적하기도 하고 설명하기도 하며 가르치기도 한다. 해석의 기술을 사용할 때 유의해야 할 두 가지 규칙이 있다. 첫째, 치료자는 내담자가 저항 혹은 방어적인 태도를 취한다면 그 방어적인 행동이 이면에 숨겨져 있는 원인을 해석하기 전, 내담자의 방어와 저항 행동을 지적하고 설명해주어야 한다. 둘째, 치료자는 흔히 있을 수 있는 내담자가 표현한 감정의 대상적인 이면을 이해할 수 있어야 한다. 정신분석 가족치료에서 수정이 필요할 때 해석이 결정적인 기법이 되며 정화기법, 제안 등이 사용된다.

④ 분석

치료자들이 가족의 변화를 시도하기 전에 가족에 대한 이해를 먼저 해야 한다. 정신분석 치료자는 가족의 역동을 통하여 가족 구성원들의 저항과 전이, 꿈 등을 분석한다. 저항분석은 초기 단계에서 내담자는 억압된 감정이나 생각들을 표현할 수 없거나, 혹은 표현하는 것을 주저하는데 이것은 내담자가 보이는 일종의 저항현상이다. 즉 내담자는 자신의 부정적인 감정이나 고통을 해결하고자 하면서도 무의식적으로 이처럼 저항현상을 나타난다.

⑤ 자유연상

자유연상(Free association)은 내담자로 하여금 마음속에 떠오르는 것이면 무엇이든지 이야기하도록 하는 방법이다. 즉 사전조사나 계획 없이도 동시에 사건이 일어난 것처럼 그들의 사고를 표현하게 한다. 이 기법은 무의식적인 사건을 표면으로 끌어내는 최고의 방법이다. 환자가 자유연상을 할 동안 치료자는 때때로 문제를 표면으로 끌어내기 위한 명료화 질문을 한다. 그러나 주로 관심을 갖고 듣는다. 그리고 끝에 가서 사건 해석을 시작하는데 특히 저항과 전이를 해석한다.

정신분석 치료자들의 활동은 대부분 지시적이지 않으면서 사건의 실마리를 끌어내는 것이다. 전형적 치료단계는 치료자가 가족원들의 현재 경험, 생각, 느낌을 나누도록 유도함으로써 시작된다. 계속되는 상담에서 치료자는 아무 말을 하지 않거나 "오늘은 어디에서부터 시작하는 것이 좋을까요?" 정신분석 기법은 비지시적이다. 그러나 수동적인 접근은 아니다. 가족원들이 마음속에 품고 있는 것을 말하는 동안 치료자는 그들이 대상관계에 의한 영향력과 방어기제, 자아상태 그리고 전이의 표현 등에 대해서 적극적으로 분석한다.

애커먼은 가족은 사용하는 방어기제 뒤에 숨어 있는 가족의 비밀과 갈등을 찾아내기 위하여 의식적이고 신중한 직면기법(Confrontive techniques)을 활용하였다. 대부분의 사람들은 가족문제에 대한 솔직한 논쟁을 회피하기 위하여 다음과 같이 행동한다. 첫째, 개별 치료를 추구하거나 치료단계들을 분리하려 한다. 둘째, 다른 가족 구성원들에게 말하는 것 대신에 치료자에게 계속해서 말하려 한다. 셋째, 갈등하고 있는 문제 핵심을 회피하려 한다. 넷째, 희생양이 된 것을 강조한다. 다섯째, 문제발단적인 상호작용에 본인의 역할을 계속 부인하지만, 정신분석 가족치료자들은 통찰력과 이해력을 길러 주려고 노력한다.

(5) 치료이론과 평가

가족치료를 처음으로 실시함 사람들은 정신분석으로 훈련받은 임상학자들이었다. 그들이 가족을 치료하기 시작했을 때 대부분 그들은 심층 심리학의 아이디어를 체계이론의 아이디어와 접목시켰다. 그 결과는 완전한 통합이라기보다는 정신분석적 개념과 체계이론 개념의 절충적 혼합물이다. 1980년대 중반 이래로 가족치료자들 사이에 정신역동학에 대한 관심이 제기되었으며, 그 관심은 대상관계 이론과 자아심리학이 지배적이었다. 이에 본 장에서는 심층 심리학과 체계이론을 통합시킨 정신분석적 가족치료가 어떻게 관련되었는지를 보여 주는 이론의 중요한 관점을 살펴보았다. 정신분석은 개인에게 초점을 둔 이론과 치료이며 가족치료는 가족에게 초점을 둔 체계이론에 정신분석학의 통찰과 개입을 선택적으로 도입한 것이다. 정신분석 치료자들은 경험에 근거한 해석을 평가하는 것을 반대하였다. 무의식갈등의 존재 여부가 가족 구성원이나 외부 관찰자에게 분명하게 나타나는 것이 아니기 때문이다. 치료적 분석이 성공적이었는지에 관한 여부는 치료자의 주관적인 임상적 판단에 달려 있다. 물론 정신분석 임상 자들은 치료자의 관찰이 이론과 실제 치료를 평가하는 수단으로서 전적으로 타당하다고 여긴다. 치료자의 이론 형성에 대한 최종적인 테스트는 치료 개입에 대한 치료자의 영향력 발휘에 있다고 주장한다. 그렇다면 무엇이 이런 중재의 타당성과 효율성을 결정하는가? 내담자의 의식적 반응과 무의식적 반응이 궁극적인 치료결과를 나타낸다고 하였다. 따라서 진정한 결과의 타당성은 인지적 상황과 대인관계적 상황에서 오는 내담자의 반응을 의미한다. 그렇다면 치료에 대한 최종적인 검증이 내담자의 반응인지에 대해서는 다양한 해석의 여지가 있다. 특히 타당성이란 직접적으로 나타나는 반응뿐만 아니라 무의식적으로 전이된 파생물로도 검토될 수 있기 때문이다. 이러한 관점은 치료실 밖에서 생기는 내담자 생활상의 변화를 설명할 수 없다는 것이다.

4) MRI 모델

(1) 치료목표

MRI 집단은 의사소통과 체계개념에 기반을 두고, 클라이언트에게 나타나는 증상에 초점을 맞춘 단기치료접근이다. 치료의 목적은 클라이언트가 생활을 잘 해나갈 수 있도록 가능한 한 빠르고 효과적으로 클라이언트가 제시하는 불평을 해결하는 것이다.

MRI 단기치료모델은 현재 클라이언트에게 나타나고 있는 문제에 초점을 두며, 가족체계에 영향을 줄 수 있는 관찰 가능한 구체적 행동의 변화를 치료목표로 설정한다. 또한 문제를 둘러싸고 있는 상호작용의 과정을 강조한다. 일반적인 시각에서 모든 행동은 사회체계 내에서 더 폭넓게 진행되는 의사소통의 교류 가운데 설명할 수 있는 것으로 본다.

MRI 모델에서는 문제를 가진 사람을 병들었다고 보지 않고 연쇄과정에 고착되어 있다고 본다. 때문에 개인의 성격이나 정신 내적 측면을 중요시하지 않고, 가족의 상호작용체계 진단에 초점을 둔다. 즉, 가족의 문제나 증상의 원인을 잘못된 문제 해결책에서 찾는다. 따라서 치료자의 일차적인 임무는 새로운 또는 다른 행동을 기존의 행동과 대체하거나, 본래의 문제행동을 하찮은 문제로 재평가하는 것에 의하여 클라이언트에게 지금까지 시도해 온 해결책을 소개하는 것이다. 또한 증상과 문제에 대한 인식과 반응을 변화시켜 체계변화를 유도한다는 점에서 이차적 변화에 치료목적을 두는 것이다.

MRI 모델의 전제

가. 내담자들이 치료자에게 제시하는 문제는 일상생활에서 흔히 발생하는 문제들을 잘못 다루어 더욱 심각하고 어려워진 것이다.
나. 내담자들이 그 문제를 해결하기 위해서 노력해 온 지금까지의 방식을 반복하면 어려움이 계속 지속될 수밖에 없다.
다. 문제를 지속시키는 행동을 제거하거나 적절히 변화시켜준다면 문제는 해결되고 소멸될 것이다.

(2) 주요개념

① 의사소통

가족항상성, 이중구속, 피드백 고리, 가족규칙

의사소통은 MRI 상호작용 모델의 핵심개념으로서 오늘날까지 가족치료 분야의 토대가 되고 있는 개념이다. MRI 의사소통 연구에서 도출된 공리와 더불어 가족항상성, 이중구속, 피드백 고리, 가족규칙 등의 의사소통과 관련된 개념을 살펴보도록 하겠다.

② 의사소통의 공리

• 모든 행동은 어느 수준에서 의사소통이다.

의사소통 이론에서 출발한 전략주의 모델은 '모든 행동은 의사소통적이며, 사람은 행동하지 않을 수 없듯이 의사소통하지 않을 수 없다'는 상호작용 원리를 가진다. 모든 행동은 어느 수준에서 의사소통이며, 심지어 침묵을 지키고 반응을 하지 않는 내담자도 침묵으로 의사소통을 하고 있는 것이다. 침묵은 화가 났고 감정에 대해 말하고 싶지 않다는 의미를 전달한다.

• 모든 의사소통은 내용과 지시의 측면을 가진다.

MRI의 의사소통 연구에서 드러난 중요한 원리 중의 하나는 모든 의사소통이 내용(보고)과 지시(관계)의 두 가지 수준으로 이루어져 있다는 것이다. 의사소통 과정에서 '내용'은 단순히 정보를 제공하는 수준이지만, '지시'는 관계에 대한 진술이다. 예를 들어 '엄마, 오빠가 날 때렸어요'라는 딸의 말은 오빠의 폭력에 대한 정보만을 엄마에게 전달하는 것이 아니라, 엄마가 오빠를 제지하고 벌해 주기를 바라는 부탁이 들어 있다. 또한 이 말을 하는 딸이 깔깔거리며 말했는지, 울면서 말했는지에 따라 또 다른 지시적 의미를 전달할 수 있다.

• 의사소통이 이루어지는 관계는 대칭적이거나 보완적 관계다.

의사소통의 또 다른 원리는 의사소통이 대칭적 또는 보완적 유형으로 일어난다는 것이다. 만일 관계가 평등하다면 의사소통 유형은 '대칭적'이나 행동교환의 맥락이 평등하지 않다면 '보완적'이 된다. 대칭적 관계에서는 경쟁적인 상호작용을 하게 된다. 예컨대 남편이 자기주장을 하면 아내도 자기주장을 펼치는데, 이는 남편으로 하여금 주장을 더욱 강하게 하도록 만든다. 따라서 대칭적 의사소통은 서로의 감정적 반응을 증폭시켜 사소한 언쟁도 큰 싸움으로 번지게 할 수 있다. 반면 보완적 관계는 차이를 극대화하는 상호작용으로, 예컨대 남편이 자기주장을 강하게 할수록 아내는 더욱 복종적이고 수동적인 반응을 하는 양상이다. 그러나 상위에 있는 남편과 하위에 있는 아내의 구도는 불평등을 심화시켜 관계에 파괴적 영향을 미칠 수 있다. 둘 중 하나의 유형에 고착되기보다 상황에 따라 대칭적 또는 보완적 의사소통이 상호 교환적으로 나타날 수 있는 융통적인 관계가 기능적이라고 할 수 있다.

• 상위의사소통은 의사소통에 대한 의사소통이다.

의사소통은 많은 수준에서 동시에 이루어진다. 언어적으로 말해지는 것 외에도 몸짓이나 목소리 톤, 자세를 통해 메시지를 강화하기도 하고 반박 또는 수정하기도 한다. 상위의사소통(meta-communication)이란 '의사소통에 대한 의사소통'을 의미하는데, 이는 가족관계의 성장을 돕는 긍정적인 의사소통 방식이 될 수 있다. 예를 들어 '우리가 싸우는 방법은 너무 극단적인 것 같아'라든지 '네가 화날 때 침묵하는 버릇은 나를 힘들게 해'와 같은 의사소통이 상위 의사소통에 속한다. 상위의사소통을 통해 자신의 욕구를 정직하게 말하고 관계를 건설적으로 다룰 수 있다.

③ 가족항상성

항상성은 원래 생물체가 몸을 일정한 상태로 균형을 유지하려는 작용 또는 성질을 의미한다. 가족체계 역시 다른 생명체와 마찬가지로 끊임없이 변화하는 가족 내외의 환경에 적응하면서 일관성을 유지하고자 하는 기능을 갖는다. 체계는 입력(input)과 출력(output) 과정에서 변화 대신 기본적인 성격을 유지하기 위해서 피드백 고리를 통한 자기규제가 이루어진다. 부적 피드백은 체계의 일탈을 최소화하며 가족이 현재 상태를 유지하도록 하는 체계 환원적 단서며, 정적 피드백은 체계의 변화를 유도해 다른 수준으로 재조정하는 체계 일탈적 단서다. 가족 내의 피드백 고리는 가족규칙을 유지하거나 조정하는 기제가 된다.

가족은 안정을 유지하고자 하는 기능뿐만 아니라 변화하고자 하는 기능을 동시에 갖고 있는 체계다. 그런데 병리적인 가족일수록 변화보다 안정성을 위해 가족의 엄격한 연쇄과정을 유지한다. 기존 방식에 완고하게 집착한 나머지 변화를 성장의 기회라기보다 가족에 대한 위협으로 지각한다. 문제가 심각한 가족일수록 기존체제의 안정을 위해 더 많은 에너지를 쏟는다.

④ 이중구속

MRI 가족연구팀이 발표한 '이중구속(double-bind)' 개념은 발신자(특히 권력을 가진 자)가 의사전달을 할 때 의사소통의 수준이 일치하지 않는 모순된 메시지를 보내는 역기능적 의사소통 형태를 의미한다. 수신자는 둘 이상의 상반된 메시지를 받고 어느 것에 반응해야 할지 몰라 결국 정서적 혼란에 빠진다. 왜냐하면 한 메시지에 반응하면 다른 메시지는 자동적으로 위반하게 되므로 어떻게 반응을 하든지 결국 실패하는 상황이 되기 때문이다. 일반적으로 언어적 메시지와 비언어적 메시지가 상반되는 경우가 많은데, 예를들어 슬픈 일을 웃으면서 설명한다면 이는 이중구속 메시지를 보내는 것이다. MRI 팀은 부모-자녀 관계에서의 지속적인 이중구속 상황은 자녀를 갈등과 불안에 빠지게 하며 궁극적으로 사회적 판별능력을 마비시켜 정신분열과 같은 역기능을 일으킨다고 하였다. 예컨대 권위적 위치의 사람에게서 "이 지시를 무시하라"와 같은 지시를 받았다고 가정해 보면, 지시를 따르거나 따르지 않거나 어떠한 반응을 하든 실패하게 된다. 이중구속의 개념이 소개된 초기에는 이중구속 상황이 자녀의 정신분열증을 유발하는 요인으로 알려졌지만, 오늘날에는 더 이상 그렇게 생각하지 않는다. 많은 가족이 때때로 이중구속 의사소통을 사용하는 것으로 알려졌으며, 역기능적 상황이 지속되거나 심하지 않는 한 이중구속의 개념을 덜 사용하는 경향이 있기 때문이다.

⑤ 피드백 고리

피드백 고리(feedback loop) 개념은 MRI 연구팀의 의사소통 연구에서 가장 중요한 개념 중 하나이다. 가족은 피드백을 통해 서로 정보를 교환하면서 서로의 행동을 통제하거나 확장한다. MRI 팀은 피드백 개념을 도입하여 자극과 반응의 반복적인 의사소통 형태를 분석하였는데, 이 분석에 따르면, 가족을 원래의 평형상태로 돌아오게 하는 부적 피드백 고리와 현재 상태를 벗어나 변화를 시도하는 정적 피드백 고리가 규칙에 의해 규제된다고 한다. 많은 역기능적 가족은 문제를 해결하기 위해 새로운 시도(정적 피드백)를 하지만 문제가 악화되는 것을 보고 당황하여 기존의 의사소통 방식(부적 피드백)으로 돌아간다. 이는 문제를 더욱 악화시키며 결과적으로 부정적 순환을 가져온다.

전략주의자들은 가족의 변화를 볼 때 가족원의 행동이 바뀌는 일차적 변화(first order change)와 가족체계의 규칙이 바뀌는 이차적 변화(second order change)로 분류한다. 일차적 변화는 표면적 행동의 변화에 그치지만 내재된 규칙은 동일한 상태이며, 가족규칙이 변화됨으로써 가족의 행동뿐만 아니라 신념이 바뀌는 수준이 되어야 한다. 예를 들어 늦게 귀가한 자녀에게 야단을 친다면 그것은 자녀의 행동을 변화시켜 기존의 가족규칙을 유지하려는 일차적 변화라고 할 수 있다. 그러나 늦게 들어온 부모가 자녀에게 '혹시 평상시에 놀 시간이 부족하다고 생각하니?' 또는 '우리가 너무 엄격하게 시간을 정했니?'라고 하다면 그것은 부모와 자녀 모두가 속한 가족체계의 규칙을 검토하는 것이므로 이차적 변화라 할 수 있다.

⑥ 가족규칙

가족규칙은 시간에 걸쳐 가족행동을 제한하는 관계상의 합의로서 가족항상성을 해석하는 기능을 한다. 가족규칙의 종류는 의식적이고 명백한 '명시적 규칙(explicit rules)'과 무의식적이며 암암리에 이루어지는 '암묵적 규칙(implicit rules)'이 존재한다. 대부분의 규칙은 '…해야만 한다' 혹은 '…하지 말아야 한다'는 유형을 갖고 우리의 행동에 영향을 미친다. 하지만 가족이 살아가는 방식의 일부가 되어 버렸기 때문에 우리는 규칙의 존재나 기능을 거의 의식하지 못한다.

가족규칙에서 중요한 개념은 상위규칙(meta-rule)의 존재다. 상위규칙은 많은 일반적 규칙 위에 작용하는 '규칙을 총괄하는 규칙'이다. 이는 가족원이 가족규칙을 어떻게 유지하고 변화시킬 것인가에 대한 규칙을 의미한다. 역기능적 가족일수록 자신들의 가족규칙을 어떻게 변화시킬 것인지에 대한 아무런 상위규칙을 갖고 있지 않다. 경직되고 현상유지의 경향이 강한 가족일수록 가족규칙을 언급하거나 변경할 수 없다는 강력한 상위규칙을 갖는다.

(3) 치료과정

① 치료조직 소개

내담자가 도착하면 이름, 나이, 주소 등 기본적인 내용을 묻는 질문지에 응답한다. 치료자는 면접이 녹화되고 있으며, 사례를 다루는 전문가 몇 명이 일면경 뒤에서 관찰하고 있음을 설명하고 이해를 구한다. 그리고 치료자는 치료가 최대한 10회 이내의 면접으로 진행됨을 설명하여 변화에 대한 강력한 기대를 품게 한다.

② 문제에 대한 조사와 정의

내담자의 주된 호소를 밝히는 단계로, 현재 가장 불편한 것 또는 문제로 지적될 수 있는 것을 가능한 한 구체적인 행동으로 정의하게 한다. 문제에 대한 명확한 정의가 중요하다.

치료자는 '불편한 것을 향상시키는 작은 일은 무엇일까요?'처럼 질문을 통해 확실한 목표를 설정하도록 돕는다.

③ 문제를 유지시키는 행동 추정

문제와 목표가 분명하고 행동적으로 정의할 때 치료자들은 문제를 유지시키고 있는 내담자가 시도했던 해결책에 대해 질문을 하기 시작한다.

④ 치료목표 설정

치료자와 가족원이 치료과정을 통해 도달할 수 있는 변화목표를 세우는 것이며, 변화목표는 측정 가능하고 관찰할 수 있는 구체적 행동으로 정한다.

⑤ 행동적 개입의 선택과 시행

가. 재구성

치료자가 변화전략을 인식하면 내담자들은 이러한 전략을 따르는 것에 대한 중요성을 납득해야 한다. 이를 위하여 치료자들은 그들의 지시가 내담자들에게 받아들여질 수 있는 방법으로 문제를 재구성한다. 즉, 문제 행동에 새로운 의미를 부여하는 것이다.

나. 역설적 개입

전략적 치료모델에서는 문제해결을 위해 시도되었던 기존의 방법과 전혀 상반된 방법을 사용한다. 치료자들은 흔히 가족원에게 상식에 반하는 일을 행하거나 믿게 하려고 노력한다.

⑥ 종료단계

치료를 종료할 시기는 내담자의 준비로 파악할 수 있다.

종료단계 3가지 기준

가. 문제와 관련된 의미 있는 변화가 일어난다.
나. 그 변화가 지속적인 것처럼 보인다.
다. 내담자가 치료자 없이도 문제를 다룰 능력이 엿보이거나 말로 표현한다.

(4) 치료기법

6단계의 치료과정을 거친다.

첫째, 기간 등과 같은 치료계획을 가족에게 소개한다.

둘째, 주요문제가 무엇인가를 정의한다.

셋째, 문제를 유지시키는 행동은 무엇인지를 평가한다.

넷째, 치료에 대한 목표를 설정한다.

다섯째, 선택된 행동적 개입을 한다.

여섯째, 결론을 맺는다.

① 역설적 개입(paradoxical intervention)

일반적으로 전략적 치료모델에서는 문제해결을 위해 시도되었던 기존의 방법과 전혀 상반된 방법을 사용한다. 치료자들은 흔히 가족원에게 상식에 반하는 일을 행하거나 믿게 하려고 노력한다. 이러한 방법은 역설적인 점이 있으므로 '역설적 개입'으로 불린다.

다시 말해 문제를 유지하는 연쇄과정에 변화를 주기 위한 기법으로, 가족이 문제행동이라고 생각하는 행동을 유지하거나 혹은 더 강화하는 행동을 수행하도록 지시하는 기법이다.

예를 들면 부모가 아이 취급을 해서 모든 것을 해주는 것 때문에 고통을 겪는 젊은 부부가 있다. 남편의 월급으로 생활할 수 있는데도 부모들은 그들에게 돈을 보내고 선물을 계속 보내고 식당에서 식사비용도 대신 부담하는 등 지나치게 사랑을 베풀었다. 그때 전략적 치료자는 부부에게 부모에게 맞서는 대신 의존적인 태도를 취하라는 과제를 주었다. 그리하여 부부가 부모에게 도움이 필요하지 않다는 것을 보여주려고 노력하는 대신 부모가 질려서 결국 물러서게 될 정도로 부부가 부모에게 무력하고 의존적으로 대하도록 하였다. 그 결과 치료는 성공적으로 종결되었다.

이런 역설형태는 젊은 자녀 부부가 무력하고 의존적이라는 부모의 입장을 부부가 받아들이고, 행동이 변해야 할 점에서 이치에 맞지 않게 가장한 한 수 앞선 전략이다.

역설적인 개입 기술의 대표적인 것은 증상처방과 제지기법이 있다.

- **증상처방**: 가족이 불평하는 행동을 계속하거나 더 많이 하도록 하는 방법이다. 예를 들면, 우울증으로 고통을 겪는 아이에게 하루에 몇 번씩 우울하게 이야기한다. 그 가족은 그가 우울하도록 격려하게 하면, 그들은 더 이상 그의 기분을 비효과적인 노력을 하지 않을 것이고 죄책감을 느끼지 않을 것이다.
- **제지기법**: 변화의 속도가 지나치게 빠르다고 지적하고, 가족원에게 천천히 진행하라고 경고하거나 개선이 생길 때 퇴보에 대해 걱정하는 방법이다. 이는 대부분의 가족이 문제와 이를 개선하기 위해 요구되는 변화들에 대해 일종의 양가감정을 가진다는 전제에 기초한다. 만일 치료자가 가족에게 이 기법을 사용하면 가족은 양가감정 중에서 변화를 원하는 면으로 반응하므로 치료 효과를 가져오는 결과를 낳는다.

② 재구성

치료자가 변화전략을 인식하면 내담자들은 이런 전략에 따르는 것의 중요성을 납득해야 한다. 이를 위하여 치료자들은 문제행동에 새로운 의미를 부여하고 생각과 정서를 바꾸는 등 문제를 재구성한다.

치료자는 이성적 논리에 기초하여 자유롭게 재구성 기법을 사용한다. 예를 들면, 집에서 쫓겨난 10대 자녀에게 치료자는 아버지가 그를 모욕하고 집 밖으로 내쫓는 행동은 아버지가 자녀에게 사랑을 보여 줄 수 있는 유일한 방식이라고 이야기한다.

③ 한 단계 낮은 자세 취하기

상호협력이 요구되는 상황하에 놓여 있는 사람들 사이에서 발생하는 문제인 부부 사이의 문제, 부모와 반항 자녀들 사이의 문제, 노부모와 성인 자녀 사이에서 발생하는 문제를 다룰 때 사용되는 기술이다. 평소에 '당신은 이렇게 해야 한다' 또는 '이것이 당신이 할 수 있는 최선이다'고 말하는 사람으로 하여금 '당신이 이렇게 해 준다면 고맙게 생각하겠소'라고 말하는 것이다. 이는 낮은 자세를 취하는 사람이 한 단계 위에 있는 사람에게 간청하듯이 비권위적인 태도로 편안하게 이야기하도록 하여 자신의 요구가 상대방에 의해 수용될 수 있도록 한다.

5) 헤일리(Haley) 모델

(1) 치료목표

헤일리의 치료는 문제해결치료(Problem Solving Therapy)이론을 근거로 하여 사람들 사이의 연속적인 행동 형태로서의 문제를 다룬다. 헤일리는 치료가 반드시 현재 문제의 해결을 목적으로 해야 한다고는 믿지 않는다. 대신에 문제를 가져오는 구조적 문제들이 해결될 때까지 치료가 계속되어야 한다고 믿는다.

그는 변화를 위한 책임이 내담자보다는 치료자에게 있다는 입장이다. 그리고 치료자는 모든 종류의 문제나 저항에 대처하는 특정한 기법들을 개발하고 명확하게 설명할 책임을 담당해야 한다고 생각한다. 따라서 가족치료목표는 가족체계를 위해 새로운 균형상태를 가져오도록 행동을 변화시키는 것이다. 즉, 가족성원 간의 세력싸움(Power Struggle)문제를 해결하는 것이다.

구체적인 치료목표는 다음과 같다.

① 의사소통행위에 나타나는 증상을 해결한다.

② 되돌림 주기(Feedback Cycle)를 변화시킨다.

③ 역기능적 가족형태를 변화시킨다.

(2) 주요개념

헤일리(Haley)는 가족치료에 대한 개념과 전략 및 치료기법 등을 세력전술(The Power Tactics)로 표현할 정도로 모든 관계를 '세력과 조정'의 개념을 적용하여 설명하였다. 헤일리는 세력전술을 개인들이 일상 생활하는 데 있어서 영향력을 행사하고 조정하기 위해 사용하는 전략으로 보았다. 모든 관계는 의사소통을 통해 이루어지고 어떠한 형태의 의사소통행위든 관계 속에서 이루어진다. 따라서 관계를 세력싸움의 개념으로 분석하였고, 관련된 사람들은 관계를 규정하거나 재규정하기 위해 계속해서 싸운다고 주장하였다.

① 위계질서

가족 내에는 다른 사회조직과 마찬가지로 하나 이상의 위계질서가 존재한다. 이러한 위계질서는 가족 성원에게 주어진 지위와 위치에 따르는 고유의 권력이 자연적으로 결정되는 경향이 있지만, 성원들이 반복적으로 상호작용하는 과정에서 유지되기도 하고 변화되기도 한다. 헤일리는 가장 기본적인 위계질서의 요소를 세대선이라고 보고 있다.

가장 보편적인 가족유형은 조부모, 부모, 자녀의 3세대로 이루어진다. 각 세대는 다른 세대를 보호, 양육, 지배하는 과정에서 각기 다른 권력과 지위를 가지므로 다른 수준의 위계질서에 속한다. 할아버지와 할머니의 세대는 부모의 세대보다 위계적으로 우위에 있고, 부모들의 세대는 아이들의 세대보다 우위에 있어야 한다. 부모들은 일차적으로 아이들을 책임지고 돌보는 위치에 있다. 부모의 책임은 아이들보다 많은 힘과 통제력을 지니고 있어야 한다. 이런 의미에서 헤일리는 세대 간의 위계질서인 구조와 경계선의 개념을 가지고 있다.

가족은 각각 자신들이 가지고 있는 위치를 구조적으로 유지하고, 세대 간의 위치는 각각 경계선을 가지고 서로의 영역에 대해 침범하지 말아야 한다. 건강한 가족은 구조적으로 질서를 가지고 있으며 이러한 질서는 기능적으로 잘 유지되어야 한다.

② 관계규정

헤일리는 '무엇을 말하는가'보다는 '어떻게 말하는가'가 더 중요하다고 보며, 의사소통의 수준을 내용과 메타커뮤니케이션의 두 가지로 구분한다. ❶ 전달하는 메시지의 내용이며 ❷ 억양, 음색 및 음조, 신체 움직임 등을 통해 메시지의 질적 의미를 부여하는 메타커뮤니케이션이다.

의사소통의 두 가지 수준이 일치할 경우에는 관계에 참여하는 사람들 간의 행동규칙이 명확하게 설정하고 기능적인 관계를 수립할 수 있다. 하지만, 두 가지 수준이 일치하지 않을 경우에는 관계상의 행동규칙이 불명확해짐으로써 역기능적인 관계유형을 설정하게 된다.

가족 내에서 성원들이 의사소통의 수준이 불일치하는 역설적 메시지를 사용하여 상호작용하면 위계질서의 혼란을 가져오게 되고, 결국은 관계의 성격을 규정하는 데 문제가 발생하게 된다.

③ 관계통제(권력다툼)

관계조정을 위한 권력다툼은 상대방의 행동을 통제하기 위한 것보다는 관계를 규정하려는 시도나 전략을 통제하기 위한 싸움이다.

헤일리는 의사소통과정에서 관계를 규정하기 위해 사용하는 전략을 ❶ 다른 사람이 행동하고 이야기하고 생각하고 느끼는 것에 대해 명령하고 제한하는 것 ❷ 다른 사람의 의사소통에 대해 논평하고 비난하는 것이라고 지적하였다. 한 사람의 관계규정 전략을 다른 사람이 동일한 방식으로 수용하게 될 때는 대인관계상의 어려움이 없다. 그러나 이러한 관계규정에 반대하여 대항 전략을 사용하게 되면 두 사람은 관계규정을 통제하기 위한 싸움을 하게 된다.

헤일리는 관계규칙 설정과정에서 벌어지는 권력다툼으로 인하여 증상이 야기되지만, 이러한 증상이 가족의 항상성을 유지하는데 지대한 공헌을 한다고 보았다. 치료자가 변화를 일으키기 위해서는 내담자와 관계를 통제할 수 있어야 하므로 내담자와의 권력다툼은 치료자와 내담자 그리고 가족 사이에서 지속적으로 일어난다고 보았다.

관계를 맺는 사람들 간의 교환되는 3가지 행동유형

가. 대칭적 관계
권력과 지위가 거의 비슷한 두 사람이 상대방을 비판하고 충고하는 등 같은 유형의 행동을 교환하는 관계이다.
예) 동료관계

나. 보완적 관계
한 사람이 우월한 지위에서 지배하고 충고하며 지시하는 반면, 다른 사람은 종속적 지위에서 상대방의 요구와 지시를 수용하고 순종하는 관계이다.
예) 교사 – 학생의 관계

다. 초보완적 관계
권력이나 지위가 낮은 사람이 실질적인 통제권을 갖고 있는 관계이다.
예) 부모가 자녀의 행동을 통제하지 못하는 가족구조

(3) 치료과정

헤일리의 치료과정은 사회적 단계－문제단계－상호작용단계－목표설정단계이다.

① 사회적단계

가족이 면담을 위해 들어오면, 각자 원하는 자리를 선택하도록 한다. 치료자는 먼저 자신을 소개한 후, 가족 개개인에게 말을 걸어 이름을 듣는다. 이를 통해 가족 개개인의 반응과 가족 모두에게 관련된 중요한 상황을 파악할 수 있도록 한다.

② 문제단계

가족이 치료 장소에 온 이유와 문제의 성질에 대해 질문함으로써 사회적 단계에서 문제단계로 넘어간다. 가족의 상황을 묻기 전 치료자는 먼저 자신이 가족에 대해 알고 있는 것이 무엇이며, 가족 모두를 오게 한 이유에 대해서 설명한다. 치료자가 자신의 위치를 밝힐 경우 가족원들은 자신의 입장에 대해 말하기가 쉬워지기 때문이다.

③ 상호작용 단계

문제에 대해 가족원들이 서로 의견을 나누도록 격려하는 단계로 가족이 상호작용 유형을 관찰하는 단계이다. 이 단계에서 치료자가 면담의 구심점이 되는 것을 멈추고 가족원끼리 이야기하도록 방향을 전환해야 한다. 가족원끼리 이야기하는 과정을 통해 치료자는 가족 안에 존재하는 연쇄적 행동의 유형을 관찰할 수 있다.

④ 목표설정 단계

가족의 주요 문제가 명백해지면, 치료자는 가족이 기대하는 변화에 대해 구체적이고 행동적인 질문을 한다. 변화목표가 분명할수록 문제를 해결하거나 증상을 경감시키는 과정에 대한 평가가 용이하고 치료효과도 크기 때문이다.

(4) 치료기법

① 헤일리의 지시기법

지시는 헤일리의 전략적 치료에서 핵심적 역할을 한다. 효과적인 지시를 하려면 사전에 치료자는 이미 무슨 해결책이 시도되었고 실패하였는지 여부를 알아내야 한다. 그리고 현재의 문제를 명확하게 규정하고 현재의 문제를 변화의 수단으로 사용하여 과제를 주는 목표를 정해야 한다.

지시를 내리는 목적

가. 치료의 주요 목표는 과거와 다른 행동을 하게 하기 위해서 지시한다.
나. 내담자와 치료자와의 관계를 강화시킨다.
다. 치료자의 지시에 대한 내담자의 반응을 관찰하여 원하는 변화가 생겼을 때 어떻게 반응할지 정보를 얻을 수 있다.

• 직접적 지시

어떤 행동을 중지하도록 지시하는 것과, 평소와 다른 어떤 행동을 하도록 지시하는 것이 있다. 지시에 잘 따르도록 하기 위해서는 치료자의 지시에 따를 경우 원하는 목표가 달성될 것이라는 확신을 주는 동기부여가 필요하다. 가족에게 동기를 부여하는 방법은 지시의 성격, 가족의 성격, 치료자와 가족의 관계에 따라 다르다.

지시나 과제를 줄 때의 지침

가. 지시들은 공통적으로 가족 내의 현재 행동에 연쇄과정을 변화시킬 수 있는 것이어야 하고 현실적으로 쉽게 실천할 수 있는 것이어야 한다.
나. 분명하고 명확하게 지시한다.
다. 지시를 할 때는 전 가족원을 참여시켜서 골고루 지시한다.
라. 일상적인 일과 같이 구성해서 지시하고, 가족의 동의를 얻는다.
마. 가족이 해야 할 일을 검토시킨다.
바. 다음 상담시간에 지시를 잘 따랐는지 확인한다.

예) 12살 된 아들을 통제할 수 없는 어머니에게 아들을 군대식 학교로 보낼 결정을 하도록 한다. 치료자는 그 소년이 군대식 학교생활이 얼마나 힘이 드는지에 대해 잘 모르기 때문에 어머니가 그를 준비시키도록 도와야 한다고 한다. 그래서 치료자는 그녀가 아들에게 절도있게 행동하는 방법과 매일 아침 일찍 일어나 침대를 정돈하는지를 가르치도록 지시하였다. 그들은 지시를 잘 수행했으며, 아들도 잘 행동했기 때문에 더 이상 그를 군대식 학교로 보내는 것이 필요하지 않게 되었다.

② 은유적 과제(metaphoric task)

이 기법은 가족이 자신의 문제를 밝히기를 부끄럽게 생각하거나 언급하는 것을 원하지 않을 때 많이 사용된다. 치료자는 가족이 특정한 방법으로 행동하기를 원할 때 그들이 원하는 것과 유사한 행동을 하도록 지시하면 자발적으로 행동하게 된다.

은유적 지시는 치료자가 가족의 행동 변화를 목적으로 변화되기 원하는 행동과 유사한 행동으로 가족이 좀 더 하기 쉬운 행동을 선택한다. 선택된 행동에 대한 가족들의 견해와 가족원 간의 상호작용을 파악하고, 그와 관련된 행동 변화를 위한 지시를 한다. 그 결과 그 행동뿐 아니라 실제로 변화시키고자 하는 행동까지도 변하게 된다.

예) 성 문제를 가진 부부가 문제 언급을 난처해 할 때 치료자는 부부의 식사하는 방법을 질문하여 먹는 행위양상에 대해 이야기하고 식사와 관련된 지시를 한다. 부부가 즐거운 식사를 하려면 부부가 함께 식사를 할 수 있도록 준비한다. 서로의 음식 기호의 차이를 존중하고, 식사 속도를 조절하는 등의 노력한다. 이러한 과정을 통해 부부는 이를 성 문제에 적용하여 문제를 해결할 수 있다.

③ 고된 체험 기법(시련기법)(ordeal technique)

이 기법은 '증상을 가지는 것이 포기하는 것보다 더 많은 어려움을 줄 때, 사람은 증상을 포기할 것이다'라는 전제를 가진다. 전형적으로 고된 체험은 일, 운동, 숙제, 독서, 다이어트, 자기계발 활동과 같이 사람에게 이득이 되는 것을 선택한다. 치료자는 내담자 자신에게 이득이 되지만 행동으로 실천하기에는 다소 어려움이 있는 행동을 증상이 있는 시기에 해 보도록 지시한다.

예를 들면, 증상이 일어날 때마다 관계가 좋지 않은 사람에게 선물을 주라고 지시하는 것, 또는 불면증이 있는 내담자에게 밤새워 책을 읽으라고 지시하는 것 등이 있다. 이러한 예가 보여 주듯이 고된 체험은 내담자들이 원하지 않으나, 그들에게 이득이 있고 그들의 건강이나 관계성을 개선시키는 일이어야 한다.

헤일리는 치료에서 구조적 변화를 목표로 하기 때문에 가족을 재구조화하기 위하여 고된 체험 기법을 사용한다.

예) 16살 아들이 집 뒤에 더러운 잡동사니들을 계속 쌓아 놓고 치울 줄을 모른다. 계모는 더러운 것들을 힘들게 청소하는 데 비해 아버지는 무관심하다. 계모가 아들과 싸우고 아버지는 아들 편만을 들어 계모와 아버지도 불화가 있는 상태에 치료자는 각자의 얘기를 들은 후에 아버지에게 그의 아들을 뒤뜰에 데리고 가서 아들에게 잡동사니들을 파묻을 수 있는 구멍을 파게 하도록 지시하였다. 몇 주일 후, 아들의 증상이 없어졌고, 아버지는 그의 아들에게 더 관여하며 계모는 아버지와 더 가깝게 되었다.

④ 역설적 과제

직접적 지시나 은유적 지시, 고된 체험 기법은 가족이 치료자의 지시를 따라 주기를 원하면서 사용하는 기법이다. 그러나 역설적 과제는 가족이 치료자의 지시에 저항하도록 하여 변화를 일으키는 기법이었다. 치료자는 가족의 변화를 돕기 원한다고 하면서 동시에 그들에게 변화하지 말라고 요구함으로써 가족이 변화하도록 한다. 일반적으로 역설적 접근에서는 변화가 보일 때 치료자는 변화가 일시적이라 재발할 것이라고 말하고 변호가 너무 빠르니 천천히 개선되라고 한다. 이럴 경우 가족은 그렇게 되지 않기 위해 계속 변화를 지속할 것이고 이는 치료자의 목표가 되는 것이다.

역설적 개입 과정

가. 가족과 치료적 관계를 형성
나. 문제를 명확히 규정
다. 목표 설정
라. 치료계획 세우기
마. 문제에 대한 가족원의 권위 약화시키기
바. 역설적 지시
사. 반응 관찰, 문제행동 장려
아. 긍정적인 변화에 대해 염려하고 부정적인 반응 보이기

예) 지배적인 아내에게 계속해서 모든 일들을 자기 마음대로 하게 한다.
싸움만 하는 부부에게는 집에 가서 3시간 동안 싸우라고 한다. 이렇게 하나의 통제로 작용하여 가족이 치료자의 지시에 저항하면 변화가 발생하는 것이다.

⑤ 가장기법(pretend technique)

이 기법은 Madanes가 개발한 것으로 계속적인 가족의 저항에 직면하면서 가족을 변화시켜야 하는 목적을 지닌 역설적 기법과 유사한 목적을 가졌지만 더 부드러운 기법이다. 이 기법은 긴장 상황을 조성하고 반항심을 유발하는 대신 놀이를 하는 기분으로 저항을 우회시켰다. 즉, 사람들이 일상적으로 하지 않았던 어떤 것을 놀이로 생각한다면 좀 더 잘 할 것이라고 생각한다. 이에 증상을 보이는 자녀에게 증상을 가진 것처럼 행동하고 부모는 자녀를 돕는 것처럼 행동하라고 지시한다. 그 결과 자녀는 증상을 가진 것처럼 행동하는 것만으로 충분하기 때문에 실제 증상을 포기하게 된다. 사람은 실제로 공포증에 시달리거나 심한 분노를 느끼면서 동시에 그 행동을 가장할 수는 없기 때문이다. 부모 역시 걱정을 가장하므로 가족의 전체적인 상황은 심각한 싸움에서 연극적이고 가장하는 놀이로 변형된다.

6) 밀란(Milan) 모델

(1) 치료목표

치료의 목표는 가족들이 가지고 있는 게임을 무력화시키는 일이다. 가족들의 게임은 비밀스럽게 진행되기 때문에 가족의 역기능의 체제가 유지되고 변화하지 않는다. 비밀스러운 게임을 명백하게 드러나게 함으로써 가족들이 가지고 있는 게임의 힘을 무력화시킨다.

기본적인 관심은 가족이 하고 있는 게임을 중단시킬 수 있는 강력한 기법을 찾는 데 있었고, 현재 드러난 문제에는 덜 초점을 맞추었다. 또한 가족체계와 증상이 주는 의미를 밝혀내는 데 두었으며, 이러한 과정을 통하여 가족의 인식이나 신념을 변화시키고자 하였다.

그러나 접근방법은 어디까지나 조작적이었으며, 변화에 대한 책임은 치료자에게 있다고 보았다.

(2) 주요개념

밀란 모델은 역기능적 가족이 서로 힘을 얻기 위해 가족게임을 한다고 보았다. 증상은 게임을 의미하며, 치료자는 이 게임을 멈추기 위해 역설적 개입을 한다. 그러나 후기 밀란 모델은 역설적이고 지시적인 접근에서 벗어나 협동적인 형태로 전환되었다.

① 가족게임

가족 안에서 비밀리에 진행되는 가족의 상호작용은 오랫동안 발전되어온 일련의 의사소통 규칙과 관계규칙을 갖는다. 밀란 모델에서는 이러한 규칙을 유지하기 위한 복잡한 가족 상호작용을 '가족게임(family game)'이라고 명명하였다. 정신분열증을 비롯한 역기능적 가족에서는 가족원 모두 게임의 규칙에 합의하지 않으면서 서로 힘을 얻기 위해 끝없는 게임을 한다. 승자도 패자도 없는 이 게임은 순환적인 연쇄과정을 이루기 때문에 원인과 결과를 정확히 구분할 수 없다.

② 체계 내 관계 맥락

밀란 팀은 모든 행동을 그의 내면이나 감정에 연결하지 않고, 가족체계 내 일련의 행동 연쇄 과정 중 일부로 이해하는 것이 유용하다고 여긴다. 부부간의 문제나 모자간의 문제를 각자의 정신적인 문제라고 생각하는 것은 잘못된 것이다. 두 사람은 같은 게임의 공모자이므로 변화는 관계 내에서 일어나야 한다고 본다.

③ 규칙 지배

가족의 기능을 이해하기 위해서는 가족을 지배하는 상호작용 규칙과 관계성 규칙을 알아야 한다. 각 가족은 오랜 기간에 걸쳐 일련의 의사소통 규칙과 관계규칙을 발전시켜 왔고, 이에 의해 가족이 유지되고 지배되었다. 밀란 팀은 항상성을 유지하기 위한 복잡한 의사소통 규칙을 '가족 게임'이라고 불렀다. 특히 이들은 은폐하거나 부인하는 가족원의 동맹과 제휴에 관심을 가진다. 가족 내에서 서로가 힘을 얻기 위하여 비밀리에 게임을 진행하였으며, 비밀리에 진행되는 가족의 게임을 증상이라고 표현하였다.

④ 순환적 인식론

문제를 순환적으로 인식하기 위해서는 이원론에서 전체론으로의 사고 전환이 필요하다. 순환적 인식론은 가족원 한 사람의 행동이 다른 한 사람의 행동의 원인이라고 말할 수 없다.

⑤ 중립성

중립성(neutrality)은 각 가족원이 문제에 대해 인식하는 것을 도전 없이 수용하는 치료자의 자세를 의미한다. 이는 치료자가 편견을 갖지 않고 내담자에 대해 알고자 하는 순수한 호기심을 필요로 한다. 치료자의 중립성은 가족체계에 대한 여러 가지 가설에 대해 개방적인 태도를 가질 수 있도록 해준다.

(3) 치료과정

밀란 모델의 치료과정은 팀 접근방법을 취하며, 비교적 오랜 기간 치료간격을 두었고, 형식적이다. 면담은 보통 한 달에 한 번이라는 긴 시간 간격을 두었다. 치료팀은 치료하는 동안 경험적으로 면담과 면담 사이의 간격을 오래 두었을 때 보다 효과적이라는 사실을 발견하였다. 한 번의 치료기간은 대체로 10회기 정도로 정하고 이 회기동안 하나의 주제를 해결한다. 하나의 주제가 해결되고 나면 다른 주제를 선택하여 또다시 10회기를 진행하면서 단기치료를 길게 할 수 있다.

치료팀을 구성하고 회기를 여러 단계로 구분하여 치료를 진행한다. 치료팀은 4명의 치료자로 구성된다. 4명의 치료자는 2명은 여자 치료자들 그리고 2명은 남자 치료자들로 구성되고 이들은 각각 짝을 이루어서 치료에 임한다. 한 쌍의 남녀 치료자는 실제로 내담자를 치료 장면에서 면접하며 치료를 진행한다. 다른 한 쌍의 남녀 치료자는 일방경(one way mirror) 뒤에서 치료 장면을 관찰한다. 두 팀은 서로 협조를 통해 가족들이 가지고 있는 문제를 효과적으로 치료하도록 한다.

① 전회기(면담 전 모임)

먼저 가족들과 치료를 하기 전 네 명의 치료자들이 만나서 가족들이 가지고 온 문제를 검토하고 의견을 교환한다. 어떤 방식으로 회기를 진행해야 하고, 무엇을 다룰 것인지를 토의한 후, 가설을 만든다.

② 회기(면담)

전회기에 만든 가설을 가지고 한 쌍의 치료팀은 회기를 진행한다. 회기를 진행하는 동안 일반경 뒤에 있는 치료팀과 활발한 상호작용을 하면서 가설을 수정 및 조정을 통해 검증한다.

③ 중간회기(중간모임)

회기를 한 지 40분이 경과하면 치료자는 가족들을 잠시 치료실에 있도록 한다. 그다음에는 일반경 뒤에 있는 치료팀과 합류하여 지금까지 진행된 회기의 내용들을 토론한다. 가설 및 어떠한 개입을 할 것인지에 대해 의논을 하고, 이번 회기를 어떻게 마무리하면 다음 회기 시 치료팀이 할 수 있는 일이 무엇인지 토론한다.

④ 개입 및 결론 회기

치료팀이 다시 가족에게로 돌아와서 가족에게 긍정적인 의미부여나 의식의 과제를 주면서 회기를 마무리하고 가족들을 돌려보낸다.

⑤ 종합회기(면담 후 모임)

가족들을 돌려보내고 난 후 4명의 치료팀은 다시 만나서 종합토론을 한다. 진행된 전체 회기에 대한 의견은 무엇인지, 가족들의 문제에 대한 가설들이 어떻게 검증되었는지 또는 수정되었는지, 가족의 반응을 분석하고 다음 회기에는 무엇을 하여야 하는지에 대해서 논의하고 전체 치료의 회기를 마친다.

(4) 치료기법

① 가설검증을 위한 기법

가. 순환적 질문

순환적 질문은 밀란 모델의 독특한 기법이다. 가족원에게 돌아가면서 가족 상호작용이나 가족관계에 대해 이야기하게 하는 대화 기법이다. 순환적 질문을 통해 내담자 가족은 개별 가족원의 반응을 경청하면서 가족을 새롭게 인식하는 경험을 하도록 한다. 이는 내담자가 자신을 관계적 맥락에서 바라보도록 하는 관계질문 기법이다.

• 순환질문의 예

: 자녀(지훈)의 우울증 때문에 가족치료를 받는 가족

치료자: 지훈이가 우울해서 가장 힘든 사람은 누구죠?

내담자: 엄마요

치료자: 어머니가 지훈이를 어떻게 돕지요?

내담자: 엄마는 지훈이가 우울하면 몇 시간 동안 이야기도 하고 이것저것 지훈이가 원하는 대로 해주세요.

치료자: 어머니가 지훈이를 그런 식으로 돕는 것을 마음에 들지 않아 하는 사람은 누구죠?

내담자: 아버지예요. 아버지는 지훈이가 원하는 대로 해 주는 것이 좋지 않다고 생각하세요.

치료자: 아버지 의견에 동의하는 분이 있어요?

내담자: 저도 아버지 의견이 맞다고 생각해요. 할머니도 그렇게 생각하시고요.

나. 동적가족도

가족들이 마주 앉아 서로 보게 한 후 커다란 종이에 가족들이 무언인가를 하고 있는 모습을 그리도록 한다. 두 번째로 행동관찰을 하며 가족은 무엇을 느끼고 무엇을 의미하여 어떻게 설명하는지를 질문한다.

다. 가족조형법

가족성원이 다른 가족성원을 이용하여 자기 가족에 대한 이미지를 조각하게 한다. 조각을 만든 가족도 조각의 일부분이 되어 1분간 행동을 정지한다. 각각의 가족 성원에게 조각되는 동안과 정지하였을 때에 어떻게 느꼈는지와 지금의 느낌을 질문한다.

② 긍정적 의미부여(positive connotation)

긍정적 의미부여는 문제를 지속시키는 가족의 행동을 재구성하는 방법이다. 주로 부정적인 증상행동을 긍정적인 동기로 설명해준다. '증상은 가족체계의 균형을 유지하고 가족의 응집성을 촉진하기 때문에 긍정적인 것'이라는 의미를 부여하여 파괴적인 가족게임을 무력화시키는 기법이다.

예를 들어 자녀의 우울증으로 가족치료를 받게 된 가족에게 'A의 우울증이 가족을 보호하고자 하는 기능'을 갖고 있다고 설명해준다. 왜냐하면 A의 우울증으로 인해 어머니는 A를 과보호하고 아버지는 어머니를 비난하면서 가족체계를 유지하고 있기 때문이다. 따라서 치료자는 A가 계속 우울하도록 하고, 어머니는 과보호를, 아버지는 어머니를 계속 비난하도록 처방한다.

③ 의식기법(ritual)

의식기법은 일정한 의식을 만들어 게임을 하게 함으로써, 가족게임을 과장되게 인식하도록 하는 기법이다. 예컨대 우울증을 가진 자녀와 과보호하는 어머니, 어머니를 비난하는 아버지에게 이러한 연쇄과정(게임)을 계속하도록 처방한다. 특별히 일주일에 하루는 온 가족이 모여 자녀는 증상을 계속 가질 수 있도록 도와주는 부모님에게 감사드리고, 어머니는 더욱 과보호하는 행동을, 아버지는 강도 높게 아내를 비난하는 시간을 갖도록 한다. 이와 같이 경직된 가족규칙과 신화를 과장하는 의식에 가족원 모두 참여함으로써 자신들이 얼마나 어리석은 게임을 지속하고 있는지를 깨닫게 하여 게임을 중단하도록 유도한다.

※ 밀란 모델의 개입의 주된 방법은 긍정적 의미부여와 가족의식으로 강력하고 자극적인 개입기법이다. 밀란 체계론적 관점에서는 치료자가 가족체계와 합류된 전체 체계의 일부로 작동한다고 보았기 때문에 이러한 기법을 계속 사용하기 위해서는 치료자와 가족 사이의 관계가 매우 중요하다.

전략적 가족치료의 주요 3가지 모델 비교

	MRI 상호작용모델	헤일리의 전략적 구조주의 모델	밀란의 체계적 모델
일차적관심	의사소통 유형	연쇄과정 및 구조적 위계질서	역기능적 가족개입
관심행동 지속성	단기적 상호작용	수개월-수년간 지속된 만성적 구조적 문제	장기적인 연속 행동
연구/치료 단위	이인 또는 삼인	가족 또는 사회관계망 전체	삼인
주요개념	의사소통, 가족항상성 이중구속, 피드백 고리 가족규칙	권력, 통제, 역설적 지시, 위계	가족게임, 가설설정 순환질문, 중립성
이론적 근거	의사소통 이론		일반체계 이론
치료자 역할	지시적, 역설적		중립적, 치료동반자
치료적 개입방법	증상처방, 치료적 이중구속, 역설적 지시, 재명명 등		긍정적 의미부여 순환질문, 의식 불변의 처방 등
치료목표	증상제거 및 현재의 행동 변화		파괴적 가족게임의 중지 의미변화로 가족체계변화
치료과정	• 치료과정에 대한 소개 • 문제에 대한 질문과 정의 • 문제를 유지하는 행동 평가 • 치료목표의 설정 • 행동적 개입의 선택과 실행	• 친화단계 • 문제규명단계 • 상호작용단계 • 목표설정 단계 • 개입의 선택과 실행	• 치료 전 단계 • 치료단계 • 치료 간 단계 • 개입단계 • 치료 후 논의 단계

4가지 가족치료 모델의 비교

	보웬의 가족치료 모델	구조적 가족치료 모델	경험적 가족치료 모델	전략적 가족치료 모델
가족관점	가족을 방향이 각기 다른 여러 개의 힘이 상호작용하여 균형을 이루고 있는 하나의 살아있는 체계로 봄.	체계론적 이론에 입각하여 가족 내에서 발생되는 견고하고 반복적인 상호작용 패턴인 가족구조를 가짐.	체계론적 사고와 실존주의를 바탕으로 한 성장 모델 인간존엄성과 존재가치, 성장, 변화의 희망	• MRI 모델 가족이 불만을 표현하지 않는 한 그 가족의 방식, 기능 등을 문제로 보지 않음. • 헤일리 모델 기능적인 가족은 경계선과 위계를 가지고 있음. • 밀란 모델

	보웬의 가족치료 모델	구조적 가족치료 모델	경험적 가족치료 모델	전략적 가족치료 모델
				세대 간 은밀한 동맹과 명확한 경계를 가지고 있고 가족은 스스로 더 나은 방법으로 재조직 가능
정상/문제	• 가족 내에서 감정적으로 서로 의존하는 힘인 연합성과 가족과 독립하고자 하는 힘인 독립성의 불균형, 원가족과의 미분화 • 연합성과 독립성의 균형상태인 분화를 형성, 자아분화수준을 높임.	• 가족구조상의 결함(가족위계의 비정상, 하위체계 간 경계의 결함, 하위체계 간 연합·제휴·우회 등의 상호작용 양상) • 가족구조의 재구조화로 적절한 기능을 수행하는 가족으로 변화	• 낮은 자존감 ⇒ 역기능적 의사소통(회유, 비난, 계산, 혼란) • 자기가치에 대한 안정감 발전 통한 성장 초점	• 인공두뇌학적: 잘못된 해결책을 지속적 시도할 때 문제 발생 • 구조적: 가족위계에 결함이 있는 결과가 문제 • 기능적: 사람들이 다른 사람을 간접적으로 보호하거나 통제하려 할 때 문제 발생
주요개념	자아분화 삼각관계(삼각화) 핵가족정서과정 가족투사과정 다세대전수과정 출생순위 정서적 단절 사회정서적 과정	• 하위체계 부부/부모-자녀/형제 하위체계 • 경계 명료/애매/경직된 경계 • 위계질서 • 권력	• 자기 존중감: 치료의 궁극적 목적 • 아동기에 학습된 자기 존중감의 재형성 과정 초점 • 의사소통 통해 관찰, 감정규칙에 초점, 변화매개체 • 회유 비난, 계산, 혼란	• MRI 모델 일차적 변화, 이차적 변화, 치료적 이중구속 • 헤일리 모델 위계질서, 관계규정, 관계통제(권력다툼) • 밀란 모델 가족게임, 순환적 질문, 동적가족도, 가족조형법
치료목표	가족의 과정과 구조를 알아보고 이를 토대로 한 가족의 불안감소와 자아분화 형성	가족을 재구조화함으로써 역기능적인 가족체계를 기능적인 구조로 변화시키는 것	• 안정이 아닌 성장: 증상완화, 사회적 적응, 내면적 경험과 외면적 행동이 일치하는 통합의 증가, 선택의 자유 의존성 탈피 경험 확대 • 가족 상호욕구, 감정에 관심, 감정 공유	• MRI 모델 가족의 문제나 증상의 원인을 '잘못된 문제해결책'에 있다고 보고 문제와 관련된 새로운 행동을 하게 하는 것 • 헤일리 모델 인식의 변화보다 행동을 중시, 가족구조의 재조직→가족의 위계질서나 경계선의 재구조화 강조 • 밀란 모델 증상은 가족보호 기능

	보웬의 가족치료 모델	구조적 가족치료 모델	경험적 가족치료 모델	전략적 가족치료 모델
				이 있고, 가족상호관계에서 힘겨루기를 위해 행해지는 가족 게임에 대한 동기를 재구조화 하도록 계획
치료과정	• 가족들의 자아분화 정도 살펴보기 • 가족들의 삼각관계 탈피 시도 • 다세대 중심적인 접근시도로 핵가족에서의 재반복 없앰.	• 기존 가족구조 패턴에 합류 • 가족의 역기능적 구조 평가, 사정 • 기능적 역할수행을 위한 가족구조를 변화시키기 위해 환경조성, 재구성	• 구조화된 방법과 전략을 짜지 않고 개별 치료자의 인성과 자질에 따른 치료적인 힘 강조 • 내담자의 현상과 표면화된 문제–외부 사람 소개와 치료준비–혼란을 변화과정으로 봄–새로운 선택과 통합–연습–새로운 현상	• MRI 모델 치료계획 가족에 소개 주요문제의 정의 문제유지 행동 평가 치료에 대한 목표 설정 선택된 행동적 개입 결론 • 밀란 모델 한 달 주기 10회기 면담 매 회기의 과정 면담전모임–면담–중간모임– 개입–면담후 모임
치료기법	가족평가 가계도활용 탈삼각화 과정 I–Message	실연 경계만들기 긴장의 고조 과제부여	가족 조각 원가족 삼인군 치료 비유 역할극 접촉 재정의	• MRI 모델 역설적 개입, 재구성 • 헤일리 모델 지시기법(직접적 지시), 은유적 과제, 고된 체험(시련) 기법, 역설적 과제, 가장기법 • 밀란 모델 팀 접근법 활용

6. 치료이론에 대한 평가 및 한계점

1) 전략적 가족치료 이론의 기여

(1) 단기치료의 틀을 마련

가족의 과거사보다는 현재 상황에서 증상을 이해하려 한다. 증상을 파악하고 난 뒤 문제를 지속적으로 유발할 수 있는 행동을 변화시켜 문제를 해결하는 문제 중심적, 실용적인 면을 가진다. 그러므로 문제에 대해 이해하는 시간을 줄여 치료시간을 단축함으로써 단기치료의 틀을 마련하였다.

(2) 가족 내 체계를 재정비할 기회를 주어 건강가족 육성

문제행동에 알맞은 전략을 개발 및 구상할 때 문제의 원인을 개인에 두지 않고 개인이 속한 가족 전체의 문제로 접근하는 MRI기법과 가족의 연쇄적 상호작용을 관찰하고 개입하여 문제를 해결하려는 헤일리 기법 모두 어떤 하위체계의 문제에 대해 개인적 차원이 아니라 가족 전체의 차원에서 문제를 이해하고 전략 개발, 치료를 시도한다. 즉, 문제를 가지는 한 개인에 대해 그를 둘러싼 가족이란 맥락 속에서 이해하고 가족을 치료적 매개로 사용함으로써 가족의 건강성을 확보할 수 있다.

(3) 문제행동에 대해 적절한 전략을 이용함으로써 행동을 변화시키기 위한 직접적인 해결방법을 제시

전략적 가족치료자는 인간의 행동이 '왜 일어났는지'에 대해서는 관심이 없고 단지 행동의 변화에만 관심을 가진다. 그래서 전략적 가족치료자에게 있어 치료의 목표는 가족이 호소하는 문제를 해결하는 것이다. 또한 문제에 맞는 다양한 전략을 개발 및 구사함으로써 직접적인 해결책을 제시한다. 특히 치료자는 클라이언트의 문제를 해결하기 위해 고안해 낸 전략에 대해 책임을 지고, 전략이 유용성을 가질 수 있도록 하기 때문에 민감하다.

(4) 현대사회에서 파생되는 가족문제 해결에 유용

가족체계의 의사소통 이론을 중심으로 행동의 연쇄과정과 의사소통유형에 초점을 맞춘다. 정보매체의 발달로 가족 간의 대화가 많이 부족해진다. 실제로 가족들이 모여 대화를 나눌지라도 TV를 보며 드라마나 오락프로그램, 뉴스에 관한 대화가 대부분을 차지하는 실정이다. 이는 부모와 자녀 세대 간의 대화 부족을 가져오며, 가족문제를 더 심화시키는 요인으로 작용한다. 그러므로 가족구성원 간 의사소통과정에 사회복지사가 개입하는 전략적 가족치료모델은 문제해결에 상당 부분 도움을 줄 것으로 생각한다.

2) 한계점

(1) 가족에 대한 기계적 간섭의 위험성이 있다.
전략적 가족치료는 문제해결을 목표로 다양한 전략을 구사한다. 이 과정에서 가족이라는 조직의 유기적인 측면을 간과하여 기법을 사용하는 데만 주력할 수 있다.

(2) 치료자의 역할이 중요하며 지시적 기법이 강조되기 때문에, 치료자의 목표에 따라 가족에게 변화를 강요할 가능성이 있다.

(3) 가족의 의존성을 조장할 수 있다.
의존성이 강한 성향의 가족인 경우 책임 전가의 문제가 생긴다. 역설적 개입의 사용 시 가족들이 속임수라는 것을 알게 되면 효과는 상실되고,

윤리적 딜레마가 야기된다. 치료자에 대한 신뢰도도 떨어지게 된다.

(4) 가족의 과거사를 고려하지 않고 현재의 상황만을 가지고 문제에 접근하기 때문에 보다 근본적인 문제의 원인들을 간과할 수 있다.

인간은 초기 발달과정에서 영향을 많이 받는다. 어린 시절에 특정 사물에 대해 고착되면 성장 후에도 잠재적으로 남아 있기 때문에 비슷한 행동을 하는 경우가 있다. 이런 점에서 파생되는 문제의 경우, 현재의 상황만을 가지고 문제를 해결하는 것은 명백한 한계가 있다.

(5) 특정의 문제와 행동에만 초점을 맞추기 때문에 모든 가족에게 일률적인 치료기법이 적용되지 않는 한계가 있다.

마무리하며

한국사회의 가족은 근대 핵가족과 포스트모던 가족의 특성이 복합적으로 나타나고 있다. 근대 핵가족의 경우 전통적인 가족형태와 비교했을 때, 가족 구성원의 변화는 있지만 전통적인 가족형태와 기능적인 면에서는 차이가 없었다. 즉 가족 내에서 전통적으로 담당하던 의식주, 육아, 가사, 노인부양 등의 역할은 여전히 유지되었다. 하지만 점차 가속화되는 산업화 사회에서 무한경쟁과 성취를 강조하는 사회적 요구에 개인은 이전 사회보다 더 심각한 심리적 긴장을 갖게 되었다. 이러한 현실에서 안정감과 만족감을 얻기는 점차 불가능해졌다.

이에 따라 사회에서 얻지 못한 안정감과 만족감을 가족에서 얻으려 한다. 이에 가족은 부부간의 친밀성에 대한 욕구가 이전 사회보다 증대하게 되었다. 또한 가족 구성원들 간의 조화와 정서적 유대가 강조되고 이는 추세이다. 하지만 기대가 높아지는 만큼 가족 구성원 각자가 만족할 만한 수준의 부부관계 및 가족유대를 유지하는 것은 더욱 어렵다. 더불어 한국의 가족은 가족의 전통적 기능 역시 아직까지도 요구되고 있는 것이 현실이다. 이렇듯 전통적인 가족의 기능과 함께 포스트모던 사회의 가족은 유대와 친밀성까지 요구하였다. 이로 인하여 한국의 가족에는 과부하가 생기기 시작하였고, 다양한 형태의 가족문제를 양산하기 시작했다.

한국사회는 해방과 6·25 등을 위시한 극심한 사회혼란기를 거치면서 가족 이외에는 자신을 보호해줄 어떠한 조직도 없음을 실감하였다. 생존 자체가 위협받는 한계 상황에서 직계가족중심의 연줄망에 기초한 사회조직원리 및 가치규범은 크게 흔들리지 않았다. 하지만 IMF 사태와 같은 경제적 위기와 정보화 사회의 도래는 이전 산업화의 변화 속도를 넘으면서 한국사회의 가족주의에도 많은 영향을 미쳤다. 우선 경제위기를 겪으면서 나타난 고용 불안의 문제는 앞서 언급했듯이 일을 통해 얻었던 안정감과 만족감은 점차 불가능해졌다. 그리고 이 부분은 가족의 기능으로 포섭되면서 가족 내 특히 부부간의 친밀성과 유대감은 증대되고 있다.

즉 경제활동을 하는 남편중심의 가부장적 핵가족에서 이제는 부부중심가족이 등장하게 되었다. 그리고 가족구성원 모두 하나의 인격체로 존중받으며 서로 간의 평등한 관계를 추구하고 있다.

이전에 비해 가족구성원 간 친밀도와 유대에 대한 사회적 요구는 더욱 늘어나고 있다. 구성원들의 지위에 대한 인식 또한 변화하였지만, 한국사회에서는 아직까지 근대 핵가족의 기능 또한 요구되고 있어 가족구성원 지위 또한 근대 핵가족의 지위와 포스트모던 가족의 지위가 혼재하고 있는 실정이다. 이처럼 가족구조 및 의식변화와 사회적 대응 간의 괴리는 다양한 가정문제를 야기하고 이으며 사회적 문제로까지 대두되고 있다.

한국가족의 특성에 근거해서 '가족상담 및 치료'가 발전하기 위해서는 우선적으로 '가족상담 및 치료'가 활성화 될 수 있도록 관련 기관을 확충하는 것이 중요하다. 그리고 '가족 상담 및 치료'에 대해서 잘 모르거나 무관심한 사회적 분위기가 개선되어야 할 것이다. 또한 전통적 가족과 현대적 가족의 모습이 동시에 나타나고 있는 한국가족의 특성을 고려하여 이에 맞는 가족상담 방법과 가족치료 방법이 함께 연구되어야 할 것이다.

본 장에서는 한국의 가족상담 및 치료의 발달사를 정리한 뒤, 한국 가족의 특성에 근거해서 앞으로의 발전 과제에 대해서 살펴보았다. 한국은 급변하는 사회 흐름으로 인해 가족의 구조와 기능이 변화한다. 그리고 이에 따라 가족의 행태와 의식구조, 규범의 혼란이 생기고 있다. 이러한 변화에 제대로 적응하지 못해서 가족 간의 갈등과 대립이 많이 생겨나고 있는데, 문제점을 해결하기 위해 '가족상담 및 치료'가 주목을 받고 있다. 해가 갈수록 부부갈등, 이혼, 자녀문제, 고부간의 갈등, 장서 간의 갈등, 친인척 간의 갈등 등 가정 안에서의 문제가 더욱 빈번히 일어나고 있다. 하지만 이에 대해 전문적으로 상담할 수 있는 가족상담 기관은 많지 않다. '가족상담 및 치료'는 무너져 가고 있는 한국사회의 가족을 지키고, 나아가 사회의 안정을 도모하는 하나의 방편으로써 우리가 쉽게 간과해서는 안 되는 분야이다.

다양한 가족형태가 증가함에 따라 전통적인 가족의 개념과 구조는 사라지고 있으며, 구조의 변형의 가족이 갖는 기능에도 변화를 일으켜 많은 갈등문제를 불러오고 있다. 특히 맞벌이 부부가 확산되면서 여성의 사회적 진출이 증가함에 따라 가정 내 양성평등 문화를 확산되고 있는데, 그 과정에서 구성원 간의 위치나 역할의 변화가 급격히 진행되었다. 부부관계나 부모 자녀의 관계가 가부장적인 측면이 강했지만, 이제는 민주적이고 수평적인 관계로 가족 정서가 변화하면서 가족에 대한 가치관 역시 바뀌고 있다. 그러나 가족의 기능 변화에 따른 순기능보다 역기능으로 문제를 겪는 가정이 많다는 점에 유의해야 한다.

가족상담과 치료 사례가 급증하고 있다는 것은 그만큼 가족의 변화에 적응하지 못하는 가정이 많다는 것을 의미한다. 가족 구성원 간의 의사소통과 접촉이 결여된다. 그리고 이로 인해 정서적인 공허감이 높아질수록 새로운 사회적 문제를 발생시킬 가능성이 커질 것이다. 따라서 '가족상담 및 치료'에 대한 대중의 이해와 국가적 차원의 장려가 절실하다.

가족상담 및 치료와 관련하여 대표적인 이론인 체계이론과 정신분석이론, 전략적 체계이론의 3가지 모델인 MRI 모델, 헤일리 모델, 밀란 모델들을 살펴보았다. 체계이론은 가족이라는 큰 체제를 인식하고 구성원 간의 긍정적인 상호작용을 전제한다. 이에 최근 발생하는 가족갈등 문제를 해결하는데 좋은 시각을 제공해 준다. 특히 체계이론은 학교에서 아동의 문제행동을 개선한다. 그리고 부모교육에 있어서도 활용도가 높기 때문에 해결중심의 가족상담에서도 매우 중요한 개념으로 자리하고 있다. 가장 중요한 것은 상담을 통해 우리 사회의 많은 가족들이 갈등에서 벗어나 정신적으로 건강한 삶을 유지하는 것이다. 해결중심의 가족상담은 가족 문제 외에도 사회의 다양한 문제에 활용될 수 있다는 점에서 많은 시사점을 준다. 문제의 원인을 제거하는 것이 언제나 효과적인 방법인 것은 아니다. 주어진 자원을 최대한 활용하고, 서로 간의 믿음을 회복하는 등 상호협력을 통해 행동하는 것이 가장 좋은 대안이 될 수 있다. 시대가 변하여 가족의 기능이 약화 되었지만, 가족이 가지는 기본적인 가치는 변함이 없다고 생각한다. 따라서 가족의 해체로 인한 사회적 부작용이 더 커지기 전에 미리 현명하게 예방하는 자세가 필요하다.

신문기사 1

한국건강가정진흥원, 2021년 제3차 온라인 가족포럼 영상 공개

여성가족부 산하 한국건강가정진흥원은 '2021년 제3차 온라인 가족포럼'을 17일 공식 유튜브 채널에 공개했다.

이번 가족포럼은 확진자가 증가하고 있는 위드 코로나 상황에서 사회적 거리두기 단계별 정부 방침에 적극 동참하고자 발표자와 토론자만 참석하는 사전녹화 방식으로 진행되었다.

포럼은 "코로나19 이후 가족센터 비대면 상담 운영 현황과 과제"라는 주제로 기획되었으며, 코로나19 이후 가족들의 심리적 · 정서적 지원을 위한 가족상담의 필요성이 더욱 강조되면서, 지속적이고, 안전한 상담서비스 제공을 위해 대두되고 있는 화상상담을 중심으로 가족센터 비대면 상담의 발전 방향성을 모색하는 시간으로 마련되었다.

이번 포럼에서는 "코로나19 이후 가족센터 비대면 상담 운영 현황과 과제"라는 주제 발표에 이어 토론회도 진행됐다.

내용으로는 우선, 코로나19 상황에서 가족들의 심리, 정서 지원을 위해 가족상담의 중요성이 날로 확대됨에 따라 지속적이고, 안전한 가족상담 서비스 제공을 위해 화상상담을 중심으로 비대면 가족상담 운영 방안을 제시했다.

또한, 실태조사를 통한 전국 가족센터 상담 관련 실무자의 요구 파악 및 다수의 전문가 자문을 걸쳐 표준화된 매뉴얼 제작의 필요성을 제안하였고, 매뉴얼 구성을 통해 비대면 화상 가족상담의 운영 과정 및 비대면 가족상담 시 우려되는 무단 녹화, 무단 녹음 등 윤리적인 측면에서의 고려되어야 할 법적 근거 등을 제시했다.

이를 통해 가족센터 비대면 화상 가족상담의 전문성 향상 및 상향 표준화 등 발전 방향을 모색하기도 했다.

덧붙여 비대면 화상 가족상담의 활성화를 위해 가족센터별 화상 가족상담을 위한 표준화된 동일 플랫폼 및 다양한 상담 콘텐츠 마련의 필요성을 제안하였고, 나아가 AI, VR, 메타버스, 애플리케이션, 챗봇 등을 활용한 IT 기반의 다양한 상담 환경 조성의 필요성을 제안하기도 했다.

코로나19 이후 비대면 가족상담 방향성에 대해 학계 및 현장 전문가가 화상상담 운영사례, 상담서비스 운영방안 등에 활발한 의견교환이 이뤄지기도 했다.

한편, 생활 속 거리두기의 일환으로 사전녹화로 진행된 이번 포럼은 국민과의 소통을 강화하기 위하여 홈페이지에 발제문을 사전 공개하고, 국민의 의견을 청취하였다. 국민 의견은 17일 포럼 영상 공개 시 함께 공유될 예정이다.

한국건강가정진흥원은 "위드코로나 시대에 본 포럼이 가족센터의 비대면 가족상담의 정착과 성장에 기여하길" 바라며, 앞으로 "비대면 가족상담 서비스가 정서적·심리적 지원이 필요한 가족들에게 효과적인 상담방법으로 자리매김할 수 있도록 최선의 노력을 하겠다"고 말했다.

출처: 노컷뉴스(2021.12.27).

신문기사 2

"은둔형 외톨이 가정방문 상담 후 다시 사회로" [숨어버린 사람들 그후]

각기 다른 상황과 유형의 은둔형 외톨이 청년에게 가정방문 상담을 지원한 사업은 전국 최초였습니다. 다양한 분야의 지원이 필요하지만 심리적 · 정서적 안정을 위한 직접지원 사업인 방문상담은 앞으로도 꼭 필요합니다.

박민국 광주청년센터 전략기획팀장은 "은둔형 외톨이 가정방문 상담은 당사자뿐 아니라 가족도 함께 상담해 은둔의 원인을 파악하고 해결방법도 함께 고민하는 사업"이라며 "올해 처음 시도한 사업이라 아쉬운 점도 있었으나 실질적인 효과도 있었다"고 말했다.

광주광역시는 은둔형 외톨이 지원조례를 전국 지자체 최초로 통과시키며 제도화의 첫발을 내디뎠다.

은둔형 외톨이는 집(방) 밖으로 나가지 않기 때문에 외부 기관으로 찾아오게 하는 상담과 프로그램은 한계가 있으므로 지난해 10월 말부터 상담사 섭외와 교육, 당사자 모집을 진행했고 11월 12일부터 12월 21일까지 상담을 진행했다.

은둔형 외톨이 당사자 모집이 가장 큰 난관이 될 수도 있었지만, 광주시는 2020년 진행된 실태조사 결과를 바탕으로 당사자 가족, 부모협회, 은둔형 외톨이 지원연대, 각 구별 정신건강 복지센터 등의 협조로 지원자를 모집했다.

11명의 당사자 청년이 접수했으나 이후 3명이 거부하고 8명의 은둔형 외톨이 당사자가 총 64회에 걸쳐 상담을 진행했다. 은둔형 외톨이 당사자의 은둔 기간은 6개월에서 길게는 7년도 있었다. 총 14명의 전문 상담사가 교육을 완료했고 10명의 상담사가 상담에 참여했다.

상담사의 경우 '2인 1개조'를 이뤄 상담을 진행했으며 은둔형 외톨이 상담경험이 있는 상담사가 많지 않았고, 상담사례 역시 부족했기 때문에 방문상담 경험이 있는 상담사와 청소년 상담사가 2인 1조로 방문해 당사자는 물론 부모 상담도 동시에 진행했다고 설명했다.

짧은 상담이었지만 성과는 분명했다. 2년간의 은둔을 끝내고 직업전문대학에 합격한 30대 청년을 비롯해 상담 가정 절반은 가족관계와 생활 습관이 개선됐다.

상담 기간 중 당사자가 입원해 중단된 사례를 제외하면 대다수는 가족관계 개선, 사회성 향상으로 추가 상담을 요청하는 경우도 있었다.

광주청년센터의 이번 첫 가정방문 상담은 고용노동부의 지원을 받아 진행되고 있는 '저활력청년 집중지원 청년희망멘토링' 사업의 일환으로 진행됐다. 광주시는 올해부터는 은둔형 외톨이 지원조례와 청년기본조례를 바탕으로 자체 예산 사업으로 편성해 계속 진행할 계획이다.

박 팀장은 "총 8회기의 상담이 상담사와 당사자의 라포(의사 · 상담사와 환자 간 마음의 유대)형성과 심층적인 부분의 원인과 해결방법을 찾기에는 짧았다는 아쉬움이 있었다"며 "추후 사업에서는 조금 더 체계적으로 접근할 계획"이라고 말했다.

출처: 파이낸셜뉴스, 이환주 기자(2022.01.09).

Chapter

04

가정폭력과 가족복지

Chapter 04

가정폭력과 가족복지

들어가며

가정폭력은 오랜 세월 동안 가정이라는 사적 공간에서 은폐되어 왔으며, 다른 폭력보다 지속적이고 반복적으로 발생하여 전체 가족의 생존과 안정을 위협해 왔다. 가족은 어린이, 노인, 남성, 여성, 즉 서로 다른 성과 연령이 혼재하는 1차 집단의 특성을 가진 운명공동체라고 할 수 있다. 따뜻한 보금자리, 세상에 믿을 수 있는 것은 가족뿐이라는 절대적인 기대가 있음에도 불구하고 가족 안의 여러 심각한 수준의 갈등이나 폭력이 실제보다 축소되고 은폐되어 왔다. 또한 사적 영역의 가족 갈등이나 폭력에 타인이 관여해서는 안 된다는 인식도 있었다. 그러나 우리사회는 1997년 12월 '가정폭력범죄의 처벌 등에 관한 특례법'과 '가정폭력방지 및 피해자보호 등에 관 법률'을 제정하면서 가정 안에서 이루어져 온 다양한 유형의 폭력과 학대에 대한 인식을 재점검하며, 그동안 축소하고 은폐되어 온 가정폭력에 대한 사회적 개입과 정책적, 제도적 단초를 마련하였다. 가정폭력은 더 이상 '집안일'이 아니라는 인식과 한 인격을, 한 가정을, 나아가 우리 사회를 병들게 하는 엄연한 폭력이라는 인식을 더 확대하기 위한 노력을 하고 있다. 가정폭력은 다른 형사법규 위반보다 폭력에 대한 법적 죄의식이 낮다. 그러나 가정폭력은 가출, 가정파탄 및 폭력성 세습의 사회문제를 야기하므로 근절되어야 할 범죄이다. 피해자는 주로 아내이고, 일방적인 폭력행위를 사랑싸움으로만 볼 수 없다. 가정폭력은 가정 내에서 발생하여 음성화된 폭력이 향후 강력범죄로 이어지는 원인이 되고, 대대로 전승될 수 있는 등 인권침해의 악순환 과정을 나타내는 사회적 문제라고 할 수 있다.

중독 또한 폭력과 공통적으로 '통제력 상실', '집착이나 강박관념', '수치심' 등과 같은 단어와 관련이 있다. 또한 치유가 어렵고 재발하기 쉽다. 그로 인해 발생하는 문제를 효과적으로 차단하는 것은 어렵다고 할 수 있다. 일반적으로 가정폭력 가해자는 '분노심'으로 통제력을 상실하여 폭력을 행하는 경향이 높다. 중독자는 '중독물질이나 행위'에 대해 통제력을 상실하며 그 정도가 점점 심각해진다는 것이 문제라고 할 수 있다.

폭력과 중독 중에서도 특히 알코올 중독과 가정폭력은 긴밀하게 연관되어 있다. 음주 문제를 가진 가정폭력 행위자들은 폭력 행동을 술의 탓으로 돌리고, 특히 자신의 음주 문제는 그리 심각하지 않다고 부정하는 경향이 있다. 따라서 폭력과 음주에 대한 개입은 보다 체계적이며 심층적인 연구를 통해 정책적인 방안들을 강구할 필요가 있다고 본다.

중독과 폭력은 음주상태에서 폭력을 행사하는 경우에는 상해와 사망과 같은 심각한 결과를 초래하며 폭력행동이 더 만성화되고 폭력 횟수도 더 빈번하게 발생하는 등 여러 가지 부정적인 결과를 나타내고 있다. 따라서 부모의 가정폭력과 중독문제는 궁극적으로 자녀들에게 육체적, 정서적 상처를 주어서 세대 간의 대물림으로 이어진다는 사실을 알아야 하며 가정폭력을 사적인 문제로 묵

과해서는 더 이상 안 된다.

1. 가정폭력의 개념

경찰학사전에 의하면 가정폭력은 배우자, 자기 또는 배우자의 직계존비속, 동거하는 친족 등 관계있는 사람 사이에서 신체적 정신적 또는 재산상 피해를 주는 행위이다. 곧 폭행으로 인한 상해, 유기 학대, 혹사, 감금, 협박, 공갈, 강요, 명예훼손 및 재물손괴 등의 행위이다. 과거와는 달리 지금은 가정폭력에 대해 경찰의 적극적인 권력 발동 또는 사법 조치를 요구하고 있다(경찰학사전, 2012).

원래 가정폭력은 결혼한 부부 사이의 폭행을 의미했으나, 최근에 와서야 이 개념 정의가 너무 협소하다는 지적을 받았다. 협의의 개념으로 가정폭력은 남편에 의한 아내 구타만을 의미하고 광의 개념으로 가정폭력은 아동학대, 아내 구타, 노인학대까지 포함된다고 할 수 있다.

폭력과 비슷한 의미로 학대라는 용어는 가정폭력의 개념을 더 잘 설명할 수 있다. 사전적인 의미로 '폭력'은 남을 거칠고 사납게 제압할 때에 쓰는 물리적인 수단이나 힘을 말하며, '학대'는 사람이나 동물을 정신적으로나 육체적으로 괴롭히고 가혹하게 대함이라고 정의한다. 따라서 사전적 의미로만 설명하면 폭력보다는 학대가 보다 포괄적인 의미로 보인다. '구타'는 일반적으로 가장 심한 정도의 신체적 폭력행위를 의미한다. 학대는 폭력과 구타를 포함한 가장 포괄적인 개념으로서 신체적인 폭력뿐 아니라 심리적 · 정서적인 손상을 주는 모든 행위를 포함한다고 한다. 학대는 포괄적인 학술용어로 폭력은 보다 구체적이고 임상적인 용어라고 구별하였다(권진숙, 2008). 공격이란 용어는 '해를 주기 위한 의도를 가진 행동'을 의미하지만, 학대는 '해를 줄 의도를 가진 행동의 결과'를 의미한다. 따라서 가정폭력에서 자주 사용되는 공격, 학대, 폭력의 의미를 쉽게 구별할 수 있다.

가정폭력의 정의는 다양하다. 먼저, 가정폭력범죄의 처벌 등에 관한 특례법에 따르면 가정폭력은 가족구성원 사이의 신체적, 정신적, 또는 재산상 피해를 수반하는 폭력행위로 정의한다. 즉 남편의 아내에 대한 폭력, 부모의 자녀에 대한 폭력, 자녀의 부모에 대한 폭력, 형제간의 폭력, 아내의 남편에 대한 폭력 등 가족 간의 모든 폭력을 말한다. 따라서 가정폭력은 아내 학대, 아내폭행, 배우자 학대, 부부 폭력 등과 같은 용어와 혼용되어 왔다.

한편 최근에는 가정폭력이라는 용어와 더불어 '친밀한 관계 폭력(Intimate relationship violence)이라는 용어가 점차 널리 사용되어, 가정폭력을 '어떤 관계에서든 한 파트너가 다른 파트너를 통제하기 위해 사용하는 학대적 행동의 패턴'이라고 정의한다(이원숙, 2017). 우리나라에서 1998년 7월부터 시행된 가정폭력법이 처벌 등에 관한 특례법 2조 1항에서는 '가정폭력은 가정구성원 상이의 신체적, 정신적 또는 재산상의 피해를 수반하는 행위'로 정의하였다. 가정구성원은 배우자(사실상 혼인관계에 있는 사람 포함) 또는 배우자였던 사람, 자기 또는 배우자와 직계존비속관계(사실상의 양친자관계 포함)에 있거나 있었던 사람, 계부모와 자녀의 관계 또는 적모와 서자의 관계에 있거나 있었던 사람, 동거하는 친족으로 규정하고 있다(제2조 제2항). 따라서 가정폭력에는 배우자에 대한 배우자 폭력, 자녀에 대한 부모의 폭력, 부모에 대한 자녀의 폭력, 자녀들 간의 폭력 등이 해당된다.

2. 가정폭력의 유형 및 특성

가정폭력은 여러 가지 유형으로 분류되나 일반적으로 가정폭력 대상에 따른 유형과 형태에 따른 유형으로 분류된다. 먼저 폭력의 대상에 따른 유형은 주로 부부폭력, 자녀학대, 노인학대, 기타 동거 가족 폭력으로 분류하거나, 부부폭력, 자녀폭력, 부모폭력, 형제자매간 폭력으로 분류한다.

경찰의 가정폭력 대응 단계에서 흔히 적용되는 유형은 '가정 내에서 일어나는 가정폭력에 해당하는 모든 범죄'가 아니라, 기술한 가정폭력 처벌법 제2조 제3호 규정의 가정폭력범죄에 해당된다. 2013년 시행된 형법 및 성폭력 특례법 개정으로 가정폭력 중 강간 등 성범죄는 비친고죄로 분류하였고, 이후 가정폭력 처벌법 개정 시 '유사강간'이 가정폭력범죄에 추가되었다(2015. 7. 1 시행). 폭력행위 등 처벌에 관한 법률과 같은 타 법률에 의해 가중 처벌되는 죄도 포함되었는데, 가정폭력범죄 유형을 표로 정리해 보면 다음과 같다.

가정폭력범죄 유형

구분	친고죄	반의사불벌죄	기타
유형	모욕, 사자명예훼손	폭행, 협박, 존속폭행, 존속협박, 명예훼손, 출판물 등에 의한 명예훼손	상해, 유기, 학대, 강요, 체포, 감금, 주거, 신체수색, 재물손괴, 공갈, 강간, 준강간, 유사강간, 강제추행, 미성년자간음, 추행, 준강제추행
	위의 죄로 다른 법률에 의해 가중 처벌되는 죄		

다음으로 폭력의 형태에 따른 유형으로는 신체적, 정서적, 경제적 폭력, 성학대, 방임, 통제 등으로 분류되는데, 가정폭력 개념의 확장으로 가정폭력 유형도 형태별로 상세화되었다.

이를 반영한 여성가족부의 '2013년 가정폭력 실태조사'에 따르면, 가정폭력의 유형을 부부폭력, 자녀폭력, 노인폭력, 가족원폭력으로 분류하고, 각각의 가정폭력 유형별 세부적인 폭력 유형을 아래의 표와 같이 상세히 기술하고 있다.

부부폭력의 유형 및 개별행위

<table>
<tr><th colspan="2">유형</th><th>개별행위</th></tr>
<tr><td rowspan="2">신체적 폭력</td><td>경한 폭력</td><td>• 손바닥으로 배우자의 신체나 뺨을 때리는 행위
• 배우자의 목이나 어깨 등을 움켜잡는 행위
• 물건을 배우자에게 집어 던지는 행위</td></tr>
<tr><td>중한 폭력</td><td>• 배우자를 몽둥이나 혁대 등으로 때리는 행위
• 칼이나 흉기 등으로 다치게 하거나 위협하는 행위
• 배우자의 목을 조르는 행위
• 배우자를 사정없이 때리는 행위</td></tr>
<tr><td colspan="2">정서적 폭력</td><td>• 배우자의 물건을 파손하는 행위
• 모욕적인 이야기를 하여 감정을 상하게 하는 행위
• 배우자를 때리려고 위협하는 행위</td></tr>
<tr><td colspan="2">경제적 폭력</td><td>• 수입과 지출을 독점하는 행위
• 배우자의 동의 없이 임의로 재산을 처분하는 행위
• 배우자에게 생활비를 주지 않는 경제적 방임 행위</td></tr>
<tr><td colspan="2">성 학대</td><td>• 배우자가 원하지 않는 성관계를 강제로 하는 행위
• 배우자가 원하지 않는 방식의 성관계를 강요하는 행위
• 배우자가 원하지 않음에도 성관계를 강요하는 행위</td></tr>
<tr><td colspan="2">방임</td><td>• 배우자가 병원에 가야 할 때 데려가지 않거나 허락받도록 하는 행위
• 배우자를 무시하거나 무관심하게 대하는 행위</td></tr>
<tr><td colspan="2">통제</td><td>• 배우자가 다른 이성과 대화를 하면 화를 내는 행위
• 배우자의 이성 관계를 의심하는 행위
• 배우자의 친구나 지인들을 못 만나게 하는 행위
• 배우자의 가족이나 친정식구 등과 접촉을 못하게 하는 행위</td></tr>
</table>

가정폭력은 현대사회의 범죄 중에서 가장 일상적이면서도 가장 은밀하게 일어나는 범죄 중 하나로서 일반 범죄와는 다른 다양한 특성을 갖고 있다.

(1) 은폐성

가정은 사적인 영역으로 가족 외 다른 타인이 개입하거나 관여할 수 없다는 인식 때문에 많은 폭력 문제들이 장기화되고 드러나지 않는 문제점들을 안고 있다.

(2) 연속성

신체적, 정서적, 성적 학대 연속성은 각각의 학대 행위가 초기에는 가벼운 구타에서 시작해서 시간이 흐를수록 심각한 수준으로 변화한다.

(3) 상습성

폭력이 반복될수록 부부간 혹은 가해자와 피해자 사이의 화해의 단계가 줄어들거나 사라지며, 폭력의 주기가 빨라지는 특성이다.

(4) 세대 전수성

한국여성의전화에 의하면 가정폭력은 세대 간 전승되는 경향이 있으며, 배우자와 자녀를 구타하는 남성 중 부모로부터 폭력 경험을 한 비율이 50.6%로 보고되었다.

3. 가정폭력의 특성

1) 가정폭력의 특성

가정폭력은 이웃과 단절된 가정이라는 폐쇄적 공간 내에서 발생하며, 외부로 쉽게 드러나지 않고 은밀하게 일어나는 경향이 크다. 이런 특성으로 인해 정책결정을 위한 정확한 가정폭력 실태 파악이 어려운 것이 현실이다. 또한 가정폭력이 처음 발생한 후 가해자의 지배관계가 강해지면서 폭력이 습관화되고 폭력이 습관화되고 강도가 세지는 특성이 있다.

가정폭력은 가족이 모여 있는 공간에서 다른 가족을 고려하지 않고 폭력을 행사함으로써 그 폭력을 목격한 자녀에게도 정서적 학대로 작용하며, 직접적 자녀 폭행을 통해서도 폭력이 세대 간 전이되어 순화되는 특성을 갖게 된다.

가정폭력이 무엇보다 심각한 것은 폭력이 신체적 고통만을 안겨주는 것이 아니라 공포, 모욕감, 수치심 등을 깊게 남기는 특성을 갖고 있어, 피해자들의 피해회복이 오래 걸리는 경향이 있다. 가정폭력 단절과 예방을 위해서는 피해자, 가해자가 가정폭력의 굴레에서 스스로 벗어나기 어려운 측면이 있으므로, 국가적 지원과 형사법적 대응이 매우 중요한 의미를 가진다.

2) 가정폭력 피해자의 특성

피해자는 가정폭력에서 벗어나기 위해 적극적으로 대처하는 경우가 있으나, 가해자의 지배 관계에 강하게 종속된 경우 쉽게 벗어나지 못하고 순응 또는 체념하는 경향이 있다.

전통적인 가족관과 성역할에 대한 고정관념은 남성에게 국한되는 것이 아니라 여성에게도 나타나는데, 특히 이런 고정관념이 강한 여성 피해자들의 경우 심각한 폭력 상황을 스스로의 책임으로 돌리기도 하고 폭력 피해를 혼자서 감수하려고 하는 특성이 있다.

폭력 피해 여성은 우울과 불안 및 신체화 증상, 자존감의 저하, 자살 충동과 같은 심리적 어려움을 겪게 된다(홍창희, 박유숙, 2001). 더 이상 폭력에 대응하기를 포기하는 학습된 무기력이나 구타, 여성증후군과 같은 증상이 두드러지게 나타나기도 한다(김지연, 2007).

피해자들은 폭력을 경험하거나 폭력에서 벗어나는 과정에서 외상후스트레스 장애(PTSD: Post-traumatic stress disorder)를 겪기도 하고, 자녀와 함께 살아남기 위한 실존적 노력을 통해 외상 후 성장(PTG: post-traumatic growth)을 경험하기도 한다.

이렇게 피해자들은 폭력 상황에서 강한 의지로 자존감과 통제력을 잃지 않고 폭력 상황을 극복하기도 하는 반면, 혼자의 힘으로는 통제할 수 없는 상황에서 좌절하기도 하는 등 다양한 양상을 보인다.

가정폭력이 피해자들에게 미치는 영향이 지속, 반복될 경우 PTSD보다 더 복합적인 복합 외상(Complex trauma)이 나타나기도 한다. 복합 외상에 대한 반응으로 정서 조절의 변화, 의식의 변화, 자기 지각의 변화, 가해자 지각의 변화, 타인과의 관계변화, 의미 체계의 변화, 신체화 증상 등이 생길 수 있다(Luxenberg & van der Kolk, 2001).

지속적인 폭력을 경험하면서 여성은 남편에 대한 분노 조절이 어려워진다. 자존감이 저하되며, 친밀한 관계형성과 유지가 어렵고 긍정적 시각을 갖기 어렵게 된다. 이러한 변화들은 일반적인 심리적 증상에 비해 깊은 성격 구조의 변화처럼 보이기도 한다.

가장 우려되는 피해자의 특성으로는 지속적이고 반복적인 폭력에 노출되면서 가해자에 대한 분노와 적개심이 누적되어 일순간에 분출되고, 가해자를 살해하는 등 가정폭력 가해자가 된다는 것이다.

이런 피해자에게 나타나는 다양한 특성은 단순히 개인만의 성향으로 나타나는 것이 아니라 다양한 사회구조나 문화, 가정폭력 지원 체계 등의 영향을 받아 나타나는 것이므로 피해자의 회복과 성장에 필요한 인적, 물적 자원의 국가적 지원이 무엇보다 중요하다.

3) 가정폭력 가해자의 특성

통계적으로 볼 때 남성이 가해자인 경우가 많으나, 여성이 가해자이거나 상호 폭행인 경우도 있다. 흔히 나타나는 가해자의 특성으로는 분노를 조절하지 못하고 스스로의 행동을 이성으로 통제하지 못한다는 것이다.

특히 외부에서의 타인의 시선 때문에 자신의 감정을 숨기지만 가정 내에서는 가족 위에 군림하여 거칠 것 없이 분노를 표출한다. 또한 다양한 폭력은 아내와 자녀의 잘못을 바로잡고 통제하기 위한 행동이라며 폭력을 정당화한다. 폭력을 유발하게 한 원인이 피해자에게 있다고 합리화하며 피해자를 무능력하고 가치 없는 인간으로 폄하하기도 한다.

가해자들은 신체적 폭력과 정서적 학대를 같이 표출하는 경우가 많아 협박, 고립, 공포감 조성, 통제 등 여러 가지 가학적 방법으로 폭력을 행사한다. 가부장적 사고와 성역할에 대한 고정관념이 강할 뿐만 아니라 자신의 규칙과 기준에 복종해야 한다고 생각한다.

한편, 부모로부터 학습된 폭력의 경우 자신이 분노하던 부모의 폭력을 그대로 따라 함으로써, 의지가 약한 자신의 모습에 양심적 갈등을 겪는 가해자도 있다. 그러나 개인이 타인의 폭력행의를 관찰하고 모방하여 새로운 공격 기술을 습득하고, 공격행위로 인한 양심의 가책 또는 죄의식 없이 폭력을 사용할 수 있는 특성이 있다고도 보았다(Bandura, 1973).

가해자도 우울 공격성과 낮은 자존감 그리고 손상된 자아를 가지고 있다고 보기도 하며, 이러한 요인들은 강박장애, 편집증, 경계선 성격 등의 증상으로 연결된다고 한다(김미애, 2008). 효과적인 가정폭력 예방과 가해자 교정을 위해서는 가해자의 내면에 폭력 요인으로 작용하고 있는 이러한 특성과 심리적 요인을 고려한 실질적 대안이 필요하다.

4. 가정폭력의 이론

1) 정신분석이론

정신분석이론은 폭력적 행동의 원인을 행위자의 병리적 성격 형성에 둔다. 성장배경에서의 경험과 정신 내적인 부분을 강조하는 정신분석이론은 피해자의 자존감, 무가치감, 폭력에 대한 두려움과 복종적 행동이 폭력행동을 유발시킨다고 설명한다(송성자 외, 2013). 정신분석이론에서 제안하는 문제해결을 위한 방법은 통찰과 환기 방법을 기초로 장기적, 교정적인 정신치료이다(송성자 외, 2013). 정신치료를 통해 학대받는 여성이 자신을 불행하게 하지만 익숙한 어린 시절의 폭력 경험을 재창조하며, 폭력적 배우자를 선택하고 폭력과 관련된 순환 주기적인 행위를 하는 것을 치료를 통해 변화시키는 것이다(Adams, 1988). 선행연구들은 초기 아동기의 발달상 요인들이 폭력의 중요한 예측요인임을 발견했다(Bowlby, 1988; Dutton, 1995). 안전에 위협을 받고 애정이 결핍된 아동기 환경을 경험한 이들은 부적응적인 관계모델을 형성하고, 친밀한 관계에서 철수, 회피, 위협, 공격성과 같은 역기능적 정서 전략을 사용하게 된다(Bowlby, 1980). 또한 연구에 따르면 수치심과 어머니와의 불안정한 애착의 결합, 가정 내 신체적 폭력의 직접적 경험이 많은 남성들에게 학대적인 성격 특질을 형성한다(Dutton, 1988).

정신분석이론은 가정폭력이 행위자의 성격 개조에서 비롯되며, 이를 개조함으로써 변화를 일으킬 수 있다고 본다. 하지만 사회문화적인 측면을 고려하지 못한다는 비판을 받고 있다. 가정폭력특례법이 제정되기 전에도 가정폭력은 가정에서 흔히 일어날 수 있는 가정사에 불과하다는 인식이 있어 어느 정도 사회의 승인을 받았다. 정신분석은 가정폭력의 원인을 개인이 경험한 개인사에서 찾는데 행위자들의 폭력행위를 변명해 준다고 볼 수 있다(Adams, 1988). 뿐만 아니라, 가정폭력의 원인을 유년기 경험에서 찾는 것은 행위자의 통찰력에 기반을 두어 시간이 오래 걸리기 때문에 피해자의 생명과 안전, 인간답게 살 권리를 담보로 한다는 비난을 받는다(Adams, 1988). 대법원에서 발행한 사법연감에 따르면 한 해 19,739건의 가정폭력이 발생하는데 가정폭력을 특정 개인의 정신병리 문제라고 보기에는 그 수가 너무 많다는 지적을 할 수 있다. 따라서 정신분석이론에 따라 폭력의 원인을 행위자의 정신질환이라고 볼 경우 폭력에 대한 책임소재가 간과되기도 한다.

2) 사회학습이론

사회학습이론은 폭력이 학습으로 습득되며 모방의 반복으로 강화됨을 지적한다. 사회학습이론은 폭력이 높은 지위의 행위자에 의해 실행되고, 그 결과로 상대방이 굴복하는 장면을 피해자가 직접 목격함으로써 폭력행위를 모방할 가능성이 높다고 본다(Bandura, 1977). 가정폭력의 폐쇄성은 상대방을 통제하는 효과를 극대화시킨다. 피해자는 이러한 폭력 장면 목격을 통하여 폭력이 효과적이라고 생각할 수 있다. 폭력을 경험할수록 성인이 되어 폭력을 사용할 가능성이 있는 것이다. 이론에 따르면 현재의 행동이 어떻게 강화되었는지 깨달을 수 있도록 도움을 주고, 새로운 역할 모델을 학습하여 보상을 제공할 수 있도록 행위자의 개입을 허용한다(장희숙 외, 2003).

3) 인지행동이론

인지행동이론은 행위자 내부에 폭력적인 행동을 유발하는 신념이 내면화되었기 때문에 폭력을 한다고 보며 폭력이 학습된 것과 같이 비폭력 역시 학습될 수 있다고 한다. 폭력을 할수록 스트레스와 불안이 감소하기 때문에 비합리적 사고와 사회기술 부족이 폭력의 원인이라고 하였다. 상담자는 행위자의 폭력이 사회에서 인정되지 않는 범죄행위이며 스스로에게도 부정적인 결과를 가져옴을 알려주고자 대안 제거인 방법을 탐색하고 습득할 수 있도록 돕는다. 또한 스트레스 감소, 이완, 역할놀이, 주장훈련, 상상기법을 활용하여 스트레스 대처와 대인관계기술을 습득해 폭력재발 방지한다. 인지행동이론은 구조화된 단기개입과 효과성에 강점이 있다(Edleson & Syers, 1990). 단기개입이라는 측면에서 피해자의 생명과 안전에 대한 부담을 줄일 수 있으며 치료시간을 효율적으로 사용할 수 있다(Dobson &Block, 1988). 또한 폭력을 학습된 행동이라는 관점으로 규정화하면서 행위자로 하여금 변화에 대한 희망을 갖게 한다(Saunders, 1989).

반면 단기적 구조화된 절차는 개인의 성격과 정서적 측면을 충분히 고려하지 않고 발달적 측면을 다루지 못하고 있으며(Dobson, 1988), 분노통제와 같은 기법으로는 배우자에 대한 폭력 허용도나 통제에 대한 태도를 변화시키지 못한다는 비판을 받고 있다(Adams, 1988). 장희숙 등(2003)은 행위자들의 문제해결기술과 일반 남성들의 문제해결기술을 비교하였다. 행위자들의 문제해결기술이 일반 남성들보다 유의미하게 낮게 나타났다고 하였다. 그리고 문제해결에 대한 신념이 높은 사람들에 비해 폭력행동의 결과에 대한 기대감이 높아 문제해결의 수단으로 폭력을 사용할 가능성이 높음을 보여주며 인지행동이론을 뒷받침하였다.

4) 가족체계이론

가족체계이론은 가족 체계 내에서 폭력을 이해하고, 이 폭력이 어떻게 유지되는지 설명한다. 폭력적인 사람은 타인에 대한 의존성과 친밀한 관계에서 오는 불안, 통제에 대한 욕구가 있으며(Magil, 1989), 이는 부부관계에서 역기능적 패턴이라고 할 수 있는 폭력으로 발생한다. 가족체계이론은 부부간의 역기능적 패턴을 확인하고 가족 체계에 변화를 이끌어 내는 것이 목적이다. 하지만 체계 내에서 권력의 차이를 무시하고(Bograd, 1984), 체계의 변화에 대하여 공동으로 책임을 지게 해 아내에 대한 남편의 통제를 정당화한다(Dobash & Dobash, 1979). 부부상담 시 가정폭력의 특수성을 반영하여 피해자의 동의와 폭력의 행태를 관찰하지 않으면 피해자의 생명과 안전을 보장할 수 없다. 그리고 폭력의 예방과 근절보다는 가족 체계유지가 목적이 될 수 있다는 점에서 비판을 받고 있다.

5) 사회구조론

사회구조론은 1970년대부터 주목받기 시작했으며, 배우자 학대 문제를 성차별, 문화적 규범, 사회경제적 요인 그리고 여성해방 운동에서 주장하고 있는 성역할과 불균형과 같은 광범위한 현상의 관점에서 바라보았다(Elbow, 1987). 가부장적 가족구조의 기초는 특히, 부인에 대한 남편의 폭력을 조장시킨다고 주장했다. 또한 배우자 학대의 근본적인 원인은 가정에서의 가부장적인 관계이며, 가부장적 가정의 발전, 유지, 지속은 배우자 학대를 '개인적인 문제'로 끌어내린다. 이로써 많은 학자와 서비스 제공자가 피하려고 하는 정치적인 문제임을 동의한다고 주장한다. 따라서 이들 이론가들은 사회의 구조적 변화, 여성지위 향상을 위한 제도적 뒷받침을 성취하기 위해서는 다양한 활동을 펼쳐야 한다고 본다.

5) 여성주의이론

여성주의이론은 인간의 행동, 특히 폭력행동이 거시적이고 사회구조적 관점에서 사회 환경에 의해 영향을 받는다고 전제한다. 그리고 가부장적인 문화에서 남성의 여성에 대한 폭력이 시작된다고 보고 있다. 가정폭력은 남성이 여성에게 하는 통제 행위에 대한 선택이며 개인의 과거나 기술의 부족이 아니라고 한다. 여성주의이론은 폭력을 심리적 차원이나 가족 체계적으로 개입하기보다는 폭력 행위자 스스로 비판적 성찰을 하도록 하며 태도의 변화를 이끌어 내야 한다고 본다. 상담자는 직면을 통해서 지시적인 역할을 담당해야 한다(Adams & McCormick, 1982; Adams, 1988).

여성주의 접근법은 사회적으로 가정폭력의 심각성과 이해를 향상시켰다는 평가를 받고 있다. 그러나 동일한 사회문화권에서 자란 남성이 모두 다르게 선택한 것에 대해서는 설명하지 못한다. 또한 변화의 핵심이 행위자의 성차별적 태도와 통제 의도이나 행위자들이 이를 부인하는 경우 개입의 방향을 잃을 수 있다(Adams, 1988). 한국사회에서 행위자들은 비자발적으로 처분을 받아 상담을 하게 된다. 직면이라는 기법이 행위자로 하여금 저항을 일으킬 수 있으며, 초점이 사회구조 변화에 있어 행위자에게 어떻게 개입을 해야 하는지는 명확하지 않다.

5. 가정폭력의 문제점

가정폭력의 문제점은 단지 폭력이 발생하고 그 피해자가 폭력을 당한 후유증을 겪는 것이라고 말할 수 없다. 가정폭력을 당한 피해 여성뿐만 아니라 그것을 목격한 자녀에게도 가정폭력으로 인한 영향을 미칠 수 있으며, 가정폭력은 사회적 문제 발생까지 영향을 미치고 있다.

6. 가정폭력에 대한 개입 방안

1) 가정폭력에 대한 서비스대책

▶ 정책적 서비스접근

가정폭력 대응의 효과성을 높이기 위해서는 예방이 중요하며, 이를 위한 가족복지 실천을 지원하는 정책과 제도의 우선적 마련이 필요하다.

(1) 가정폭력예방 강화방안

① 사회문화적 규범 개선

첫째, 폭력문화를 제거하고 양성평등의식 제고를 위해 범국가적으로 의식개혁 교육 및 운동을 전개한다. 이를 위해 평등한 부부관계와 부모 역할에 대한 교육을 실시하고, 부모가 양성평등 의식과 태도를 가지고 자녀를 양육할 수 있도록 하는 규칙과 규범을 교육해야 한다. 또한 대중매체의 모니터링을 통하여 가치규범, 생활양식 또는 프로그램의 소재가 비폭력적, 양성 평등적인가를 검토하여 올바른 양성평등문화 정착을 위한 대중매체의 노력도 병행되어야 한다.

둘째, 초등학교부터 대학에 이르는 각급 교육내용에 여성학을 포함시켜 남녀 평등의식을 고취시킨다. 남녀평등교육은 남녀가 함께 이수해야 하며 교육내용은 동일한 권리, 올바른 결혼관, 평등한 가정생활 등이 강조되어야 한다.

② 가정폭력정책 홍보 강화

연구 결과에 따르면, 가정폭력방지특례법에 대한 인식이 낮게 나타났다. 따라서 가정폭력방지법에 대한 지속적인 홍보·계몽을 강화할 필요가 있다. 이를 위하여 홍보물(안내 책자), 대중매체, 전광판, 캠페인 등을 활용한다. 아울러 가정폭력 관련 교육을 정기적으로 실시하는 체계를 갖추도록 한다.

사회적인 지지자원이 많을수록 미혼학대발생률, 노인학대발생률이 낮았다. 이는 가족, 친·인척, 친구, 이웃 등의 사회적 지지자원이 풍부한 경우, 이들을 통해 문제점과 갈등을 공유하고 해결할 수 있기 때문이다. 더불어 상대적으로 가족 내의 갈등이나 가족관계의 악화로 학대가 발생할 가능성은 적어지기 때문이다. 따라서 친·인척, 친구, 이웃, 지역사회 관계의 강화를 통해 사회적 유대망을 형성하고 가정폭력을 예방해야 한다. 이를 위해 첫째, 지역사회를 중심으로 사회교육 프로그램을 통해 사회적 유대관계의 중요성을 인식시키고 정보교환과 친교활동 등을 통해 사회적 유대망을 강화한다. 또한 전문가와의 모니터링 제도를 활용한다. 둘째, 인터넷 활용을 통해 친구, 이웃 간에 주기적으로 정보를 공유하고 유대관계를 통해 사회적 지지자원을 확대한다.

③ 가정폭력 후유증의 심각성에 대한 인식강화

부부폭력, 아동학대, 미혼자 학대, 노인학대 등이 발생했을 때, 폭력과 학대 자체를 심각한 문제로 인식하지 않는 경향이 있어, 결과적으로 경찰에 대한 신고율도 낮다. 이는 사후치료, 회복에 대한 부정적인 요인으로 작용한다. 따라서 가정 내에서 발생하는 가정폭력을 심각한 사회문제로 통찰하는 인식전환을 위해서는 홍보 및 교육을 강화하고, 이를 통해 가정폭력 발생 신고의식을 제고해야 한다. 첫째, 지역사회 내 상담소, 보호시설, 사회교육기관 등을 중심으로 가정폭력에 대한 인식전환 교육프로그램을 개발하여 도입해야 한다. 가정폭력의 발생 원인 중, 가부장적인 요인이 포함되므로 양성평등적 부부관계 확립 및 평등한 가족관계를 확립하는 교육프로그램을 제공한다. 둘째, 홍보 및 캠페인을 통해 일반국민에게 가정폭력의 신고의식을 제고하고 신고를 유도해야 한다. 셋째, 아동학대의 경우 신고의무자 인식 교육을 통하여 적극적인 신고 자세를 확립하고, 인센티브제를 보완하여 아동학대에 대한 활발한 신고를 유도해야 한다.

④ 일반국민 대상의 가정폭력발생 시 대처방안 교육 강화

가정폭력의 대상은 아동에서부터 노인에 이르기까지 다양하며, 폭력 발생이 갑작스럽게 일어나는 경우가 많다. 따라서 가정폭력이 발생될 경우 어떻게 대처하는 것이 바람직한지에 대한 교육을 제공할 필요가 있다. 구체적으로 제시하면 다음과 같다. 첫째, 폭력발생 시 대처방안의 교육은 아동, 청소년, 여성, 남성, 노인 등에 따라 차별화하여 실시한다. 둘째, 가해자(행위자)의 특성과 폭력상황에 따라 대처하는 방식을 다양하게 개발하여 교육한다. 셋째, 폭력의 유형(정서적 폭력, 신체적 폭력, 경제적 폭력, 방임, 성학대 등)과 개별 폭력행위에 따라 차별화된 대처방식을 제공한다.

⑤ 가정폭력예방 프로그램의 강화

프로그램의 장기적인 효과로 보면, 가정폭력 대처 교육, 가족 또는 부부 단위의 상담이나 교육도 가정폭력예방의 차원에서 중요하게 다루어져야 할 프로그

램이다. 이러한 프로그램은 예방적인 차원, 그리고 관계 개선이 가능한 부부에게 효과를 기대할 수 있을 것이다. 교육을 통하여 가해 남성들의 가부장적인 태도를 교정하는 것과 의사소통 기술을 개선하는 것이 중요하다.

(2) 가정폭력 관련 제도개선 방안

① 가정폭력에 대한 조기개입 및 경찰의 적극적 개입 강화

가정폭력에 대한 조기개입을 통해 장기화 및 폭력의 악화를 차단해야 한다. 일단 발생한 폭력에 대해서는 신고와 상담을 비롯한 개입장치들을 강화하는 방향으로의 서비스 보완이 필요하다. 조기개입의 실패로 현재 가정폭력은 장기간 진행되는 것이 일반적이며, 장기화될수록 부부관계의 회복이 어려워 피해자들의 대다수는 가해자와의 관계를 복구하는 것에 대해 부정적인 태도를 가지고 있다. 이를 주시할 때 폭력의 지속적인 재발은 물론이고, 결과적으로 장기화 및 악화로 진전하는 것을 막는 것이 무엇보다도 중요하다.

학대발생 시 경찰에 신고한 비율이 낮은 주된 이유는 별로 도움이 될 것 같지 않아서인 것으로 나타났다. 이는 가정폭력 발생 시 경찰개입에 대하여 일반 국민의 대다수가 신뢰하지 못하고 있음을 보여준다. 조사결과에서 신고 후에 경찰이 출동하여 소극적으로 대처한 것에서도 잘 나타나고 있다. 이는 경찰의 폭력대응 서비스가 효율적으로 이루어지지 못하고 있으므로 다음과 같은 대응이 필요하다.

첫째, 초기대응능력을 제고한다. 경찰은 112신고체제와 여성상담전화, 아동학대 신고전화, 노인학대 신고전화 등을 통하여 즉응태세를 갖추어 신속한 대응에 임해야 한다. 즉, 출동 시 피해자에 대한 구호와 진행 중인 폭력행위에 대해 신속하고 강력하게 제지할 뿐만 아니라 2차적 폭력 또는 피해가 유발되지 않도록 엄정한 조치를 취해야 한다. 아울러 가족구성원과 불필요한 마찰 또는 오해가 없도록 유의하고 현장상황에서 즉시 수사 및 증거확보, 조서작성 등의 노력이 요구된다. 이를 위해서 초기수사 단계에서 전문적인 지식을 통한 기초조사가 이루어져야 한다.

둘째, 가정폭력에 대한 경찰관의 인식을 제고하여 초기대응에 임하는 경찰관의 태도가 개선되어야 한다. 가정폭력문제를 사적영역의 문제로 치부하여 이를 회피하고 소극적으로 대처하려는 경찰관들의 인식전환을 위해서는 상담기관, 사회교육기관 등의 전문가에 의한 가정폭력사건 사례, 가정폭력의 위험성 등에 대한 인식전환 교육프로그램을 개발하여 보급해야 한다. 또한 가정폭력범죄는 가정 내에서 발생한 사건이나 부부간의 재결합, 화해, 조정 등의 역할이 중요하므로 위기중재를 위한 가정 중계프로그램으로 심리학, 상담기법, 안전조치와 위험을 제거하는 기술, 중재 및 분쟁해결 기술 등을 강화하는 교육이 요구된다.

셋째, 경찰관 임시조치의 실효성이 확보되어야 한다. 피해자를 보호시설로 이동하는 조치가 피해자를 보호하는 데 가장 효율적인 수단으로 적극적으로 활용되어야 한다. 이와 함께 가정폭력이 지속적일 경우 피해자를 보호하기 위해 임시조치가 집행될 수 있음을 피해자에게 적극적으로 고지해야 한다. 이를 위해서 임시조치 위반 시 제재규정과 절차기준이 마련되어 실효성이 확보되어야 한다. 또한 경찰의 초기대응이 실질화되도록 과잉금지에 해당되지 않는 범위 내에서 경찰에 의한 '일시적 격리조치' 등의 계량권이 확보되어야 할 것이다.

넷째, 지역 단위별로 경찰서조직 내에 가정폭력을 전문적으로 다루는 가정폭력전담반을 설치하여 전문성을 제고한다.

② 가정폭력피해자의 법적 · 제도적 보호강화

가정폭력은 개인의 일탈행위가 아니라 가족은 보존되어야 한다는 가족이념, 불평등한 관계를 제도화한 가족제도, 남성과 여성 간의 불평등 현상이 상호작용하여 발생한 사회구조적 현상으로 통찰되어야 한다. 따라서 이와 같은 요인들을 반영한 현행 법적 · 제도적인 부분들은 평등한 가족관계 및 양성 평등적 가족제도를 지향하는 방향으로 개선되어야 할 것이다.

첫째, 여성폭력피해자에 대한 분리 및 주거사항 등이 검토되어야 한다. 가정폭력을 종결하는 데 있어서 가해자와 피해자 간의 안전한 분리는 중요하다. 따라서 분리의 안전을 보장하기 위해서는 이혼소송 중의 피해자 및 그 가족의 신변안전 조치, 가해자와의 대면의 회피조치, 피해자 주거 등에 관한 비밀보장 등의 검토가 이루어져야 할 것이다.

둘째, 가정폭력가해자에 대한 친권행사의 제한이 필요하다. 폭력 허용적인 가정에서 부부폭력, 아동학대 등이 동시다발적으로 발생하는 것으로 나타났다. 이는 행위자의 피해자에 대한 친권행사만이 제한될 것이 아니라 피해자의 자녀에 대한 친권도 제한할 필요가 있음을 시사한다. 이를 위하여 이혼청구 시 가해자에게 친권 및 양육권을 제한하고 면접교섭권도 제한 또는 배제되어야 할 것이다.

셋째, 여성폭력피해자에 대한 주거권이 보장되어야 한다. 지금까지는 여성피해자를 가해자로부터 격리보호하기 위하여 쉼터 등에 거주하게 하는 시설중심의 보호 제도 등이었다. 그러나 동 제도는 성적 불평이 반영된 부분으로 향후 '피해자는 가정에 남고 가해자가 집을 나가야 하는 원칙'으로 전환될 필요가 있다.

넷째, 폭력에 노출되어 있는 여성과 가족의 안전을 위하여 법적인 별거제도 등이 검토될 필요가 있다.

③ 가정폭력관계자의 피해자 측면에서 접근 강화

경찰과 서비스 제공 기관이 피해자의 입장에서 지원할 수 있도록, 관련 공무원 및 종사자를 대상으로 한 교육체계가 정비해야 한다. 신고 또는 도움을 요청하였을 때 신속하게 응답하는 것은 물론이고 피해자의 편에 서서 피해자에게 우선적인 배려를 할 수 있는 태도는 정기적인 교육을 통해 확립될 수 있을 것이다.

④ 상담소의 예산지원방식 개선

현행 상담소의 설치방식은 신고제이며, 예산지원방식은 정부의 운영구조를 반영한 기본적인 운영비 지원방식으로 수행되고 있다. 이러한 상황에서 상담소는 급격하게 증가하고 있지만, 투입된 재정 대비 효과 즉, 폭력발생의 감소, 피해자의 회복 및 자립, 폭력 재발 방지 등의 효과가 명확히 나타나지 않고 있다. 일부 상담소에서 제공하는 서비스 프로그램의 수준도 낮아서 지금의 획일적인 예산지원방식은 상담소의 기능을 떨어뜨릴 가능성이 높아 예산지원방식의 개선이 요구되고 있다. 첫째, 현행의 획일적인 운영비 지원방식에서 프로그램 중심의 지원방식으로 전환하나 유예기간을 두어 단계별로 프로그램별 차등 예산지원방식으로 개선해야 한다. 둘째, 프로그램별 차등 예산지원방식으로 전환할 경우 선행적으로 프로그램의 기획 단계부터 집행단계 종결단계, 평가 및 피드백에 이르기까지 프로그램을 전문적으로 평가할 수 있는 전문인력 및 평가도구 등의 기반이 마련되어야 할 것이다.

(2) 재입적 서비스접근

① 보호대상 피해자

폭력 가정 및 피해자에 대한 적극적인 개입을 위한 사회적 대책 마련이 시급하다. 피해 여성들은 빈번한 수준으로 심한 유형의 폭력과 여러 유형의 폭력을 중복적으로 경험하고 있었다. 그리고 이러한 폭력은 장기적이고 지속적으로 진행되어 오는 실정이다. 가정폭력 문제를 해결하기 위해서는 피해 여성을 조기에 발견하고 폭력의 재발을 막거나 폭력의 피해가 장기화되지 않아야 한다. 이를 위해 피해자를 보호하고 지원하는 데에 우선적인 비중을 두어야 할 것이다.

둘째, 피해자들의 가정생활 특성을 볼 때 자녀들의 문제를 주시해야 할 것으로 보인다. 가정폭력 피해 여성의 대다수가 미성년 자녀가 있으며, 가해자의 폭력이 배우자 여성에게만 한정되지 않고 자녀에게도 동시에 행사하고 있다. 이에 가정폭력의 피해자 인구에 자녀가 중요하게 포함되어야 한다. 폭력 가정의 자녀들은 건강하지 못한 양육환경으로 인하여 건강한 성장을 저해 받을 가능성이 크다. 따라서 장기적이고 거시적인 측면뿐 아니라, 우리 사회의 보호받아야 할 소외된 인구에 대한 인도적인 차원에서도 적극적인 개입이 필요하다고 본다.

셋째, 피해자에 대한 무료 의료지원이 강화되어야 한다. 피해자들의 상당수가 치료가 필요함에도 불구하고 병원 치료를 받은 적이 없으며 가장 큰 이유가 돈이 없거나 창피해서라고 응답한 결과를 볼 때 가정폭력피해자 전문병원(또는 지정치료기관) 등을 확대하고 무료 치료대상자의 범위를 확대해 나가야 할 것이다.

아울러 피해자에 대한 치료는 외상에 대한 치료뿐만 아니라 심리적인 치료를 포함하여야 할 것이다. 피해자들은 심리적이고 정서적인 측면, 그리고 사회생활과 인간관계에 이르기까지 생활 전반에 걸쳐 부정적인 경험들을 하고 있는 것으로 나타났다. 피해자들에 대한 치료는 신체적 치료에 한정할 것이 아니라 보다 광범위하게 이루어져야 하며 필요한 경우에는 전문기관과의 연계 서비스 및 자원의 동원이 보다 원활히 이루어져야 할 것이다.

② 가정폭력 발생 개입

첫째, 가정폭력을 조기에 발견하고 개입하는 장치의 중요성은 강조될 수 없다. 가정폭력 피해는 장기적이며, 폭력이 장기화될수록 빈도와 심각성이 악화되는 양상을 보였다. 가정폭력은 일회성의 사건이 아니라 오랜 기간 장기화되는 특성을 보이고 있다. 나아가 빈도, 질적인 면에서 점차 심화되고 있는 양상을 보이게 된다. 폭력행위의 발생을 사전에 차단하는 예방적 차원의 접근도 중요하다. 하지만, 일단 발생한 폭력에 대해서는 신고 및 상담을 비롯한 개입 장치들을 강화하여 신속하게 폭력의 재발을 막는 방향으로 서비스 체계의 보완이 필요하다는 것을 시사한다.

둘째, 부부간 성학대에 대한 법적 대응이 별도로 마련되어야 할 것으로 보인다. 부부간 성학대가 가정폭력과 동반하여 빈번하게 발생하고 있다. 부부간 성학대가 피해자에게 주는 부정적인 충격은 특히 심각할 수 있다는 점을 주시하여 부부강간 인정 등과 같은 강력한 대응책이 마련되어야 할 것으로 보인다.

셋째, 가정폭력법이 가정의 원상회복을 지나치게 강조하기보다는 피해자의 지원에 보다 비중을 두어야 할 것으로 보인다. 피해자들은 가해자와의 관계를 회복하는 것에 대해 부정적이었다. 가정폭력으로 인해 부부관계가 악화되기 이전에 조기에 개입하는 것이 중요할 것이다. 하지만, 이미 훼손된 관계에 대해서는 피해 여성들이 자립하여 안정적인 삶을 살아갈 수 있는 여건 및 필요한 서비스 방안을 강구할 수 있도록 지원하는 것이 보다 실효성이 있을 것으로 생각한다.

마지막으로 피해자의 자립 지원에는 자녀의 양육과 관련된 서비스가 중요하게 포함되어야 할 것이다. 피해자들의 대다수가 자녀 양육을 원하고 있지만 생활방편이 없는 경우가 많은 것을 볼 때 자녀에 관한 지원이 강화되어야 할 것이다. 그리고 미성년 자녀에 대한 지원은 양육 및 교육, 정서적 안정 등 다양한 서비스가 제공되어야 한다.

③ 가정폭력 재발방지 전략

첫째, 가해자에 대한 처벌이 강화되어야 할 것이다. 가해자에 대한 처벌은 가정폭력이 발생하는 초기 단계에서부터 엄격하게 이루어져야 한다. 폭력의 재발방지를 위해서는 폭력 발생원인 및 가해자의 위험성, 폭력의 유형 등을 포함한 주요 요인에 따라 가해자를 유형화하고, 처벌과 치료를 통해 성행교정을 위한 개입이 병행하여 이루어져야 할 것이다. 피해자들은 가해자의 처벌에 대해 소극적이지만, 폭력 행동과 관련된 가해자의 행동 및 태도(음주습관, 가부장적 가치관)를 교정하기 위한 교육이 반드시 필요하다.

둘째, 가정폭력에 대한 피해자들의 적극적인 대응은 긍정적인 효과가 있는 것으로 연구되고 있다. 따라서 피해자에 대한 교육을 통해 폭력문제 완화를 어느 정도 기대할 수 있을 것으로 보인다. 연구 결과, 가해자의 폭력에 대한 피해자의 맞대응은 가해자의 폭력을 어느 정도 약화시킬 수 있으며, 특히 발생빈도를 낮추는 데 상당한 관련이 있는 것으로 나타났다. 피해자들이 폭력에 대한 대응을 통해 폭력을 불허한다는 태도를 가지게 해야 한다. 폭력이 발생하는 구체적인 현장에서 가해자에게 어떻게 대처해야 할지에 대한 실천적 지식과 기술에 대한 가정폭력 대처 교육이 필요할 것이다. 피해자들의 상당수는 폭력이 반복되는 상황에서 초래된 무력감이 폭력을 장기화시키는 폭력의 순환 고리의 축을 받치고 있다고 볼 때 피해자를 중심으로 한 개입전략도 모색할 필요가 있다.

셋째, 가정폭력 신고율을 향상시킬 수 있는 방안이 모색되어야 할 것이다.

경찰에 발생빈도, 폭력행위의 내용을 신고함으로써 폭력의 피해를 약화시키는 긍정적인 결과를 가져올 수 있다는 것을 확인할 수 있다. 신고를 통해서가정폭력 발생 초기 단계에 개입하는 것이 가능하므로 일반인 및 관련 종사자들의 신고의식 강화가 필요하다. 한편 재발 가정에 대한 초동 개입을 위해서는 노출된 폭력가정을 위해 비상벨과 같은 장치를 마련하는 것도 제고해야 한다. 신고의식 강화를 위한 홍보와 교육도 필요하므로 일반인을 대상으로 가정폭력 신고 필요성에 대한 홍보를 강화하는 한편, 신고의무자에 대한 인식 제고 및 강제 규정이 마련되어야 한다.

마지막으로 가정폭력 서비스 기관의 홍보 및 서비스 질이 제고되어야 한다. 피해자들이 가정폭력 사실을 드러내놓고 말할 수 있도록 상담기관과의 연결이 보다 원활해지도록 하는 것이 중요할 것이며, 나아가 상담의 효과를 제고할 수 있는 방법도 함께 고려되어야 한다. 폭력이 심한 경우에만 관련 기관을 방문하는 상황을 개선하기 위해서는 가정폭력 관련 기관을 홍보하고, 기관 이용에 대한 국민들의 인지도를 확대해야 할 것이다. 아울러 상담에 대한 만족도를 높일 수 있는 방법들이 꾸준히 개발되어야 한다.

④ 가해자 성행교정 관련 사항

첫째, 가해자 교육에서 가치관 및 태도 교정은 핵심적인 내용이어야 한다. 가해자들은 전통적인, 성차별적인 가치관을 고수하는 경향이 있다고 할 수 있다. 부부간에 평등하다는 생각을 갖고 있지 않은 남편들의 경우 의사결정이나 집안일의 분담 등에 있어서 부부간에 갈등이 많다. 그리고 이때 아내를 구타하는 행동을 많이 하게 된다는 선행연구에 따르면 시사하는 바가 크다.

둘째, 가해자들의 의사소통 방식에 대한 교정이 필요할 것이다. 폭력 남편들은 부부간에 대화보다는 강압적이고 폭력적인 방법을 사용하는 경향을 보인다. 이때 폭력이 의사소통의 한 방식이 되고 있다는 조사결과를 근거로 할 때 이에 대한 교육의 필요성이 강조된다.

셋째, 가정폭력 예방 및 재발에 있어 음주 문제에 대한 접근이 중요할 것이다. 음주는 가정폭력 가해자의 폭력행위와 밀접한 관련이 있는 것으로 보인다. 가해자들의 음주는 상습화되고 취할 때까지 마시는 등 바람직하지 않은 음주 습관을 가지고 있다. 나아가 이러한 음주습관은 폭력행위로 이어지며 음주를 하는 가해자의 상당수가 음주 상태에서 폭력을 행사한 것으로 보고되고 있다. 음주가 가정폭력의 발생, 발생빈도, 폭력의 만성화 및 심화에 미치는 부정적인 효과는 큰 것으로 나타났다. 음주 문제는 우리 사회 전반적으로 음주문화를 개선하는 거시적인 차원과 치유가 필요한 당사자를 발굴하여 개별적인 치료를 제공하는 것이 동시에 이루어져야 할 것이다.

넷째, 폭력의 대물림 예방을 위해서는 장기적인 측면에서 폭력가정 자녀에 대한 치료가 강화되어야 할 것이다. 가해자들의 특성은 맞고 자란 경험이 많다는 것이다. 성장기에 가정폭력을 당한 경험이 있는 경우가 그렇지 않은 경우에 비하여 성인이 되었을 때 배우자에게 가정폭력을 하는 경향이 훨씬 높게 나타났다. 즉 성장기에 학대를 받은 경험과 폭력을 목격하면서 성장한 남성들은 공격 성향이 있으며, 아내에 대해 공격행위를 할 가능성이 높다는 선행연구 결과를 주목해야 할 것이다.

⑤ 서비스욕구에 대한 접근

• 지원제도 접근 방향

우선, 지원제도에 관한 욕구 결과를 볼 때 현재 진행되고 있는 피해자를 위한 법률 관련 서비스, 의료적 지원, 취업 관련 지원, 상담소, 보호시설, 긴급전화서비스, 원스톱 지원센터, 피해자 치료프로그램 등과 같은 지원제도를 전반적으로 확대하는 것이 일차적으로 필요할 것이다. 지원제도는 취업, 자립에 필요한 자금, 주거 등 자립과 관련된 분야에 대한 지원 방안을 마련하는 데 중점을 두어야 할 것이다. 피해자들은 가해자와의 관계회복 보다는 가해자로부터의 폭력적 상황에서 벗어나 자립을 원하는 경우가 많으며 자립할 수 있는 자원은 부족하기 때문이다.

지원제도는 피해자의 주거지원이 중요할 것으로 보인다. 현재 피해자들은 피해자 보호시설을 이용하고 있지만 집을 떠나 보호시설을 이용할 경우 이용기간의 제한, 자녀 동반의 문제 및 자녀교육의 문제 등으로 다양한 문제가 수반되고 있다. 따라서 피해자가 안전하게 일상생활을 영위하면서 거주할 수 있는 주거의 안정성 확보를 위한 대안을 모색할 필요가 있다.

• 상담기관 서비스 방향

우선 상담기관에서 제공하고 있는 전반적인 서비스들에 대한 내담자의 접근성을 보완하는 것이 필요할 것으로 보인다. 대면 상담이 주를 이루고 있으나, 인터넷상담, 전화상담 등의 장점을 가진 서비스 방식도 활성할 필요가 있다.

• 상담기관과 가정폭력 관련 기관들 간의 연계

상담기관과 가정폭력 관련 기관 간의 연계가 더욱 활성화되어야 한다. 전문기관과의 연계서비스가 보다 원활히 될 때 상담기관의 이용률은 상승할 것이다. 한편 상담기관도 내담자에게 필요한 연계서비스를 제공하는 것을 보다 강화해야 할 것이다.

• 상담기관에서 제공하는 서비스

상담기관에서 제공하는 서비스 프로그램들은 욕구가 높은 법률 관련 상담 및 지원과 개별상담을 중심으로 하고 가정폭력 대처교육, 가족 단위의 상담이나 교육프로그램 등으로 확대해 나가야 할 것이다.

• 보호시설 서비스 방향

가. 보호시설 이용 기간의 연장할 필요하다는 것이 우선적으로 고려되어야 한다. 이용기간의 연장에 대해 절반이 동조하고 있어서 이용기간의 연장에 대한 검토가 필요할 것으로 보인다. 단기보호시설의 최장 거주기간은 1년에서 2년 정도로 현행보다 약간 늘려야 한다는 것이 대체적인 의견이다.

나. 보호시설 퇴소자가 퇴소한 후에도 지속적으로 관리해야 할 것이다. 가정폭력 피해자들 중 보호시설에 재입소하는 경우는 퇴소 후 반년 이내가 대다수였다. 퇴소 후 폭력적 환경이 아닌 개선된 환경으로 돌아갈 수 있도록 피해자의 경제적 심리적 자립지원, 가해자와 관련된 여건의 개선 등이 조성되어야 한다.

다. 보호시설 이용이 필요한 피해자에 대한 조기발견 및 연계장치가 보완되어야 할 것이다. 보호시설 이용자들은 위험상황에서 벗어나 있을 만한 곳을 찾는 상태인 만큼 도움이 필요한 피해자를 조기에 발견하여 보호시설로 신속하게 연계하거나 유관기관에서 시설로의 연계체계가 확보되어야 할 것이다. 즉, 가정폭력가 해자의 재폭력을 피하여 거처를 옮기는 일은 시급한 일이다.

라. 보호시설에서 제공하는 프로그램은 욕구 수준이 높은 법률상담, 의료지원, 개별상담, 집단프로그램, 퇴소 후 지원, 자녀양육 지원, 사회복지 서비스 제공 및 연계, 가정폭력대처에 관한 교육 등을 중심으로 실시 되어야 할 것이다. 또한 음악 미술 체육 등의 문화프로그램, 자조

모임, 취업지원 등의 프로그램도 확대해 나가야 할 것이다.

• 지원제도에 관한 향후 이용 욕구

지원제도에 관한 향후 이용 의사는 매우 높은 것으로 나타났다. 특히 법률 관련 서비스(94.8%), 의료적 지원(94.5%), 가정폭력 관련 상담소(93.0%), 취업 관련 서비스(90.1%)는 욕구 수준이 가장 높은 항목들에 해당한다. 나머지 항목들도 거의 90%에 가까운 응답률을 보여 가정폭력피해자를 위한 지원제도의 욕구 수준은 전반적으로 높게 나타났다.

지원제도의 현재 이용활성화 필요성에 대한 태도 및 이용 욕구는 매우 높아 피해자를 위한 지원제도를 보다 강화하는 것이 필요할 것이다.

신문기사 1

[아동학대의 고리②] 갈 곳 없는 피해 아이들… 분리 조치 방안은

태어난 지 16개월밖에 되지 않은 여아 정인이가 양부모의 학대 끝에 사망했다. 신고 의무자들이 지속적인 신고를 했음에도 정인이는 국가 기관의 방치 속에 숨을 거뒀다. 아동학대 방지법은 진화했다지만, 끝내 아이의 생명을 지킬 수 없었다.

정인이를 살릴 기회는 최소한 세 차례가 있었다. 올해 3월 시행 예정이던 이른바 '즉각 분리 제도'가 있었다면, 정인이는 두 번째 신고에서 끔찍한 학대에서 벗어날 수 있었다. 지난해 말 아동복지법 개정으로 1년에 2회 이상 신고가 접수된 아동들은 부모로부터 분리할 수 있게 됐기 때문이다.

이른바 '정인이 사건'으로 대한민국이 들끓고 있다. 16개월 여아인 정인이는 지난해 1월 양부모에게 입양된 이후 지속적인 학대에 시달렸고, 입양 270여 일 만에 사망했다. 어린이집 교사부터 소아과 전문의까지 총 3차례나 아동학대 의심 신고가 접수됐지만, 경찰은 혐의점을 찾지 못했다며 양부모에게 무혐의 조치를 내렸다.

학대 신고 직후 정인이가 양부모로부터 분리됐다면, 결과는 달라졌을지 모른다. 실제로 같은 해 경남 창녕에서 친모와 계부의 학대를 받다가 탈출한 9세 여아는 다행히 가해자와 분리돼 위탁 가정의 품으로 돌아갔다.

학대 피해 아동 84%는 가정으로 돌아가

불행하게도 정인이와 같이 아동학대 피해자가 다시 학대가 이뤄지는 공간으로 돌아간 사례는 가해자로부터 안전하게 분리된 사례보다 많다. 보건복지부에 따르면 2019년 기준 가정 내에서 발생한 아동학대는 2만 3,883건이다. 이들 중 학대 아동이 가정에서 분리된 사례는 12.2%에 불과하다. 83.9%는 원래 가정에서 계속 생활했고,

나머지 3.3%는 임시 분리 조치됐다가 가정에 복귀했다.

아동학대 피해자가 가해자와 분리되지 않을 시 다시 학대를 받을 수 있다는 점은 통계를 통해서도 알 수 있다. 학대 피해 아동이 다시 학대를 받은 재학대 사례는 3,431건이다. 비율로 살펴보면 11.4%에 이른다. 재학대 가해자 94.5%는 부모다. 여기서 부모는 친부모와 양부모, 계부모를 모두 포함한다.

아동학대의 잔혹성과 심각성은 기타 중범죄와 크게 다르지 않다. 하지만 피해자를 가해자로부터 물리적으로 분리해야 한다는 피해자 보호의 기본 원칙이 유독 아동학대 범죄에서만큼은 통하지 않는다. 여기에는 '원가정 보호원칙'이 작용했다는 지적이 있다. 현행 아동복지법은 '아동을 가정에서 분리해 보호할 경우 신속히 가정으로 복귀할 수 있도록 지원해야 한다'며 원가정 보호원칙을 규정했다.

아동학대를 범죄가 아닌 '가정사'로 치부하는 사회적 분위기 역시 원가정 보호원칙과 맞물려서 학대 피해 당사자를 분리시키는 데 어려움을 주고 있다. 대한아동학대방지협회 대표는 "경찰에 아동학대 신고를 했는데 '애 키우다 보면 그럴 수 있다' 이런 반응을 듣고, 허탈해하는 분들이 많다"며 "(수사 기관에서) 대충대충 좋게좋게 넘어가려는 사례가 많다"고 전한 바 있다.

아동학대 분리 대처, 해외는?

한국보다 아동 인권 의식이 높은 선진국들은 피해자를 가해자로부터 적극적으로 분리한다. 국회입법조사처가 지난해 8월 발간한 '아동학대 근절을 위한 친권 제재 관련 규정의 한계와 개선과제'에 따르면 미국의 모든 주는 자녀의 최상 이익을 위해서라면 부모의 권리가 종결될 수 있다고 규정한다. 심각한 아동학대가 발생할 시 자녀의 친권 문제까지도 국가가 나선다.

▲ 부모의 상해 위험으로 아동의 안전을 확신할 수 없을 때 ▲ 아동의 기본적 필요를 부모가 충족시킬 수 없을 때가 해당한다. 부모의 만성적인 학대뿐만 아니라 방임까지도 포함된다. 예를 들어 텍사스에서는 아이의 후견인이나 위탁부모, 양부

모, 친족, 6개월 이상 아동을 돌보는 자, 정부 기관, 가정보호국, 아동복지기관까지 나서서 친권 박탈 자격을 법원에 청구함으로써 아동을 가해자와 분리할 수 있다.

박언하 대동대학교 사회복지학과 교수가 2018년 발표한 '한국의 아동학대예방 정책의 개선방안: 외국의 아동학대예방 정책 분석을 중심으로'에 따르면 1970년대에 이미 아동 체벌을 법적으로 금지한 대표적인 아동 인권 선진국 스웨덴 역시 원가족 보호를 원칙으로 아동학대 방지 서비스를 제공한다. 하지만 아동학대나 방임 수준이 심각해 가족 내에서 보호받지 못할 것으로 판단될 경우 아동을 가정으로부터 분리할 수 있다.

영국에서는 아동학대 신고 건 중 아동의 위험 수준이 높다고 판단되는 경우 경찰과 지방정부의 사회서비스국은 물론 민간 기관 NSPCC(National Society for the Prevention of Cruelty to Children)에게 부모로부터 아동을 격리할 수 있는 권한이 있다. 지방정부와 NSPCC는 가정재판소 판사에게 아동사정 명령, 긴급보호 명령, 보호 명령, 감독 명령을 요청할 수 있다고 논문은 설명했다.

분리 조치와 함께 인프라 확충도 必

아동학대 피해 당사자를 지키기 위해서는 분리 조치만큼 관련 인프라 확충이 시급하다. 전문가들은 아동학대 방지 인프라가 부족한 대한민국에서 기계적인 분리는 또 다른 피해를 키울 수 있다고 경고하기도 했다. 김예원 장애인권법센터 변호사는 자신의 SNS를 통해 "즉시 분리해서 도저히 시설이 안 나오면, 정작 진짜 분리해야 하는 아동이 분리되지 않아서 또 사망할 수 있다"고 지적한 바 있다.

인력난도 심각하다. 자신을 아동학대 전담 공무원이라고 밝힌 누리꾼은 청와대 국민청원을 통해 "현재 대부분 지역의 아동학대 전담 공무원은 5인 이하고, 1명이 배치된 곳도 많다. 업무를 익힐 틈 없이 바로 현장에 투입된다"며 "맡길 쉼터가 없어 전국 쉼터에 전화해 아동을 맡기고 온다. 야간 출장비도 없고, 학대 아동 치료 의료비도 편성해주지 않는다"고 주장했다. 해당 청원은 5천여 명의 동의만 얻고 마감됐지만, 정인이 사건 이후 재조명됐다.

지난해 기준 피해 아동들이 생활하는 학대 피해 아동 쉼터는 전국적으로 72곳에 불과하다. 국내 아동보호전문기관은 68개소로 전국 226개 시·군·구의 30%에 불과한 수준이다. 이에 정부는 지난해 말 발표한 올해 경제정책방향을 통해 아동호보전문기관을 81개소로, 학대피해아동 쉼터도 91개소로 증설한다고 밝혔다. 또한 올해 안에 전국 모든 시·군·구에 아동학대 전담 공무원을 총 664명 배치한다.

출처: 뉴스포스트, 이별님 기자(2021.01.11).

신문기사 2

[단독] '집콕' 늘자… 아동 정서학대 1년 새 15% 급증

언어폭력–정서적 위협 행위 잦아져
전체 학대 80%는 친 · 양부모가 가해
"양육 스트레스 늘어난 탓인 듯"

신종 코로나바이러스 감염증(코로나19)으로 인해 집 안에서 보내는 시간이 늘어나면서 어린이에 대한 정서학대가 급증하고 있는 것으로 나타났다. 정서학대란 보호자를 비롯해 성인이 아동에게 언어적 폭력을 가하거나, 정서적으로 위협하는 행위, 기타 가학적인 행위를 하는 것을 뜻한다.

2021년 9월 12일 국회 교육위원회 소속 정찬민 국민의힘 의원이 교육부와 보건복지부로부터 제출받은 '최근 5년간 아동학대 관련 통계 자료'에 따르면 지난해 신체학대 사례는 2019년에 비해 8.9%(4179건→3807건), 성학대는 21.3%(883건→695건) 감소했지만 정서학대는 오히려 14.6%(7622건→8732건) 늘어났다. 학대 행위자와 피해아동의 관계 현황에 따르면 지난해 전체 학대 3만905건 중 82.1%에 이르는 2만5380건이 친부모나 계부모, 양부모에 의해 벌어진 것으로 나타났다. "코로나19로 인해 비대면 온라인 수업이 확대되면서 아동이 가정에서 보내는 시간이 많아지자 보호자들의 양육 스트레스가 늘어난 것과 관계가 있는 것으로 보인다"고 해석했다.

이런 가운데 초중고교 직원에 의한 아동학대 신고는 2019년 5901건에서 지난해 3805건으로 35.5%나 감소했다. 정부는 이들 직원의 신고를 의무화하고 있다. 교육부 관계자는 "등교수업이 제한되면서 교사들이 학생들의 상태를 면밀히 살펴보기 어려워 신고 자체가 줄어든 것으로 보인다"고 말했다.

정서학대의 경우 2016년 3588건에서 지난해 8732건으로 5년 만에 2배 이상 늘어났지만 교육부 대책은 여전히 미흡하다는 지적도 나온다. 교육부가 학교 현장에 배포한 '아동학대예방 학교용 가이드북'에 따르면 학교 직원들이 14가지 아동학대 징후를 체크하도록 돼 있다. 이 중 상처나 상흔, 영양섭취 상태 등 외형적인 변화를 확인해야 하는 항목이 10가지나 돼 직접 대면 상담하지 않을 경우 아동학대 징후를 파악하기 어렵다는 것.

정 의원은 "정서학대가 추후 신체학대나 성학대와 같은 유형으로 악화될 수 있다는 점을 인식하고 정서학대에 대한 처벌을 엄격하게 적용할 필요가 있다"며 "교육현장에서 원격 수업을 통해 아동학대 징후를 파악할 수 있도록 온라인 플랫폼을 이용한 상담을 적극적으로 진행해야 한다"고 강조했다.

출처: 동아일보, 강경석 기자(2021.09.13).

Chapter

05

1인가족과 가족복지

Chapter 05

1인가족과 가족복지

들어가며

삶의 중심으로 하였던 농경사회, 그리고 자본 중심적인 산업사회로부터 점차 정보사회에 접어들면서, 한국의 전체적인 사회구조는 상당한 변화를 경험하였다. 물론 사회의 최소기본 단위라 할 수 있는 가족 구조와 기능의 변화도 예외는 아니다. 이러한 변화를 구체적으로 살펴보면 가족의 개념이 확대되어 다양한 가족 형태가 나타나기 시작했고, 가족의 세부 기능이 확대됨에 따라 사회적 역할의 변화를 가져왔다. 특히 사회 구성원 간에는 가족 가치관의 충돌이 발생하고 있다. 게다가 최근의 정보화에 따른 사회 환경의 변화는 기존 가족 관계를 근본적으로 재구조화하도록 요구하고 있다.

이러한 일련의 변화 과정에서 가장 관심을 끄는 현상은 독신의 증가라고 할 수 있다. 개인의 삶이 집단적인 가족생활에 의해 통제되고 규정되던 과거와는 달리, 독신은 사적인 자유와 제도적 탈피의 양면적인 욕구를 충족시켜 줄 수 있는 새로운 삶의 형태로 우리에게 다가온 것이다. 따라서 '홀로 산다'는 것은 단순히 결혼을 하지 않고 혼자 산다는 외형적인 의미 이상의 잔여적 의미를 내포하고 있다. 뿐만 아니라 여전히 결혼이 '바람직한 삶의 형태'라는 가족 문호 속에서 '홀로 산다'의 의미는 결혼에 대한 잠정적인 보류이든 혹은 직접적인 거부이든 주변 사람들의 관심 대상이 되고 있다.

따라서 본 장에서는 독신가족과 이들을 위한 가족복지적 측면에서의 상황적 대책 등에 대해 알아보는 것으로 한다.

1. 독신가족에 대한 이해

1) 독신의 개념

독신이란 이혼, 사별 등으로 인하여 현재 결혼하지 않은 상태, 즉 법적 배우자가 없는 경우를 의미한다. 과거 결혼 경험이 있는 독신과 미혼 독신자 간에는 생활양식 측면에서 차이가 난다고 할 수 있다.

2) 독신가족의 유형

일반적으로 결혼 여부에 따라 이혼, 사별, 별거, 미혼의 독신으로 분류한다. 이 중 미혼에 의한 독신의 비율이 가장 높으며, 이유는 (1) 여성의 교육기회 증가, (2) 여성의 고용기회 확대, (3) 독신에 대한 사회적 지원 확대, (4) 효과적인 피임약의 사용, (5) 적절한 배우자감의 부재 등으로 나타난다.

독신을 독신기간과 자발성의 여부에 따라 다음과 같이 분류한다.

(1) **자발적, 일시적 독신(Voluntary temporary singles)**: 독신에 대해서 개방적이나 교육, 직업, 자기 발전과 관련된 부분에서는 결혼보다는 더 중요한 부분이 된다.

(2) **자발적, 안정적 독신(Voluntary stable singles)**: 미혼인 경우에는 결혼을 하지 않고 자신의 선택에 만족스러워한다. 반면 결혼 경험이 있는 경우에는 재혼을 원치 않는다.

(3) **비자발적, 일시적 독신(Voluntary temporary singles)**: 결혼을 원하므로 적당한 배우자가 나타나면 결혼을 수락한다. 재혼을 원하는 사별, 이혼, 한부모로 인한 독신자들이다.

(4) **비자발적, 안정적 독신(Involuntary stable singles)**: 일차적으로 이혼이나 사별하여 결혼이나 재혼을 원한다. 하지만 배우자를 찾지 못할 경우 배우자를 만나지 못해 신체적, 심리적 고통을 갖고 있다.

2. 독신가족의 실태

1) 독신가족의 현황

1인 가구의 비율이 지속적으로 증가하고 있다. 지역, 연령 및 성별에 따른 독신가구 분포를 살펴보면 전반적으로 50대 이전에서는 남성의 독신가구 비율이 높고, 50대 이상에서는 여성 독신가구 비율이 높다. 이는 여성의 평균수명이 남성보다 길고 홀로된 재혼 비율이 낮기 때문이다.

2) 독신가족의 증가 원인

(1) 사회구조적 변화

가족단위의 경제관념에서 개인단위의 경제생활이 변화함에 따라 여성의 사회참여율이 높아지고 독신생활에 유리한 각종 주변 환경이 조성되고 있다.

(2) 가치관의 변화

결혼관의 변화로 결혼의 당위성이 약화되고, 초혼 연령이 높아져 만혼 경향이 있다. 그리고 가족주의보다 개인 중심의 가치가 우선시되고 있다.

3) 독신가족 증가 배경

결혼에 대한 자녀세대 가치관의 변화와 자녀가 원하는 것을 해주려는 신중년세대 부모의 가치가 부합하였다. 또한 자발적으로 독신을 선택하고 경제력이 높은 전문직 및 자유업에 종사하는 욕구가 강한 신독신층(Neo-single)이 증가하였다. 그러나 독신은 경제적 자립과 사회 심리적 독립성, 독신에 대한 사회적 수용도의 조건이 함께 갖추어질 때 독신가족의 삶을 영위할 수 있다. 그러나 현재 우리나라의 경우 독신가족이 증가함에도 이러한 3가지 조건이 제대로 충족되지 못한 실정이다.

4) 연령과 성별에 따른 독신의 양상

젊은 세대 독신의 경우, 독신이 주는 자유, 자아발전, 자유로운 성생활 등의 즐거움이 있다. 나이든 독신의 경우, 친구들과 다른 생활양식으로 인해 대화 감소하고 이성친구나 애인이 늘 함께 하는 것이 아니기 때문에 외로움을 느낄 수 있다. 나이든 남성 독신은 여성에 비해 결혼에 대한 압력이나 스트레스가 적다. 반면 여성의 경우, 결혼을 생각한다면 배우자 선택의 제한점, 나이로 인한 임신과 출산에 대한 부담으로 더 큰 부담을 갖는다.

3. 독신가족의 문제점

독신가족이 지나고 있는 문제점들을 살펴보면 다음과 같다.

1) 신체 · 정서적 문제

결혼생활을 유지하는 사람에 비해 독신자들은 신체적 질병이 발생할 가능성이 크다. 독신남성의 경우 자살률이 더 높으며 알코올 중독, 각종 정신질환 발생률이 높다는 연구결과가 있다. 독신 여성의 경우, 독신 남성에 비해 독신으로서의 자유로움을 덜 느끼는 경향이 있다. 그리고 독신가족의 독신생활에 대한 행복도를 조사한 결과 60%가량이 불만족함을 나타냈고, 여성보다는 남성이, 종교가 있는 사람보다는 없는 사람이 더 불만족을 드러난 것으로 나타났다.

2) 경제적인 문제

독신가족은 비독신 가족보다는 평균 소득이 낮아서 경제적인 문제를 야기할 수 있다. 독신가족 경제실태를 조사한 결과, 독신가족의 저축은 다소 적은 경향을 보이고 주택마련, 카드 과다사용 등으로 부채를 지고 있었다. 뿐만 아니라, 또 다른 연구에 의하면 독신가족의 경제적인 어려움은 구직의 어려움, 현재 직장생활 중단으로 인한 불안감으로 나타났다. 이러한 요인들이 독신자들의 생활 수준을 떨어뜨리는 요인으로 작용하고 이로 인해 삶의 질이 떨어진다.

3) 사회적 인식

전통적인 결혼이 일반적인 삶의 패턴이 되기 때문에 대부분의 사회생활에서 이를 배제하지 않는다. 독신자는 실패한 사람으로 보거나 사회제도에 대한 부정적인 태도를 갖고 있는 사람으로 여기는 경향이 존재한다. 최근 연구에 따르면 독신에 대한 사회적 압력은 여성보다 남성이 더 크게 느끼는 것으로 나타났다.

4. 노인독신가족에 대한 이해

독신가족 중 특히 주목할 가족 유형은 노인독신가족이다. 노인독신가족의 출현은 1960년대 이후 도시화, 산업화라는 사회변동 과정에서 대규모의 이촌 향도 현상에 의한 것이다. 이는 젊은 층이 도시로 이주하면서 남겨진 고령자들의 연령이 높아짐에 따라 나타난 현상이다. 또한 부부와 그 자녀로 구성된 핵가족이 주류적 가족 형태가 되면서 자녀와 같이 생활하지 않는 노인 부부가족 중 배우자의 사망으로 혼자된 노인이 증가한 경우도 있다.

1) 인구고령화와 노인독신가족

노인독신가족은 만 65세 이상의 노인이 자녀나 친척과 동거하지 않고 독신으로서 독립된 가구 형태로 생활하는 경우를 말한다. 우리나라의 65세 이상 고령인구는 이미 고령화 사회로 진입하였다. 고령인구는 지역별로 동 지역이 읍면지역보다 다소 높고, 성별로는 남성보다 여성이 높으며, 연령별로는 65~69세가 가장 많은 것으로 나타났다.

연구에 따르면 자녀와 동거 중인 노인의 경우, 자녀의 노인부양을 당연하게 생각하는 규범적 이유가 30.2%로 가장 많았다. 그리고 가사, 양육이나 경제적인 측면에서 자녀에게 도움을 제공하기 위해서라는 이유도 30%나 되는 것으로 조사됨으로써 가족 관계의 변화를 엿볼 수 있다.

노인독신가족의 사회 · 인구학적 특성을 살펴보면, 대도시에 거주하는 노인은 자발적으로 행해진 자녀와의 비동거가 많았고, 농촌은 자녀가 도시로 이주함에 따라 구조적으로 독립가족을 형성하게 되는 경우가 많다.

2) 노인독신가족의 욕구와 문제

노인독신가족은 노년기에 발생할 수 있는 신체적, 정서적, 경제적 문제 등을 스스로 해결해야 하기 때문에 자녀와 동거하는 노인 가족과 달리, 동일한 문제가 있어도 다른 양상으로 나타날 수 있다. 노인독신가족이 안고 있는 욕구를 살펴보면 다음과 같다.

(1) 건강보호 문제

우리나라 65세 이상 노인의 약 87% 정도가 한 가지 이상의 만성질환을 가지고 있으며, OECD 통계에 따르면 비노인 계층에 비해 1인당 의료비용은 5~6배에 달하는 것으로 조사되고 있다. 노인독신가족의 경우, 건강이 악화되거나 질병이 발생하면 적절한 간병과 보호를 받기 어렵다. 특히 배우자나 자녀가 없거나 자녀와 교류가 없는 경우 건강보호는 심각한 문제가 될 수밖에 없다. 따라서 노인이 건강문제를 모두 책임진다는 것은 어려운 일이므로, 공적인 측면에서 체계적이고 종합적인 사회복지 대책이 필요하다.

(2) 경제적 문제

우리나라는 자녀가 부모의 노후를 책임져야 한다는 인식이 강하게 남아있고 이면에는 우리나라의 노인을 위한 사회복지 체계가 미흡하다는 것을 방증한다. 생활보호대상자 가구 중 65세 이상 노인이 있는 가구의 비율은 1990년에는 14.1%였으나, 1999년에는 27.4%로 증가했다. 또한 2000년 개정된 국민기초생활보장법에 의한 수급자 중 65세 이상 노인이 차지하는 비율은 24.2%에 달해, 노인가족의 빈곤문제가 심각함을 보여준다.

(3) 주거생활 문제

노년기에는 신체적 조건의 변화로 적응 능력이 약화되는 취약점이 있다. 이에 가능한 한 신체적인 독립성을 유지하면서 안전하고 쾌적한 생활을 할 수 있는 주거생활이 필요하다. 집은 소유하고 있지만 주거 수준이 낮고 경제능력도 감소한 노인 독신 가족에 대한 정책적 관심이 매우 필요하다. 독신가족 노인이 바람직하다고 생각하는 주거유형은 완전 자립 주택이 많은 편이다.

(4) 가족관계 문제

현대 산업사회가 요구하는 가족기능을 형성하는 데 있어 가장 큰 피해를 보는 계층이 노인이다. 노인독신가족의 부모 자녀관계는 노부모와 자녀가 일정한 기간을 두고 상호 접촉을 하기 때문에 긴장관계를 유지할 수 있다. 경우에 따라서는 갈등을 보다 효과적으로 해결할 수 있다. 노인부모와 자녀가 독립된 가구를 형성함에 따라 발생하는 문제는 크게 경제적인 원조와 자녀의 역할과 관련되어 있다.

(5) 여가와 사회생활 문제

노인은 경제활동이 중단되기 때문에 생애주기 특성상 풍부한 여가시간을 갖게 된다. 그러나 노인 중에는 여가생활을 만족스럽게 보내는 경우는 많지 않다. 저소득층 노인 대상으로 한 조사에 따르면, 우리나라에서 개인적 여가활동으로는 라디오 청취와 TV 시청이 가장 많은 것으로 나타났다. 사회적 여가활동으로는 경로당, 노인학교, 노인복지관 참여 등이 가장 많은 것으로 나타났다. 조사에 따르면 노인이 가장 즐거움을 느꼈던 활동은 가족과 함께하는 일이 29.8%로 가장 많았으며 그다음은 사교활동이 21.7%로 나타났다.

5. 독신가족을 위한 가족복지대책

현재 우리나라는 다른 대안가족과 마찬가지로 독신가족을 사회복지 대책이나 제도적 장치가 마련되어 있지 않다. 이에 대한 대책 마련뿐만 아니라 독신의 유형에 따라서 사회복지 서비스를 제공하는 것이 필요하다.

1) 미혼독신가족을 위한 가족복지 대책

독신가족들이 비교적 저축률이 낮음을 감안할 때 독신생활을 위한 가계에 의한 저축을 활성화할 필요가 있다. 가계저축은 미시적 측면에서 개인에 대한 재무교육을 통하여 경제자원의 합리적 계획, 관리 및 사용이 이루어질 수 있도록 해야 한다. 거시적 측면에서 노후경제를 안전하게 준비할 수 있는 정부의 금융대책과 은행권과 비은행권에서는 금융상품이 개발되어야 할 것이다.

미혼독신가족에 대한 사회적 압박을 해소할 수 있고 독신생활에서 발생할 수 있는 외로움이나 고독, 성욕 등의 욕구를 자연스럽게 해결할 수 있는 나눔의 장이 필요하다. 이를 위해 독신가족을 위한 상담과 지지집단, 성장을 위한 교육프로그램이 개발되어야 할 것이다.

2) 노인독신가족을 위한 가족복지 대책

노인독신가족은 형태상으로는 핵가족이지만, 내용상으로는 여전히 전통가족의 성격을 띠고 있다. 정서적 · 애정적 측면에서는 의존적인 경향이 여전히 강조되고 있기 때문에 독신가족 노인들을 위한 대책을 살펴보면 다음과 같다.

(1) 경제적 안정 지원

노인독신가족의 경제적 안정은 독신가구를 지속적으로 유지하는 데 있어 필수적 요건이다. 특히 생활에 필요한 소득의 확보는 경제적 안정에 절대적 영향을 미치므로 소득보장이 우선 고려되어야 한다.

(2) 신체적 · 정서적 건강 지원

노인독신가족의 건강상 문제는 단독가구 유지를 어렵게 한다. 노인성 질환에 대한 국가의 지원이 매우 열악하기 때문에 이러한 문제를 해결하기 위해서는 국가 책임하에 전문치료, 요양시설이 전국적으로 확보되어야 하며 가정방문 간호서비스 등이 상시적으로 이루어져야 한다.

(3) 편리한 주거와 근린생활 지원

노년기에 적합한 주거공간과 주거환경은 노년의 다양한 부정적 변화에서 오는 충격을 완화함으로써 이들의 삶의 질을 높여 줄 수 있다. 노인은 낡은 주거환경을 개선하려는 의지가 강하지 않기 때문에 이들의 편안한 주거생활을 보장하기 위해서는 노인독신가족을 대상으로 하는 정기적 주거 개축, 보수 지원이 필요하다.

(4) 일상생활 지원

일상활동 수행에 어려움을 겪는 노인독신가족을 위한 사회적 지원 체계가 마련되어야 한다. 현재 실시되고 있는 무료 가정봉사원 파견사업은 더 보편화될 필요가 있다. 중앙정부와 지방정부는 가정방문 서비스를 확장할 수 있도록 인력을 확충하고 교육 및 프로그램을 보다 적극적으로 지원해야 한다.

(5) 다양한 여가생활과 사회적 관계형성 지원

단독가족 노인들의 여가활동의 활성화를 위해 사회적 관계가 이루어지는 장소에 대한 배려가 있어야 할 것이다.

신문기사 1

1인 가족이 대세 시대인 일본

헤이세이 시대 30년(1989~2018년)의 최대 변화는 가족

일본의 '헤이세이(平成) 30년' 동안 가장 달라진 것은 가족, 가족 형태의 변화였다.

"부부와 자녀가 가족을 이룬다"는 전통적인 개념은 무너졌고, 1인 가족이 대세로 자리 잡았다. ('헤이세이'란 아키히토 현 일왕이 즉위한 1989년 시작된 일본의 연호로, 5월부터는 나루히토 왕세자가 일왕에 오를 예정이다. 헤이세이 시대가 끝나고, 새 시대가 시작되는 시대적인 변화로 일본인들은 받아들인다.)

남편과 아내, 아이들로 구성된 표준적인 가족과 가정의 개념이 헤세이 30년을 거치면서 무너지면서, 부부와 아이로 구성되는 가정은 이제 일본 가족의 "표준"이 아니다. 1인용 간편식, 나 홀로 여행, 1인용 세탁기 등 각종 상품 등 나 홀로 사는 것이 이미 자리 잡은 대세가 됐다.

일본 공영 TV인 NHK는 최근, 내각부 발표 등을 인용, '부부와 아이로 구성된 가구'의 비율은 헤세이 2년인 1990년에는 37%였지만, 헤세이 27년, 2015년에는 27%까지 줄어들면서 전체 가구의 3분 1에도 못 미치게 됐다고 전했다.

반면, '1인 생활자 · 1인 가족'은 23%에서 35%까지 늘면서, 일본 가족 형태의 대세가 됐다. 일본에서 지금 가장 보편적인 가족 형태는 혼자 사는 것이다. 가족 형태의 변화는 사회에 커다란 과제와 심각한 문제를 던져주고 있다.

홀로 사는 사람들이 늘면서, 가장 크게 대두한 문제는 가족에게도 의지할 수 없는 독신 고령자들의 급증이다. 헤이세이 시대에 급증한 1인 생활자의 3분의 1은 65세 이상의 고령자들이다. 리츠메이칸 대학의 카라카마 나오요시 특임교수는 혼자서 사는 고령자의 반수는, 수입이 일정한 수준을 밑도는 "빈곤 상태"라고 NHK에 밝혔다.

연금만으로는 살아갈 수 없다는 데 문제의 심각성이 있다. 생활보호를 받는 고령자도 급증하고 있다. 2017년에는 83만 세대로, 헤이세이 30년 동안 3.6배가 늘었다.

이 가운데 90%는 1인 생활자들이다.

NHK는 몇몇 연금생활자의 예를 들었다. 도쿄에 사는 오가와 히로시(74)는 아내와 사별하고, 딸은 출가해서 10년 이상 혼자 살고 있다. 오가와의 주된 수입은 연금이지만, 비정규직 고용 기간도 길어, 받는 금액은 월 9만 엔(약 93만 원)에 불과하다. 식비나 광열비 등을 빼면 수중에는 거의 남지 않았다. 조금이라도 생활에 보탬이 되려고, 주 4일, 1일 2시간씩 청소 아르바이트를 하고 있다.

역시 도쿄도 내에 거주하는 키무라 요시에(84)는 62세 때 이혼해 혼자 살고 있다. 전업주부 기간이 길어 받을 수 있는 연금은 월 4만엔(약 41만 원) 남짓이다. 의지할 사람도 없어 생활보호 수급 대상자가 됐다. 집세 1만 5000엔의 시영 주택에 살고, 집세, 수도비, 전기료 등을 내면 생활비는 항상 빠듯하다고 NHK에 말했다.

야마토 총합연구소의 연구원은 "연금 제도가 가족 형태 변화에 대응하지 못하고 있다"고 지적했다. 일본의 국가연금제도는 부부 두 사람의 연금으로 지탱해 나가는 것을 전제로 만들어졌다. 국민연금 1인분 생활비로는 살림살이를 하기도 어렵다. 지난 30년 사이에 가족 형태가 크게 바뀐 것을 감안해, 다양한 세대 구성에 대응할 수 있는 사회 보장 제도나 세제로 바꾸어 갈 필요가 생긴 것이다.

지방자치단체에도 비상이 걸렸다. 가와사키시에서는 5년 전부터 연금만으로 살 수 없다고 호소하며 상담을 요청하는 단신 고령자가 많이 찾고 있다. 시는 이들에게 가능한 한 일을 하도록 권고하면서, 취업 지원을 실시하고 있다. 가와사키시 생활보호 · 자립 지원실의 요시하마 사토시 담당 과장은 "1인 생활의 고령자가 한층 더 늘고 있어, 취업 지원을 확대해 나갈 필요성을 느끼고 있다"고 밝혔다.

일본 고령자의 생활을 지탱하는 연금 가운데 비정규직자나 자영업자 등이 가입하는 국민연금을 보면, 수급액은 평균 월 약 5만 5000엔(약 57만 원)이다. NHK는 "혼자 사는 고령자를 어떻게 지탱해 나갈지, 계속 불어나는 사회 보장비나, 한정된 재원 등을 어떻게 관리할지가 난제"라고 지적했다.

출처: 서울신문, 이석우 선임기자(2019.01.05).

신문기사 2

[커버스토리-가족관계의 혁명 '1인 가구'] 나 혼자 잘 산다

2014년 7월 대한민국. 네 집 건너 한 집은 1인 가구다. 미국의 인류학자 조지 피터 머독이 1949년 '핵가족 사회'를 정의한 뒤 불과 반세기 만에 또다시 가족 구조의 혁명이 진행되고 있다. 일부 학자들은 대가족과 핵가족에 이어 '제3의 가족'으로 불리는 1인 가구(싱글턴)의 시대를 '확정된 미래'로 보고 있다. 이 혁명은 인구 고령화와 사별에 따른 독거노인의 증가에만 기인하는 것이 아니다. 이혼으로 인한 1인 가구뿐만 아니라, 기러기 아빠의 1인 가구와 경제적 상황이 여의치 않아 연애와 결혼, 출산을 포기한 청년의 1인 가구는 우리 시대의 그늘이기도 하다.

■ 201호 30대 골드미스

조건만 봤다가 이혼하느니… 동거도 괜찮겠죠

가구 디자이너 김소연(38 · 가명) 씨는 이른바 '골드미스'다. 독신주의를 고수하지 않지만 딱히 결혼이 필수라는 생각도 없다. 부모님 성화에 못 이겨 간혹 맞선 자리에 나가기는 하지만 어디까지나 '효도 차원'이다. "사랑 없이 조건만 보고 결혼하는 게 혼자 사는 것보다 더 불행하다"는 게 김 씨의 소신이다.

김 씨는 싱글라이프가 만족스럽다. 엄마와 아내라는 굴레와 책임이 없으니 자유롭다. 출근 전에는 수영, 퇴근 후에는 벨리댄스(belly dance)를 한다. 골드미스 친구들과 여름마다 함께 해외로 휴가를 간다. 주말에는 클럽에 가서 맘껏 스트레스를 푼다. 김 씨는 "여자에게 더 많은 노력과 희생을 요구하는 결혼제도에 굳이 나를 끼워 맞출 생각은 없다"고 강조했다. 대신 김 씨는 "마음 맞는 남성을 만나면 동거를 해볼 생각은 있다"라면서 "같이 살아 보고 괜찮다 싶으면 결혼도 할 수 있겠죠"라고 덧붙였다.

대기업 과장인 한미영(39 · 가명) 씨는 회식 자리가 제일 싫다. '마흔이 다 되도록 시집을 안 간 노처녀 한 씨'는 회식 때마다 주요 안줏거리다. 술 취한 부서장이 "한 과장이 젊었을 땐 참 곱고 인기도 많았는데, 지금까지 시집을 못 가서 어쩌나. 내가 올해 안에는 한 과장 꼭 시집보내 주겠다"는 위로 아닌 위로로 마무리한다. 한 씨는 "누군들 시집가기 싫어서 안 갔겠느냐"면서 "기회가 없었다"고 항변한다. 야근이 잦은 업무 특성상 '집→회사→집'을 반복하다 보니 사람 만날 기회가 없었다는 것이다.

한 달 전엔 평소 알고 지내던 거래처 사장이 한 씨에게 맞선 자리를 제안했다. 초등학교 2학년 자녀를 둔 43세 돌싱이었다. 웃는 얼굴로 정중히 거절했다. 한 씨는 "어느 순간부터는 소개팅 제안이 끊기고, 주변에서 성격이 이상하거나 어딘가 문제가 있어 결혼을 못 한 여자로 보더라"며 고충을 토로했다. 한 씨는 주변과 세상의 편견을 극복하고 머지않아 가정을 꾸리겠다고 스스로 다짐한다. 한 씨는 "업무에서 얻는 성취감도 중요하지만 지금은 반쪽짜리 인생이라고 생각한다"며 "배우자와 서로 의지하고, 자녀를 키우며 보람을 느끼는 것도 인생의 중요한 가치"라고 힘주어 말했다.

■ 202호 40대 돌싱남

밥 챙겨 주는 사람 없지만, 오랜만의 내 삶 즐기고파

40대 후반의 자영업자 조 모 씨는 4년 전 부인과 이혼한 뒤 함께 살던 아파트를 처분하고, 서울 강남의 한 오피스텔에 혼자 살고 있다. 2명의 직원이 전부인 조 씨의 소규모 무역업체 사무실이 오피스텔 바로 근처라 평일에는 집과 사무실을 오가는 생활을 반복한다. 아침 식사는 건너뛰고 점심에는 직원들과 사무실 근처 맛집을 찾아 다닌다. 가급적이면 저녁 약속을 잡아 시간을 보내고 들어가려는 편이지만, 일주일에 이틀 이상은 집에서 혼자 저녁 시간을 보낸다. 조 씨는 "집에 일찍 들어가도 밥을 챙겨 주는 사람도 없고 해서 동창이나 회사 직원들과 술 약속을 자주 잡는다"라고 말했다.

빨래나 청소는 일주일에 한 번씩 오는 가사 도우미가 해 준다. 조 씨는 "일주일에 한 번 와서 4시간 집안일을 해 주는데 4만 원을 드리면 되니까 소질도 없는 내가 셔츠를 빨고 다리는 것보다 훨씬 효율적"이라면서 "이마저도 투자를 안 했으면 사람

살 곳이 못 됐을 것"이라며 씁쓸해했다.

조 씨는 이혼 직후 홀로 사는 어머니 집으로 들어가 함께 생활했지만 1년도 버티지 못하고 독립했다. 일흔이 넘은 어머니에게 집안일을 모두 떠넘기는 것 같아 죄송스러웠던 데다 "요새 만나는 처자는 없냐"고 묻는 어머니의 성화를 견디지 못했다. 조 씨는 "이혼으로 마음은 편안해졌지만, 오히려 주변 사람들이 '홀아비'라며 안타깝게 보는 시선을 견디기가 더 힘들다"고 말했다.

홀로서기를 택한 지 어느덧 7년 차가 된 회사원 차 모(38) 씨는 잘 나가는 '골드미스'다. 결혼생활 1년 만에 남편과 갈라선 차 씨는 "결혼이나 이혼에 대한 트라우마는 전혀 없다"면서 "되레 혼자 사는 지금 이 생활이 너무 좋다"고 말했다. 부모님 집 근처 30평대 아파트에서 전세로 혼자 살고 있는 차 씨는 평일에는 퇴근 후 친구를 만나거나 운동을 하고, 주말에는 여행을 가거나 취미 생활을 한다. 차 씨는 "결혼해서 아이를 낳고 남들과 똑같이 살았다면 내 삶이 없었을 것 같다"면서 "좋아하는 취미 생활을 마음껏 할 수 있고 좋은 옷과 좋은 음식을 누릴 수 있는 지금 상황을 생각해 보면 이혼이 꼭 나쁜 점만 있는 것은 아니다"라고 털어놨다. 차 씨는 주변에 이혼을 했다는 사실도 스스럼없이 밝힌다. 그는 "이혼 후 혼자 사는 사람들을 불쌍하게 보는 사람이 더 불쌍하다"면서 "각자 다른 삶의 방식이 있는 것일 뿐 세상의 시선으로 평가하지 않았으면 한다"고 강조했다.

■ 101호 70대 홀몸노인

돈 있고 혼자 사니… 자식들도 나한테 잘혀

서울 관악구에 사는 김명자(71 · 가명) 할머니는 일주일 가운데 수요일이 가장 기다려진다. 주말이 오기를 손꼽아 기다리는 직장인도 아니고, 가장 좋아하는 TV 드라마가 수요일에 하는 것도 아닌데 말이다. 수요일은 일주일에 딱 한 번, 김 할머니가 딸처럼 여기는 '영미네'가 오는 날이다. 영미네는 점심 때쯤 김 할머니의 집을 찾아와 밥도 챙겨 주고 말벗도 해 주는 노인 돌보미 자원봉사자다. 그의 딸 이름이 영미라서 김 할머니는 영미네라고 부른다. 김 할머니는 "노인정도 가끔 나가고 동네 친구들도 있어서 심심하거나 외롭지는 않지만 그래도 딸처럼 살갑게 내 안부를 물어 주는 영미네가 오는 날이 가장 반갑다"라고 털어놨다.

지난주에는 영미네가 노인센터를 통해 들어온 기부품을 가져다줬다. 한 대기업이 여름철을 시원하게 보내라고 보내온 물품이라고 했다. 상자 안에는 침대 위에 깔 수 있는 여름용 쿨매트와 모기약, 모시 소재로 된 반바지가 있었다. 김 할머니는 "자식들이 돈 벌고 제 살림 꾸리기 바빠서 자주 못 오는 게 섭섭하긴 하지만 이해도 된다"면서 "대신 이렇게 센터랑 기업에서 챙겨 주니까 감사할 따름"이라며 고마워했다.

'독거노인'이라는 단어가 갖고 있는 부정적 시선을 못마땅하게 여기는 노인도 있다. 김 할머니와 같은 노인문화센터에 다니는 최연순(69) 할머니는 "내가 혼자 사는 것은 맞지만 나를 독거노인이라고 부르지는 말라"고 당당히 주문한다. 최 할머니는 3년 전 남편이 세상을 떠난 뒤로 혼자 생활하고 있다. 집을 합쳐 함께 살자던 둘째 아들의 제안도 거절했다. 혼자 사는 것이 편한데 아들 내외 집에 들어가 눈치 보며 살기 싫다는 것이 이유였다. 최 할머니는 "아들 부부가 아무리 편하게 해 준다고 해도 남의 집에 얹혀사는 기분이 들 것 같아 혼자 산다고 했다"면서 "대신 아들과 딸들에게 한 달에 정기적으로 용돈을 꼭 받는다. 키워 준 수고가 있는데 그 정도는 당연하다"고 했다.

이 노인문화센터에서 만난 노인들은 "돈이 노후 생활의 질을 결정짓는다"라고 이구동성으로 말한다. 금전적으로 풍족하면 홀로 사는 생활이라도 꼭 나쁘지만은 않다는 것이다. 병원을 가거나 노인정에서 나들이를 가더라도 꼭 필요한 것은 돈이다. 노인정에 매일 나가서 시간을 보내는 멤버가 되려면 가끔 점심도 사고 간식이라도 돌려야 한다는 얘기도 있다. 한 할아버지는 "젊었을 때 모아 놓은 돈이 많으면 늙어서 '실버세대'라는 소리를 듣고, 돈이 없어서 나라의 도움이나 자식들의 도움을 받으면 '독거노인'이 되는 것"이라면서 "돈 많은 노인 주변에 친구들이 더 많고 자식도 더 잘 따른다. 씁쓸하지만 그게 사실"이라고 말했다.

■ 102호 50대 기러기 아빠

기러기끼리 위로의 한잔… 불 꺼진 집 싫네요

#저녁 7시 30분 5년 차 기러기 아빠인 유현석(51 · 가명) 씨는 퇴근 후 회사 근처의 피트니스센터에 왔다. 이곳에서 매일 한 시간씩 운동을 한다. 기러기 생활을 시

작하면서 하루도 빠짐없이 지켜 온 생활 철칙이다. 그는 "옆에서 챙겨 주는 사람이 없으니 스스로 더 관리를 해야겠다는 생각이에요"라고 말했다. 3년 차 기러기 아빠인 이우성(43 · 가명) 씨는 저녁 술자리가 없는 날엔 퇴근길에 습관처럼 집 앞의 실내포차에 들른다. 어느덧 같은 기러기 아빠 처지인 친구도 생겼다. 함께 술잔을 기울이며 서로를 위로하고 외로움을 달랜다. "불 꺼진 집에 들어갈 때가 가장 힘들다"는 이씨는 항상 어느 정도 취기가 오르는 밤 10시쯤에야 자리를 뜬다.

#아침 7시 30분 유씨는 분주하게 출근 준비를 한다. 어제 세탁소에서 찾아온 각이 잘 잡힌 와이셔츠를 입고, 조간신문을 읽으며 '단백질 파우더' 한 잔과 토스트, 사과 한 개를 먹는다. 그는 "평생 부엌에 들어가 본 적이 없는데 기러기 생활을 하면서 안 하던 요리에도 도전하게 됐다"며 "방학 때 아이들과 부인이 한국에 오면 가끔 요리를 해 주는데 일취월장하는 요리 실력에 식구들이 깜짝 놀란다"고 말했다. 이씨는 오늘도 눈곱만 떼고 서둘러 출근한다. 어제 술을 마셨는데 취기가 가시지 않아 알람 소리를 듣지 못했다. 쌓인 빨래 더미를 뒤져 그나마 덜 구겨진 와이셔츠를 팔에 끼워 입고 헝클어진 머리에 물만 묻혔다.

#토요일 오후 유 씨는 서울 청담동에 있는 악기 학원을 찾았다. 두 달 전부터 드럼을 배우고 있다. 기러기 생활을 시작하며 무료한 주말 시간을 보내기 위해 자기계발에 매달리고 있다. 때로는 금요일 밤에 차를 몰고 훌쩍 여행을 떠나기도 한다. 행선지는 발길 닿는 데로다. 아이들이 있을 땐 생각할 수 없는 여유다.

#미래 어느 날 유 씨는 2년 뒤 아이들만 미국에 남겨 둔 채 귀국 계획을 세우고 있는 아내가 조금은 부담스럽다. 기러기 생활이 때론 버겁기는 하지만 아내의 잔소리와 혼자만의 자유를 바꾸는 게 아쉽다. 하지만 이 씨는 이제 그만 기러기 생활을 청산하고 싶다고 말한다. 그는 "사춘기 큰딸과 떨어져 지내는 시간이 길어지면서 이제는 방학 때 봐도 서로가 서먹해 소외감을 느낀다"라고 토로했다.

출처: 서울신문, 이유미 기자(2014.07.05).

Chapter 06

외둥이가족과 가족복지

Chapter 06

외둥이가족과 가족복지

1. 외둥이 및 외둥이가족의 개념

외둥이(only child)의 사전적 의미를 살펴보면, 외둥이는 '부부 사이에 하나밖에 없는 어린이'를 말한다. 물론 외아들일 수도 있고 외딸일 수도 있다. 한국어 사전에 따르면, '외둥이'는 전통적으로 '외아들'을 의미하는 용어이지만, 본 문맥에서는 한 가정 내에서 형제자매가 없는 외동딸과 외동아들 모두를 포함하는 용어로 사용된다. 다시 말해, 외둥이란 형제가 없이 단 하나만 있는 한 자녀가 가정에서 성장하고 있는 아동을 말한다. 외둥이 가족이란 아동의 성에 관계없이 한 가정 내에서 자녀가 한 명뿐인 가족을 말한다.

2. 외둥이가족의 현상과 이론적 관점

1) 외둥이 가족의 현상

오늘날 전통적인 가정 형태가 변화하면서 교육의 기회가 남녀 모두에게 동일하게 주어졌다. 이로 인해 가정 내에서만 활동하던 여성들이 사회의 다른 영역으로 활동 범위를 넓히며 사회진출을 하고 있다. 또한 여성들은 자녀를 적게 갖기 때문에 이에 대한 결과로 외둥이를 갖는 가정이 많아지고 있으며, 점차 외둥이는 보편화되어 가고 있다.

이러한 측면에서 볼 때 가정 경제가 어렵고, 자녀 양육에 부담이 큰 현재 가정의 상황에서 자녀를 출산하기란 쉽지 않다. 우리나라의 경우, 한국의 출산율 저하는 두 가지 점에서 서구 선진국과 다른 점을 가지고 있다. 첫째는 출산율이 급격하게 감소하고 있다는 점이다. 둘째는 출산율 저하 등 가족구조의 급격한 변화에 대응한 종합적인 가족 복지정책이 마련되어 있지 않으며, 이에 대한 준비도 미흡하다는 점이라고 할 수 있다.

2) 외둥이 가족이 이론적 관점

외둥이 가족의 이론적 관점은 세 가지의 메커니즘으로 설명할 수 있다.

(1) 결핍 메커니즘

형제관계는 아동에게 결정적 학습 경험을 제공하기 때문에, 외둥이는 형제의 부재로 인한 불이익을 경험하게 된다는 견해이다. 따라서 외둥이는 형제 있는 아동보다 불리하며, 부적응 행동을 보인다는 것이 일반적인 생각이다. 어른이

둘 있고 어린아이가 한 명뿐인 외둥이의 경우가 지능에 있어서는 가장 높을 것으로 가정된다. 하지만, 외둥이와 막내인 경우에는 어린 동생을 가르칠 기회가 없으므로 지적 발달에 도움이 되는 기회를 상실하는 불이익을 경험하게 된다.

(2) 부모-자녀 관계 메커니즘

부모-자녀의 메커니즘은 부모-자녀 간의 상호작용적인 측면이 아동의 발달에 미치는 영향력을 강조하고 있다. 예를 들면, 외둥이와 맏이는 적어도 일정 기간 동안은 부모에게 외둥이나 맏이로서 혼자 길러진다. 이때 부모들은 아동 양육에 대한 경험이 전혀 없기 때문에 더욱 불안하고, 아동 행동에 더 민감하게 반응하며 비현실적이 된다. 일반적으로, 부모의 지나친 애정이나 관심은 스스로 능동적 역할을 학습할 기회를 박탈하기 때문에, 아동에게 의존성이나 이기심과 같은 부정적 결과를 야기한다고 알려져 왔다. 그러나 최근의 연구들은 부모의 관심이 아동의 지적 발달이나 성취에 있어서 긍정적 결과를 가져온다고 강조하고 있다.

3. 외둥이 가족의 아동 특징과 문제

1) 외둥이의 장단점

외둥이의 특성을 살펴보기 위해 먼저 외둥이 장단점을 살펴보면 다음과 같다.

(1) 외동이의 장점

첫째, 외동이는 부모를 동료의식을 나눌 상대로 여기고, 놀이터의 친구들을 즐겁게 하는 것보다 부모를 기쁘게 하는 데 주력한다. 둘째, 부모와 동일한 행동을 하고 가치관을 공유함으로써 그들을 만족시키려 하는 경향이 있다. 셋째, 외동이는 형제가 없기 때문에 사회성이나 인간적인 면의 발달이 더딜 우려가 있으나 형제간의 경쟁심이나 질투에 의해 성격이 삐뚤어지게 될 가능성은 적다. 넷째, 자기주장이 분명하고 성취도 면에서도 뛰어난 능력을 발휘한다.

(2) 외동이의 단점

첫째, 자기중심적이며 의존적인 성향을 드러내기 쉽다. 둘째, 욕구 불만을 참아 내는 인내심이 약하고, 지나친 과잉보호까지 더해지면 나약하고 신경질적인 성격이 될 수 있다. 셋째, 형제가 없어 타인에게 양보하거나 서로 도움을 주고받는 관계가 익숙하지 않을 수 있다. 따라서 외동이는 혼자 생각하는 것처럼 자신만이 특별하거나 중요한 사람이 아니라는 것을 가르쳐 줄 형제자매가 없다는 점에서 사회적으로나 정서적으로 미숙하여 외롭고 제멋대로 성장할 가능성이 크다고 여긴다.

이상과 같이 형제의 유무에 의한 영향을 제각기 다르게 보고 있지만, 근래에 와서는 외동이에 대한 기존의 생각들이 크게 바뀌고 있다. 형제의 존재 또는 부재가 인성 발달에 어떤 역할을 미친다고 하더라도 결정적인 것은 될 수 없다. 오히려 외동이가 인격적으로 성숙하고 잘 적응된 사람으로 발달하는 것은 형제의 존재에 의해서가 아니라 가장 가까이 있는 부모의 양육 태도에 따라 좌우된다는 것이 가장 최근의 주장들이다.

2) 외둥이의 일반적 특성

한 자녀의 가정이 증가함에 따라 학자들은 외둥이가 비정상적이고 바람직하지 못한 인성과 사회적 행동을 갖는 것으로 보는 견해가 지배적으로 나타났었다. 형제자매와의 관계에서 다양한 경험은 아동의 성장, 발달에 중요한 의미를 가진다. 형제와의 상호작용을 통해 타인의 느낌과 의도, 그리고 사회의 규칙을 이해하게 되는 등의 중요한 사회적, 인지적 기술을 습득한다는 이유로 형제자매가 없는 외둥이에 대한 부정적 견해들과 연구들이 많았다. 또한 외둥이는 부모의 괴잉보호적 양육 태도와 불안의 요소가 있기 때문에 이기적이거나 의존적인 행동 특성을 야기하는 사회정서 발달에 문제가 있다고 여겼다.

그러나 최근에 와서는 외둥이와 형제 사이에 사회정서 발달에는 차이가 없다는 결과들이 나타나고 있다. 그리고 만약 형제의 존재 혹은 부재가 아동의 사회정서에 영향을 미친다고 하더라도 형제 유무 그 자체가 결정적인 것이 될 수 없으며, 오히려 외둥이에 있어서는 그들 부모의 양육 태도에 따라 좌우된다는 주장이 제기되고 있다.

3) 외둥이의 발달에 영향을 미치는 요인

과거 심리학자들이나 정신병리학자들에 의해 과학적 증거 없이 주장되어 왔던 외둥이에 대한 부정적인 편견, 이론에 기초한 보다 과학적 연구들이 축적됨에 따라 재검토되고 있다. 다시 말해, 외둥이의 발달 결과에 부가적으로 영향을 미칠 수 있는 요인들이 차례로 밝혀질 경우, '진정한 형제 유무에 따른 차이'를 설명하기 위해서는 이러한 요인들 또한 중요하게 고려되어야 한다는 주장이다.

(1) 부모의 특성

'아버지의 부재' 혹은 '부모의 높은 관심' 등이 외둥이와 형제간의 차이를 설명해 줄 수 있다.

첫째, 우선은 형제에 비하여 외둥이는 한부모일 가능성이 더 큰데, 이는 외둥이의 발달적 결과에 크게 영향을 미칠 수 있다. 특히 외둥이 지능의 비연속성을 설명할 때, 결핍 메커니즘에 의해서라기보다는 '아버지의 부재'로 인한 영향력 때문임을 강조하고 있다. 외둥이의 경우 사별이나 이혼 등에 의한 결손가정에서 더 많이 발생하기 때문이다.

둘째, 부모−자녀 관계의 성질이 외둥이의 발달에 영향을 미칠 수 있다. 외둥이는 '높은 부모의 관심'을 경험하게 된다. 외둥이의 부모들은 자녀에게 더 높은 수준의 관심을 기울임으로써 외둥이가 부모를 더 애정적으로 인식하고 높은 부모−자녀 간의 상호작용을 경험하게 된다고 한다. 따라서 외둥이는 부모와 더욱 긍정적인 관계를 형성함으로써 보다 바람직한 발달 결과를 기대할 수 있다.

(2) 외둥이의 특성

① 사회정서발달 특성

외둥이의 사회성 발달을 연구한 견해들은 형제자매의 부재, 부모의 양육 태도, 자녀의 성, 사회계층과 같은 변인들과 관련되었다.

초기 연구들은 외둥이가 사회생활에 잘 적응할 수 있느냐에 관심을 가졌다. 외둥이 갖기를 정책으로 추진하고 있는 중국의 학령전기나 학령기 아동을 대상으로 실시한 연구에 의하면 외둥이는 사회성에 있어서 상당히 부정적이라고 보았다. 반면, 우리나라의 외둥이에 관한 연구는 일관된 결과가 나타나지 않았다. 즉 외둥이와 형제의 사회성이 더 높은 것으로 나타난 연구결과도 있다. 또한 외둥이가 형제보다 사회성과 정서적 안정성이 떨어지며, 외둥이는 외톨이가 될 확률이 형제아의 가정보다 훨씬 많은 반면 친구가 많은 학생 중 외둥인 경우는 매우 낮은 것으로 나타났다.

사회계층에서는 하류층의 아동이 중상류층의 아동보다 내적 통제성이 더 높았다. 그리고 중하류층의 아동이 중상류층의 아동보다 성취동기와 호기심이 더 많은 것으로 나타났다. 이는 외둥이의 부모 양육태도와 연관되는 것으로서, 부모의 성취적 양육 태도가 여자 외둥이의 사회정서 특성 중 성취동기와 호기심을 발달하게 한 것이라고 볼 수 있다. 그리고 높은 권위를 가진 부모보다 낮은 권위를 가진 부모가 아동과 더 자주 상호작용을 한다. 이는 아동에게 더욱 긍정적 영향을 나타내고, 더 많은 탐색활동을 할 수 있도록 격려한다고 밝힌 연구와 일치한다.

또한 외둥이나 형제 모두 남자 아동이 여자 아동보다 호기심이 더 많고 내적 통제성이 더 높은 것으로 나타났다. 부모의 양육태도 중 특히 아버지의 양육태도가 남아에게 더 애정적이고 성취적인 양육 태도를 보였다. 아동의 발달 특성에서도 더 애정적이고 성취적인 양육태도를 보이는 것은 자연스럽게 나타나는 결과라고 할 수 있다. 이는 다시 말해 아버지의 양육태도의 중요성을 시사해 주고 있는데, 아버지는 어머니와는 다른 경로로 자녀의 사회정서 발달에 유익한 영향력을 미친다고 할 수 있다. 이에 따라 많은 학자들이 점차 아버지의 역할과 참여가 자녀의 성격, 인지발달, 사회성 발달 및 성취동기에 미치는 긍정적 영향에 더 많은 관심을 기울이게 되었다. 외둥이와 형제간의 사회정서 발달의 차이와 외둥이의 '성'에 따른 사회성 발달의 차이에 관심을 둔 연구도 많다. 그리고 남아에 비해 여아인 경우의 사회성 발달이 더 높은 것으로 보고되고 있다.

② 외둥이의 성취수준 및 지적 발달

• 성취수준

부모의 높은 기대 수준은 아동의 성취동기 발달을 촉진시킨다. 성취동기는 비교적 초기에 가족들이 아동에게 높은 기준을 제공함으로써 생겨나는 것이다. 그러므로 이러한 경우는 맏이와 외둥이의 부모에게 적용될 수 있다. 이는 부모가 아동양육에 대한 경험이 없기 때문에, 아동에게 일반적으로 더 높은 기대를 하게 될 것으로 추측에서 비롯된다.

가족의 고조된 관심이 수행에 대해 기대를 부추기고 성취를 보상하며 자극한다. 때문에 '성취'에 있어 외둥이의 경우, 형제가 없다는 것이 결함이 된다기보다는 가족의 높은 기대 수준으로 인한 긍정적 결과를 예측할 수 있다.

한편 '성취수준'에 있어서 외둥이의 우수함은 나이 든 아동일수록 더욱 두드러지는 것으로 나타나, 연령이 중재 변인으로 작용함을 시사하고 있다. 이는 자녀가 한 명일 경우에는 연령의 증가에 따라 가족의 재정적 자원으로부터 더 많은 혜택을 받을 수 있다. 더 높은 교육과 성취를 이끌어 나갈 수 있는 경험을 하도록 하기 때문이다.

• 지적발달

'지적발달'에 있어서는, 외둥이에 관한 연구들은 일관된 결론을 내리지 못하고 있다. 네덜란드의 한 연구결과에 따르면, 19세 남성을 대상으로 출생 순위, 가족크기, 지능의 관계를 살펴보았을 때, 맏이와 소가족 자녀의 경우는 가장 높은 점수를 얻었으나, 외둥이는 그렇지 못한 것으로 나타났다(Belmont & Marolla).

반면에, 청소년기 아동을 대상으로 한 다른 연구에서 외둥이가 다른 순위의 아동에 비해 낮은 지능지수를 나타낸다고 보고되었다(Zajonc & Markus). 중국아동을 대상으로 한 연구에 따르면 3~15세 아동 가운데 외둥이가 같은 연령의 형제보다 상상력, 언어능력, 모방력, 생산적 사고 등에서 높은 점수를 나타내 외둥이의 지적 능력이 우수하다고 하였다. 특히 외둥이는 동생을 가르칠 기회가 없기 때문이라기보다는 다른 요인, 즉 외둥이는 한부모 가족에서 더 많이 발생하고 외둥이의 지적 발달에 부정적으로 영향을 미쳤을 것이라고 제안하였다.

광범위한 외둥이 연구들을 종합한 결과, 외둥이가 비외둥이보다 지능이 높다고 결론지었다. 즉, 외둥이는 모든 다른 비교집단에 비해 지능지수에서 보다 긍정적 발달을 보였으며, 특히 두 자녀 가족보다는 대가족이나 중간 크기의 가족에 대해 이러한 현상이 두드려졌다고 분석하였다. 연령에 따라서는 '성취수준'과 달리 '지능'의 경우 외둥이의 우수성이 어렸을 때 더 두드러지는 것으로 분석되었다.

4. 외둥이가족의 부모양육

1) 부모-자녀 관계에 관한 견해

아동의 관점에서 부모의 양육 태도를 바라볼 때, 부모의 실제 태도와는 다르게 인식될 수 있다. 외둥이는 가정에서 부모-자녀 관계가 유일한 촉기 사회화의 수단이 되며, 형제의 부모-자녀 관계에는 다른 특성을 가진다. 형제는 또 다른 형제의 출생으로 새로운 관계가 첨가되어 부모 태도의 미묘한 변화를 겪게 된다. 하지만, 외둥이는 부모관계의 변화보다는 지속적으로 많은 관심과 주의를 받게 된다.

(1) 긍정적 견해

외둥이에 대한 긍정적 견해를 살펴보면, 외둥이는 부모에게 충분한 관심과 물질적 정신적 배려 및 기대를 한 몸에 받는다. 이에 자신감이 있고 자존감도 높으며 성공에 대한 집착도 커서 성공할 가능성이 크다.

(2) 부정적 견해

외둥이에 대한 부정적 견해를 살펴보면, 외둥이는 형제자매가 없으므로 외둥이에게 관심이 집중되고 자녀의 행동을 엄격하게 규제하거나 모든 주위 환경으로부터 과보호를 받기 쉽다. 이러한 영향으로 자녀는 책임감이 없으며 자기 본위적이고 사회성이 결핍될 수 있다.

2) 사회인구학적 배경과의 관계

(1) 부모의 사회경제적 지위

외둥이 어머니가 두 자녀 이상의 어머니보다 애정적이고 수용적인 태도를 취한다. 반면 민주적이고 자율적이고 과보호나 자녀중심적 태도에서는 어떠한 차이도 나타나지 않는다고 하였다. 외둥이 어머니의 양육태도는 교육정도가 높을수록 더 과보호적인 태도를 취하고 낮을수록 자유방임에 치우쳐 있다. 또한 사회경제적 지위가 높을수록 과보호하고 자녀 중심적 태도를 취한다고 하였다.

부모가 사회계층이 높을수록 가정 이외의 사회생활에서 더 많은 활동과 시간을 보낸다. 때문에 자녀에 대한 관심과 시간을 내는 것이 더욱 어려울 수 있다는 점과 무조건 허용이 아니라 이성적 판단에 따른 양육으로 인해 아동이 부모를 보다 덜 애정적으로 지각할 수 있다는 점을 유추할 수 있다.

(2) 외동이의 성별

연구에 따르면 아버지 양육 태도에서 형제의 수는 유의미한 차이가 나지 않는다고 한다. 4, 8, 16세 아동의 아버지를 대상으로 연령에 따라 아버지 양육실제, 태도, 아버지의 역할 참여와 만족도를 평가한 결과, 성별에 따른 아동양육실제는 아들보다 딸에게 더 수용적이고 덜 통제적이라고 할 수 있다. 여자외동이가 남자 외동이보다 사회성이 더 높은 것으로 나타난 것도 동일한 이유이다. 이는 과거와 달리 여성의 사회진출이나 사회적 지위가 향상되는 사회적 분위기가 반영된 결과라고 볼 수 있다. 형제의 경우는 아직도 남아에게 부모 모두가 성취적 양육 태도를 보이고 있다는 점에서 사회적 변화의 영향력이 전통적 가치관을 뛰어넘지 못하고 있는 실정이라고 할 수 있다.

(3) 외동이에 관한 부모의 관점과 양육태도

외동이에 대한 고정관념은 많은데, 사회성이 부족하고 버릇이 없고 소심하고 이기적이라는 것, 게다가 형제자매가 있으면 자연스럽게 배울 수 있는 경쟁과 타협, 공격과 후퇴, 그리고 승리와 패배를 인정하는 것 등을 배울 기회가 적을 수 있음을 염려한다.

Maccoby에 따르면, 아버지는 아들에게, 어머니는 딸에게 더 허용적이고 긍정적인 태도를 보인다고 한다. Buss는 가정 안에서 아버지가 아들에게 딸의 두 배나 많은 긍정적 반응을 보인다고 한다.

외동아들 엄마의 상당수가 '외동딸을 두었다면 외동아들보다 훨씬 마음 편하게 키울 수 있었을 것 같다'고 밝히고 있다. 부부의 노후를 아들에게 맡길 생각은 전혀 없지만 아무래도 이들을 '객관적 기준'에 비춰 성공한 사람으로 만들고 싶기 때문일 것이다.

외둥이 자녀의 양육 시 고려할 점은 다음과 같다.

① 세상에 적용되는 보편적 규범을 올바르게 전달하는 것이다.
② 자신의 내면에 있는 가치를 찾을 수 있도록 기회를 제공하는 것이다.
③ 스스로 생각하여 문제를 해결할 수 있도록 기회를 제공하는 것이다.
④ 타인의 기대에 부합하고 싶은 동기를 갖게 되도록 사회 속에서 공존할 수 있는 법 전달이다.
⑤ 자신과 다른 문화에 대한 조망을 넓힐 수 있도록 거시적 관점을 제시하는 것이다.
⑥ 타인과의 공존을 통해 자신의 것을 찾을 수 있는 방향을 제시하는 것이다.
⑦ 끊임없는 노력을 통해 자신의 방향을 점검하도록 도와주는 것이다.

5. 외둥이가족을 위한 복지 대책

저출산율 추세에 따라, 외둥이가족의 수는 앞으로 계속 증가할 것으로 예상된다. 이에 따라 외둥이의 올바른 성장을 위해서는 외둥이의 특성을 반영한 교육 및 훈련 프로그램과 아동양육에 중대한 영향을 미치는 가족을 위한 프로그램에 대한 개발 및 지원에 대한 필요성이 제기되고 있다.

1) 외둥이를 위한 교육 프로그램 개발

현재 외둥이의 실태를 보면 남아선호사상의 전통적 자녀관이 잔재하고 있어 출산 성비의 불균형이 있는 것을 알 수 있다. 외둥이 성별 구성에 있어서 남아가 여아에 비해 더 많아 문제가 될 수 있다. 예를 들면 교육기관에서 남아에 비해 여아의 부족으로 짝을 형성하지 못하여 생기는 남아의 심리적 불편감, 이들이 성장 후 결혼 과정에서의 어려움 등을 예견해 볼 때 실질적으로 교육기관에서 또래와의 상호작용을 위한 교육이 고려되어야 한다.

2) 외둥이가족 교육프로그램 개발

외둥이에게 가장 중요한 영향을 미치는 변수는 부모이며, 가정이라는 환경 속에서 가족의 양육태도이다. 외둥이의 성격에는 형제가 없는 상황보다는 가족의 양육 태도, 가정환경이 더 크게 영향을 끼친다. 그리고 부모로부터 과보호를 받을 경우 자기중심적이고 비타협적이며 공격적인 성격이 될 수 있다. 하지만 제대로 양육한다면 외둥이 장점을 더욱 발휘할 수 있다.

대중매체를 통해 외둥이의 사회적 고립을 비롯한 사회성에 대한 부정적 관심을 보여주는 현실에서 실질적으로 외둥이 가족을 위한 부모양육태도 형성을 위하여 부모교육 프로그램이 개발되어야 한다.

외둥이라면 사회성이 떨어지고 협동하지 못하며 외둥이 부모는 이기적이라는 선입견을 가지기 쉽다. 이에 부모교육과 관련하여 사회성 증진이나 협력성 증진을 위한 프로그램을 개발해야 한다는 획일적 접근을 하기 쉽다.

외둥이가족이 사회에서 단순히 외둥이라는 이유만으로 불이익을 경험하거나 결함이 있는 가족으로 여겨지는 부정적 인식에서 벗어날 수 있도록 프로그램을 개발해야 한다. 이를 위해 다음과 같은 점을 고려해야 한다.

① 부모는 자신에게 부과된 아이를 항상 즐겁게 해야 한다는 부담감에서 벗어나야 한다. 맞벌이 부모의 경우, 하루 일과를 마치고 집에 돌아와서 쉬고 싶지만 아이가 하나뿐이라는 죄책감 때문에 무리를 한다. 이러한 상황에서 부모가 자신도 피곤하고 휴식이 필요하다는 것을 아이에게 솔직하게 표현하는 것이 필요하다.

② 일찍부터 협동하고 어울리는 기회를 자주 주도록 한다. 외둥이가 협동하고 어울릴 기회를 더 많이 가질 수 있도록 '동네 놀이친구'를 만들어주는 것이 좋다. 또한, 부모는 자녀와 자주 대화하고, 형제자매 대신 놀이친구 역할을 하며, 역할놀이 등을 통해 서로 입장을 바꿔보고 상대방의 처지를 이해할 수 있는 기회를 자주 제공해야 한다.

③ 과잉보호하지 말고, 아이에게 지나친 기대도 하지 말아야 한다.

④ 부모의 일관된 양육 태도가 필요하다.

⑤ 물질적 보상은 절제하고 아이 수준에 맞는 적절한 예절을 알려주며 외둥이라는 편견을 버리는 것이 좋다.

외둥이가족을 위한 제도적 지원

우리나라의 저출산 문제를 극복하고 외둥이 가족을 지원하기 위해 국가적 차원에서 외둥이 가족에 대한 자녀 양육 지원을 강화해야 한다.

(1) 가족 내 양육 기능의 강화

외둥이가족에 대한 지원을 강화하는 정책이 필요한데 구체적으로는 가족수당제도의 도입을 통한 양육의 긍정적 부담을 경감시켜야 한다. 이는 육아휴업법의 강화를 통하여 임신, 출산에 대한 법적 보호는 물론 출산, 육아 이후 일할 수 있는 권리와 임신, 출산, 휴가 중에도 소득을 받을 수 있는 권리를 보장하는 것이다.

(2) 관련법 정비

늘어나는 외둥이 가족에 대한 양육 지원 강화 사업이 효과를 거두기 위해서는 기존 관계 법률의 보완과 함께 통합적인 법적 기반을 마련할 필요가 하다. 가족복지정책을 위하여 중앙정부에서 여러 가지 과제들이 있겠지만 우선은 중앙 및 지방정부는 적절한 가족복지 재정을 확보하여 분담하고 가족에 대한 통합적이고 전문적인 지원체계를 마련해야 한다. 또한 외둥이가족의 문제점과 욕구를 파악하기 위하여 지역사회 조사를 실시해야 한다.

신문기사 1

[아빠의 아들 코칭-외동아들 키우기] "아이가 외롭다는 편견 버리세요"

의존적 성향 커지지 않게
과잉보호하지 말아야
또래 아이와 비교도 자제를
"외롭다, 사회성 결여 선입견은
타당성 부족하다" 연구 결과 많아

저출산 문제가 한국사회의 화두다. 외둥이를 둔 가정은 아이가 가족의 중심이 되는 경우가 많다. 모든 기대와 사랑을 한몸에 받는다.

그러다 보니 "외둥이는 고집이 세다. 사회성이 떨어진다. 자기 것만 안다. 외롭다"는 선입견이 있다. 하지만 부모 입장에서는 혼자 노는 아이를 보면 미안하고 안쓰럽다는 마음이 들 때가 많다.

그러나 "외둥이에 대한 편견은 타당성 없다" "또래가 아닌 어른인 부모와 소통이 많아 언어능력이 빨리 발달하며, 부모가 시간 · 경제력 · 관심 등을 한 아이에게 집중할 수 있는 장점도 있다"는 연구결과도 많다.

외동아이의 올바른 양육방법을 알아보고자 한다.

◇ **과잉보호하지 말아야**=사소한 문제도 부모가 해결해 주면 아이는 의존적인 성향이 커질 수 있다. 자녀가 원하는 것을 다 들어주면서 키우다 보면 아이는 경쟁과 타협을 경험할 기회를 가질 수 없다.

세상이 자기중심으로 돌아가지 않는다는 것을 분명히 가르쳐야 한다. 평상시 아이에게 권리와 의무를 알려 주는 게 좋다.

◇ **"외로울 것" "사회성이 떨어질 것"이라는 편견 버리자=**외동아이는 정말 외롭거나 이기적일까? 형제자매가 있다고 해서 외로움을 느끼지 않으리라는 보장은 없다.

안정적인 인간관계, 행복한 삶을 결정짓는 건 형제자매 유무가 아닌 친밀한 관계를 맺을 수 있는 능력이다. 형제자매가 있는 아동보다 외동아이가 사회성, 배려심, 관대함이 높다는 연구 결과들도 있다.

외동아이는 부모의 애정을 독점하기 때문에 질투나 시기의 마음을 덜 느끼며 자라고, 이런 심리적 안정감은 곧 타인에 대한 배려와 따뜻함으로 이어질 수 있다는 것이다.

◇ **또래 아이와 소통할 기회 자주 만들어줘야=**요즘 아이들은 사교육에 내몰려 친구와 어울리는 시간이 줄어들고 있지만 학교 밖에서도 같은 또래의 아이와 사귈 수 있는 자리를 마련해 주는 게 좋다.

나밖에 모르는 이기적인 성향을 없애고 사회성을 키울 수 있다.

◇ **혼자 놀 수 있게 내버려 두자=**혼자 놀면서 시간을 잘 보낼 수 있게 가르치는 것도 중요하다. 독립성을 기르는 데 도움을 준다. 물론 외동이어서 부모 손이 더 필요할 수는 있지만 혼자 있는 시간은 무조건 외롭고 나쁘다는 생각은 편견이다.

오히려 아이에게는 또래와 함께 노는 시간만큼 혼자만의 시간도 중요하다. 오히려 혼자 놀기를 통해 자신만의 세계를 구축하고 창의력과 논리력을 키울 수도 있다.

◇ **다른 아이와 비교하지 말자=**외동아이는 가족 내에서 비교 대상이 없어 우수한 또래 친구와 비교될 가능성이 높다. 친구는 공부나 운동 잘하는데 "너는 왜 이러니"라는 말은 아이에게 열등감을 줄 우려가 있기 때문에 자제해야 한다.

부모는 내 아이가 친구에게 밀려서는 안 된다는 생각을 버려야 한다.

출처: 서울경제, 김상규기자(2018.06.02).

신문기사 2

국가는 가족에, 가족은 비혼자에 떠넘겨… '돌봄의 민주화' 고민할 때

지은숙 연구원의 비혼 연구

한국은 65세 이상 노인 인구가 14%를 넘어서며 고령사회로 진입했다. 2000년 고령화사회(65세 인구가 7% 이상)로 진입한 지 17년 만이었다. 이미 초고령사회로 접어든 일본이 고령화사회에서 고령사회로 진입하는 데 24년이 걸렸다. 미국은 72년, 영국은 47년이 걸렸다. 다른 나라와 비교해도 한국의 고령화 속도는 이례적으로 빠르다. 한국이 초고령사회(65세 인구가 20%)로 진입하는 데는 9년밖에 걸리지 않을 것이라고 전문가들은 예견한다.

"고령화와 비혼화가 빠르게 진행되는 상황에서 노인 돌봄이 이슈가 돼야 한다. 누군가에게 돌봄을 '독박'시키는 방식은 안 된다. 국가는 가족에게 떠넘기고, 남자는 여자에게 떠넘기고, 기혼자는 비혼자에게 떠넘긴다. 돌봄을 민주화해야 한다. 사람들에게 돌봄을 할 시간을 줘야 한다. 일하는 방식의 개혁 없이는 고령화에 대한 대응이 안 될 것이다." 지은숙 한림대 일본학연구소 연구원(48)이 말했다.

비혼인지 연구원은 스스로의 삶에 대한 답을 찾기 위해 비혼을 연구하기 시작했다. 비혼자 집단이 많은 일본으로 떠나 연구에 착수했을 때, 비혼들이 당면한 가장 시급한 문제가 '부모 돌봄'이라는 걸 알게 됐다. "알고 지냈던 비혼들이 부모를 돌보느라 돌아다니지 못하고, 많은 비혼들이 부모 돌봄에 대해 걱정하고 있었어요." 지 연구원은 "고령화로 노인 돌봄이 사회적 과제로 부상하면서 비혼 자녀가 부모 돌봄자로 호명되고 있다"고 말했다.

일본은 일생에 한 번도 결혼하지 않은 사람이 남성은 5명 가운데 1명, 여성은 10명 가운데 1명(2010)에 달한다. 65세 고령자가 비혼 자녀와 동거하는 비율도 26.4%(2012)에 이른다. 일본에선 부모를 돌보는 비혼인 '개호독신'이 늘고 있지만,

이들을 지원하는 사회적 시스템이 부재한 가운데 고통 속에 부모를 살해하거나 스스로 목숨을 끊는 '개호살인' '개호자살'이 사회적 문제로 떠오르고 있다. 초고령사회를 향해 가속페달을 밟고 있는 한국에 닥쳐올 미래다.

지난 15일 〈비혼을 통해 본 현대 일본의 가족 관계와 젠더 질서〉 박사 논문을 펴낸 지 연구원을 만나 비혼과 돌봄에 관한 이야기를 들었다.

지 연구원은 30대 중반에 비혼으로 살 결심을 하게 됐다. 그는 "두 번 정도 결혼 직전까지 갔다. 가정 분위기도 비교적 평등했고, 위계질서가 강한 직장생활을 하지 않았다. '여성'으로 살아보지 않았는데, 결혼이 젠더 질서로 들어가는 일종의 협상 과정이었다. 내 위치가 낮아지는 것 같고 굴욕적이었다. 결혼하지 않기로 하면서 인생에 대해서 근본적으로 다시 생각하게 됐다"고 말했다. 뒤늦게 공부를 결심했다. 공부를 통해 가장 남는 게 뭘까 생각해보니 자신에게 가장 중요한 문제를 연구하는 것이었다. 그래서 비혼을 연구하게 됐다

'비혼 선언'을 했을 때 돌아온 반응은 예상 밖이었다. 부모님은 오히려 "너는 영원히 우리 딸"이라고 말했다. 지 연구원은 "비혼은 개인화된 삶이라고 생각했는데, 장기적으로 가족에게 결속되는 것이었다"고 말했다. 그때부터 비혼자의 가족관계에 관심을 갖게 됐다. "비혼문제는 골드미스, 라이프스타일을 중심으로 연구됐다. 그런데 실제 내가 느끼는 불안이나 문제의식과는 괴리감이 있었다"고 말했다.

지 연구원은 일본 비혼 여성을 역사적으로 추적했다. 비혼자 삶의 양식을 기준으로 '가족의 시대－싱글의 시대－돌봄의 시대'로 구분했다. 전쟁으로 남자들이 죽었던 전후, 혼기를 놓친 비혼 1세대인 '전쟁독신' 여성들이 출현했다. 이들은 경제적 자립을 추구하며 '독신부인연맹'을 만들었다. 1980년대엔 싱글 여성들이 늘어나면서 비혼이 하나의 삶의 방식으로 자리 잡았다. '싱글의 시대'에 비혼 여성들은 소비사회의 주역으로 부상했다. 2000년대 고령화와 함께 비혼 인구가 늘어나면서 '돌봄의 시대'에 진입한다. 비혼 여성뿐 아니라 비혼 남성들이 부모 돌봄을 책임지게 됐다. 1990년대 시부모의 돌봄을 전담하던 며느리들이 돌봄의 사회화를 요구하는 '며느리의 반란'으로 2000년 개호보험제도가 도입되면서, "내 부모는 내가 돌본다"는 인식이 확산됐으며 결과적으로 친자녀 가운데 비혼 자녀에게 돌아가게 됐다. '비혼 돌봄자'라는 새로운 사회 집단이 출현한 것이다.

한국이나 일본 사회는 비혼이 공동체의 재생산에 기여하지 않는 비생산적 존재로 여겨지죠. 저출산 담론이 표적으로 삼는 게 비혼자 집단입니다. 가족 안에서 돌봄을 분배할 때 생산적 가정을 만드는 건 기혼 자녀, 부모 돌봄은 비혼 자녀가 떠안는 이중구조가 형성되는 것입니다."

지 연구원은 "부모 돌봄 분배가 민주적이지 않다"고 말했다. 부모 돌봄의 1순위는 비혼 딸, 2순위는 기혼 딸 또는 비혼 아들, 다른 대안이 없을 때 기혼 아들이 책임을 떠안는다. 전통적인 가족의 해체와 고령화의 진전으로 빚어지는 돌봄의 공백을 비혼 자녀들이 메우고 있는 것이다.

문제는 비혼의 돌봄자들을 지원하는 시스템은 부족한 데 있다. 일본에서는 개호 때문에 일을 그만두거나 파트타임으로 이직하는 비혼들이 늘고 있다. 2006년 일본에서 동거가족이 있는 경우 생활원조서비스를 제한하면서 일하며 부모를 돌보는 비혼들이 큰 타격을 입었다. '일과 부모 돌봄의 양자택일'을 요구받으면서 노인 돌봄을 이유로 한 전직과 이직이 14만4800명으로 증가했다. 증가분은 대다수 비혼자인 것으로 알려졌다.

일과 돌봄의 양립'이 불가능한 상황은 비혼 자녀들의 '경력단절'을 부른다. 일과 육아의 양립이 어려운 여성들이 경력단절에 처하는 것과 유사하다. 비혼자들은 돌봄이 끝난 후 일도 사회관계도 단절된 상황에서 사회적으로 고립된다.

일본 상황과 한국 상황을 바로 연결시킬 수 있을까. 한국의 비혼 인구 증가속도도 빠르다. 2015년 기준 30대 미혼율은 36.3%에 이르고, 40대 미혼율도 13.6%다. 지 연구원은 "한국은 가족의 시대, 싱글의 시대, 돌봄의 시대가 동시에 압축적으로 발생하고 있다"고 말했다. 비혼 여성 협동조합 등 비혼 여성들의 공동체가 있고, '골드미스'로의 화려한 싱글의 삶도 존재한다. 그 이면에는 부모를 돌보는 비혼들의 삶도 있다. 지 연구원은 "비혼 증가와 고령화 속도를 봤을 때 비혼 돌봄은 한국이 곧 마주할 과제"라고 말했다. 자녀가 없거나 1명뿐인 가족이 늘면서 모두가 각자의 부모를 돌보는 상황이 올 수도 있다. 지 연구원은 "일본에서는 외둥이끼리 결혼한 부부가 각자 부모를 돌보는 사례도 많다"고 말했다.

누구도 돌봄으로부터 자유로울 수 없는 시대가 도래할 것이다. 그렇다면 돌봄을 민주적으로 분배하는 것은 어떻게 가능할까. "누가 누구를 돌볼지 국가가 정해주지 말라"고 지 연구원은 말했다. 그는 "육아휴직, 가족돌봄휴직 등 기존 제도가 누가 누구를 돌볼지를 국가가 정해주는 것이다. 그러면 실제로 남을 돌볼 의사가 있는 사람들이 돌봄을 못 하게 된다. 내 동거인이나 파트너가 아파도 휴가를 낼 수 없고, 이웃이 아파도 휴가를 낼 수 없다"고 말했다. 지 연구원은 "사람들이 누구나 안심하고 좋은 관계를 맺고 타인과 연결될 수 있도록 '타인을 돌볼 시간'을 유연하게 쓸 수 있어야 한다"고 덧붙였다. 가족 중심의 배타적 공동체가 아닌 다양한 사회적 연결을 인정하는 방향으로 제도가 갖춰져야 한다는 것이다.

성소수자 가족구성권을 인정하고, 비혼 상태에서도 안심하고 아이를 기를 수 있도록 사회제도가 갖춰져야 한다. 어떠한 형태의 연결도 환영한다는 메시지를 준다면, 저절로 결혼도 많이 하고 출산율도 올라가지 않을까. 결혼하지 않은 여자가 아이 키우기 좋은 사회는 결혼한 사람이 아이 키우기는 훨씬 더 편한 사회다.

지 연구원은 현재 일본의 기혼 남성이 부모를 돌보는 사례를 연구하고 있다. 부모를 돌보는 남성들이 기존의 남성성을 해체하고 재구성하고 있다고 보기 때문이다. "외둥이가 늘면서 부모를 돌보는 기혼 남성도 늘고 있어요. 사회 주류인 기혼 남성이 돌봄을 시작하니, 비로소 사회적 해결책의 논의가 시작되고 있어요."

돌봄의 사회화를 위해

"가족에게만 의존하지 않도록…요양에 사회적 재원 투자를"

노인장기요양서비스 등 불충분… 돌봄의 국가책임 확대 개선 필요

가족 돌봄 사회적으로 인정하고 교육과 상담 · 가족 휴가제 지원을

'비혼 자녀 돌봄'에 대한 문제제기가 시작되고 있다. 한국여성민우회는 올해 "딸이란 역할은 없다"는 캐치프레이즈로 여성의 돌봄노동에 대한 문제제기를 할 예정이다. 최원진 활동가는 "비혼 여성이 많이 증가하면서 과거 며느리에게 기대되던 돌봄 역할이 딸에게로 옮겨오고 있다"며 "딸이라는 역할에 돌봄을 전가하고 국가는 그 뒤로 숨는 것"이라고 말했다. 최 활동가는 "고령화사회를 맞아 여성에게 요구되는 돌봄, 노인장기요양보험에 대한 개선 방안, 가족 내 누군가에게 돌봄 책임을 지우지 않는 '1인 1복지' 등을 공론화할 계획"이라고 밝혔다.

'돌봄의 국가책임'을 확대하고 개선하기 위한 논의도 이뤄지고 있다. 현재 65세 이상 노인인구 중 장기요양보험서비스 인정자 수는 7%에 불과하다. 전체 노인의 15%가 신체적 · 인지적 기능의 제한으로 돌봄서비스가 필요한 것으로 추정된다는 연구 결과에 비하면 절반에도 못 미친다. 부모를 돌보는 비혼 자녀 상당수가 방문요양서비스를 이용하고 있었지만, 제한된 횟수와 시간 때문에 서비스가 충분하지 못하다고 느끼고 있었다.

석재은 한림대학교 사회복지학부 교수는 "노인장기요양보험 도입으로 돌봄이 사회화됐다고 믿고 있지만 비가시적 영역에서 가족 돌봄이 이뤄지고 있다"고 말했다. 석 교수는 "가족안전망을 전제로 사회안전망이 최소한으로 깔려있는 시스템 안에서 가족안전망이 없는 비혼은 돌봄으로 인한 경력단절 이후 삶이 질곡에 빠질 수 있다"고 말했다. 석 교수는 "가족 돌봄자에 대해 사회적으로 인정하고 이들에 대한 교육과 상담, 가족 휴가제 등이 지원돼야 한다"고 덧붙였다.

석 교수는 "노인은 본인이 살던 곳에서 노후를 보내고픈 욕구가 있다"며 "가족에게 절대적으로 의존하지 않으면서도 사회적 돌봄을 확대해야 한다"고 말했다. 그는 "현재 하루에 3~4시간씩 방문하는 방문요양서비스를 확대하고 다양화해야 한다"며 시범시행 중인 통합재가서비스를 예로 들었다. 시급이 아닌 월급제로 저임금인 요양보호사의 고용과 처우를 안정시키면서, 이용자에게는 다양한 서비스를 제공하는 것이다. 석 교수는 "돌봄의 사회적 책임을 늘리는 것은 사회적 재원을 요양에 투자하는 것"이라며 "비가시화된 가족 돌봄을 공론화해 개인이 돌봄을 선택하고 의무를 다할 수 있는 사회가 되어야 일과 돌봄이 양립할 수 있다"고 말했다.

출처: 경향신문, 이영경 기자(2018.01.26).

Chapter 07

맞벌이 가족과 가족복지

Chapter **07**

맞벌이 가족과 가족복지

1. 맞벌이 가족의 개념

맞벌이 가족이란 결혼한 부부가 모두 직업을 가지는 가족형태를 말하며, 구조적으로는 확대가족일 수도 있고 핵가족일 수도 있다. 남편과 아내가 모두 직업을 가짐으로써, 개인의 자아실현 욕구 충족, 사회적 지위획득 및 가정 경제에 기여함으로써 자기만족과 행복을 경험하는 현대적 가족 형태로 볼 수 있다. 즉 전통적인 가족 모델에서 남편이 도구적 역할을, 아내가 정서적 역할을 담당하는 구분이 희석되어, 두 파트너 모두 동등한 역할을 수행하려는 현대적 가조 구조로 변화하고 있다.

맞벌이 가족의 증가는 여성의 교육 기회 확대로 인한 자아실현 욕구증가, 경제적 필요성, 자녀교육 및 생활비 증가 등 다양한 요인에 기인한다. 특히 남편 이외의 수입원을 가짐으로써 가정의 경제적 수준이 향상된다는 것 외에도 경제력을 따로 가짐으로써 갖는 심리적 안정감이 생긴다. 이에 취업을 하기 위한 많은 어려움을 감수하면서도 기혼여성이 맞벌이를 하려는 중요한 동기이다.

2. 맞벌이 가족의 원인

맞벌이 가족 발생의 직접적 원인은 여성의 경제활동 참여이다. 1970년대 이래로 수행된 한국사회 경제발전이 중요한 결과 중 하나는 여성의 취업 증가이다. 여성의 경제활동이 증가하게 된 원인은 개인적 측면과 사회구조적 변화의 측면으로 나눌 수 있다.

1) 개인적 측면

(1) 경제수준의 향상에 대한 욕구

남편 이외의 수입원을 가짐으로써 가정의 경제적 수준을 향상시키고자 하는 욕구와 생활수준 향상을 누리기 위해, 또는 지속적인 지출에 의해 경제적 필요성에 의해 이루어진다.

(2) 여성의 태도 변화

남성에 대한 동등의식과 자아실현에 대한 욕구가 여성의 취업동기로 강하게 작용한다. 즉 가사 노동에 대한 사회적 인정 부족이 여성의 직업 활동을 증가시킨 요인 중 하나이다. 무보수의 가사노동보다 보람 있는 일을 하고 싶다는 욕구가 여성의 경제활동을 증가시켰다.

2) 사회구조적 측면

(1) 가족생활에서의 요인

첫째, 노동력 재생산비이 증가를 들 수 있다. 둘째, 가족구조의 변화로 인해 자녀 수의 감소 추세와 가사노동 대체상품의 확대는 여성 가사노동의 축소를 가져와 여성의 취업을 용이하게 만들었다. 셋째, 자본주의 시장경제의 원리에 의해 무임금인 가사노동은 노동으로서의 평가를 제대로 받지 못하고 있다. 가사노동의 경제적 가치 저하는 기혼여성의 노동력을 사회노동으로 진화하게 만든다. 넷째, 보육시설 확대는 기혼여성의 경제활동 참여에 크게 영향을 미친다. 다섯째, 자녀양육과 교육에 드는 비용증가 또는 기혼여성의 취업을 증가시키는 요인이 되고 있다. 여섯째, 취업여성에 대한 사회인식의 변화로 여성의 취업을 자연스럽게 보편적인 현상으로 보게 되었다.

(2) 사회인식의 변화

여성 취업에 대한 사회적 인식이 점차 긍정적으로 바뀌어 가면서 여성의 경제활동 참여를 촉진시켰다.

(3) 노동시장에서의 수용요인

자본주의 경제의 확대, 발전과정에서의 노동시장은 기혼여성의 노동력을 필요로 하게 되었다. 첫째, 저연령층 인구감소에 의한 노동력 부족, 둘째, 1980년 이후 미혼여성의 생산직에서 사무직으로 이동함에 따라 생산직에서 기혼여성 노동력이 급격히 증가하였다. 셋째, 3차산업으로의 변화에 따른 서비스 산업의 확대는 여성노동력을 필요로 하였다. 넷째, 기술 및 생산방식, 노동공급구조의 변화에 따라 시간제고용, 임시고용, 노동자파견 등의 유연노동이 확대되었다.

3. 맞벌이 가족의 유형

많은 여성이 경제적 필요성 때문에 일하고 있으나, 능력 개발과 개인적 즐거움 등 자신이 원해서 일하는 경우도 있다. 맞벌이 가족의 경우 아내의 소득이 가족소득에 많은 기여를 하고 있다. 비록 여성의 수입이 남성이 버는 수입에 못 미치고 있는 실정이지만, 취업한 주부는 가족 수입 수준에 상당한 영향을 미치고 있다. 대체로 여성들은 자신의 일을 통해 가족의 지위가 향상될 수 있을 때 가장 일을 하고 싶어한다. 맞벌이 목적과 상황 유형으로는 1) 생계유지형, 2) 내외조형, 3) 자아실현형, 4) 여가활용형이 있다.

4. 맞벌이 가족의 문제점 및 개선

맞벌이 가족은 기존에 존재하지 않았던 새로운 형태의 가족구조이기 때문에 다양한 문제점에 당면하게 된다. 맞벌이 가족의 문제는 여성과 남성이 취업을 통해 동등하게 가족의 부양자로서 역할을 담당함에도 불구하고 여성들은 정통적으로 여성에게 요구되는 가사와 자녀양육에 대한 책임에서 벗어나지 못하는 현실에서 시작된다. 결국 직업을 가진 기혼여성들은 직장에서의 역할과 가정에서의 역할을 양립하여야 하는 부담감 속에서 생활하게 된다.

또한 사회활동에 따른 여성의 지위가 진보되었다고 하나 여성의 노동시장에서의 위치 개선, 가정 내에서의 부부간의 평등한 위치, 사회경제적 지위 향상으로 직접적으로 이어지지 않는다. 이에 취업 기혼여성들은 자기 속에 내재하는 자아정체감의 혼란과 여성에게 요구되는 역할기대 및 실제 수행사이에서 많은 갈등을 경험하게 된다.

부부가 함께 경제활동을 하게 되면 그에 따라 가족의 역할분담, 민주화된 가족의식, 근대적인 성역할 태도 및 수행, 동등한 의사결정, 평등한 동반자적인 관계 등 가족의 내부적이고 규범적인 변화가 뒷받침되어야 하나 그렇지 못하기 때문에 여러 가지 문제가 발생한다고 할 수 있다.

취업을 하고 있는 대부분의 기혼자는 근로자, 부모, 배우자로서의 역할을 동시에 수행한다. 그런데 각각의 역할에서 요구되는 시간이나 에너지 및 몰입 수준이 서로 다르기 때문에 개인은 역할갈등을 경험하게 된다.

1) 맞벌이 가족 여성의 역할과중 및 역할갈등의 문제

맞벌이 가족의 부인들은 취업에 따른 새로운 역할부담과 함께 자녀양육과 가사노동으로 여성의 역할이 과중된다. 그리고 남편들에게는 가사노동과 자녀양육이 분담이라는 새로운 역할이 요구된다.

특히 맞벌이 가족 내에서 새롭게 부여된 역할에 대한 남편과 부인의 인식 차이로 역할갈등의 문제가 야기된다. 즉 부인이 직장생활과 가정을 양립하는 데 따른 부부양방의 역할 과중, 기대의 불일치, 비양립적 관계, 시간 제약과 관련된 스트레스 등의 문제가 발생한다.

2) 자녀양육의 문제

맞벌이 가족이 당면한 문제 중에서 가장 심각하고 중요한 것은 자녀양육의 문제이고 현재 우리나라 맞벌이 부부에게는 자녀양육의 문제가 가장 큰 문제라고 할 수 있다. 자녀양육은 부부공동으로 책임져야 한다는 기대가 남녀 모두에게서 높지만 부부공동의 책임이라고 응답한 사람들 중에서 실제 수행에 있어서는 아내가 담당하는 경우가 더 많다.

자녀양육에 대한 자신감을 갖고 스스로 자신의 일이라고 인식할 때 수행이 증가할 것이다.

맞벌이를 하는 경우 자녀양육은 주로 조부모, 친지 또는 어린이집, 놀이방, 유치원, 학원에 의존한다. 아동의 연령이 어릴수록 조부모와 친지 혹은 가사대리인의 도움을 받고, 아동의 연령이 3~5세가 지났을 때 어린이집이나 유치원 그리고 학원에 보낸다. 빈곤층 맞벌이 가족은 생계유지를 위해 취업을 하는 경우가 많으며, 이로 인해 자녀 교육에 대한 추가적인 사회적, 제도적 지원이 필요하다.

3) 가사노동의 불평등

대다수의 기혼여성들이 육아와 주부역할 수행에 대한 걱정으로 취업을 포기하거나, 기혼여성이 취업을 할지라도 가정과 직장에서 두 역할을 하는 것을 당연시하였다. 이로 인해 여성들은 주부역할을 소홀히 하게 되면 많은 스트레스와 근심 및 죄책감 등을 느끼기도 한다. 한국 사회는 전통적으로 유교적인 가치관을 세습해 왔기 때문에 남성은 가사노동에 대한 거부감을 가진다.

부부가 동등한 경제활동에도 불구하고 여전히 가사 노동분담에 불균등이 있어, 이로 인해 기혼 여성은 직장과 가정에서의 이중부담을 겪는 경우가 많다.

이러한 가사노동의 불균등은 경제활동을 하는 기혼여성에게 더 많은 스트레스와 노동을 야기하며 삶의 질을 낮추는 결과를 가져올 수도 있다.

4) 기혼 취업여성과 노동의 불평등문제

여성의 경제활동 참여가 전반적으로 늘어남에도 불구하고 여성노동력은 비정규직이며, 주로 노동력적인 특성을 가지고 있다. 여성노동 인구는 전체 노동인구의 절반임에도 불구하고 여성이 겪는 차별과 불평등으로 인하여 주변 노동자의 특성을 갖는다. 여성들은 저임금과 차별임금, 시간제, 파견제 같은 고용의 불안정과 승진과 승급의 기회를 주지 않는 차별적인 고용 관행처럼 능력이 아니라 성별에 따른 직종분리 등으로 인해 노동시장에서 많은 어려움을 겪고 있다.

5) 가족관계 악화

기존 기혼여성들은 가족에 대한 책임과 의무감이 가장 우선시하였지만 사회가 변화되고 기혼여성들의 가치관이 변화하면서 개인의 자아실현 욕구를 중요한 가치로 생각하는 여성들이 늘고 있다. 이러한 가치관의 변화로 인해 경제활동을 하는 기혼여성은 자신의 자아실현에 대한 욕구가 증가한다. 하지만 자아실현 욕구에 대한 가족의 지원이 미미한 경우 가족과의 갈등을 보이기도 한다. 결국 맞벌이 가족은 여성의 가치관 변화와 가족 간의 커뮤니케이션 부족으로 인해 가족의 관계가 약화되는 문제가 발생하게 된다.

6) 저출산 문제

저출산의 원인은 다양하지만, 그 중에서도 여성이 출산과 육아의 주된 책임자로 여겨지는 사회적 고정관념이 주요한 요인 중 하나이다. 한국 사회는 빠른 속도로 변화해왔으나 여성의 성역할은 거의 변하지 않았다. 맞벌이 부부사이에서 여전히 여성이 자녀양육과 교육의 주된 책임자로 인식되며, 이는 부부 역할 구조에 별다른 변화가 없음을 시사한다. 여성에게 자녀출산은 부담이 되고 있다. 출산과 육아가 사회생활을 하는 여성에게 걸림돌이 되는 현실이 여성으로 하여금 출산을 포기하게 하는 주원인이 되고 있다. 여성에게 있어 출산은 사회활동에 점차 장애가 되어 가고 있다.

7) 맞벌이가족을 위한 개선방안

(1) 맞벌이 가족의 역할 재분배

맞벌이 가족의 부부 모두 공동으로 가계부양자라는 점을 인식하고 자녀양육, 가사분담, 가족대소사 참여, 친인척 관계유지 등 가정생활도 공평하게 분담하면서 부부의 가정 내 역할을 새롭게 재분배할 필요가 있다.

(2) 취업여성의 역할긴장 줄이기

여성이 경험하는 어려움을 부부가 함께 나누기 위해 부부간에 자유로운 의사소통과 감정표현이 필수적이다. 이를 위해서는 가족생활교육이 효과적이며 가족단위의 여가나 문화활동을 지원할 수 있는 시설 및 프로그램의 확충과 증감이 필요하다.

(3) 가족복지의 체계적 정책 수립 추진

맞벌이 가족의 가족생활 실태와 취업 실태에 따른 가족복지 서비스의 확대, 정착을 위한 국가의 체계적인 가족복지정책이 마련이 되어야 한다. 가족복지정책은 가족 개별 구성원과 관련 있는 제도나 법의 형태로 존재하고 있어 전체로서의 가족을 다루는 일관된 체계가 없다. 가족을 대상으로 하는 정책들을 총괄할 수 있는 가족 정책 체계가 마련되어야 한다.

(4) 맞벌이 부부의 부모부양

맞벌이 가정의 경우, 낮 시간 동안 치매, 중풍으로 고생하는 부모님의 병 수발문제는 심각한 실정이다. 주간에 환자 보호를 위한 도우미를 별도로 고용하거나 고액의 민간시설을 이용할 수밖에 없어 가계부담이 더욱 가중되고 있다. 이 문제를 해결하기 위해 정책 인프라와 전문 인력을 강화하고, 서비스를 개선해야 하며, 재가 노인을 위한 복지 사업을 적극적으로 발전시켜고, 주간, 단기, 장기 요양보호시설을 활성화해야 하고, 고품질의 여가활동을 지원해야 한다.

(5) 시간제 근무의 활성화

맞벌이 부부의 가장 큰 고민 중 하나는 육아이다. 종일근무를 일정한 작업장에서 하던 방식이 근무시간을 단축하는 시간근무, 자신의 근무시간을 자유롭게 조정하는 탄력근무제 등을 통해 신축적으로 운영되어야 한다. 이렇게 함으로써 부모가 안심하고 아동을 보육할 수 있게 된다. 즉, 시간제 근무가 불안정한 고용으로 여성인력을 악용하지 못하도록 정부가 철저히 관리 감독 할 수 있는 제도적 장치가 마련되어야 한다.

(6) 직장보육시설 확대

우리나라 전체 보육시설 가운데 직장 안에서 설치된 보육시설은 미미한 수준이다. 이에 보육시설 수를 증가하거나, 사업장이 밀집된 지역에 공공직장보육시설을 설치하여 사업장에서 이용할 수 있도록 정책적으로 뒷받침되어야 한다. 현재 직장 내 보육시설 환경을 개선하여 더 많은 맞벌이 부부들이 이용할 수 있도록 해야 한다.

(7) 자녀양육 지원대책

산전 후 휴가제도, 육아휴직 제도 등의 실행률을 높이기 위해 국가가 감독기관의 역할을 충실히 수행해야 한다. 또한 맞벌이 가족의 다양한 요구에 맞게 보육시설을 다양화할 필요가 있으며, 보육서비스의 질이 향상될 수 있도록 정부 지원의 확대가 필요하다.

5. 맞벌이 가족을 위한 사회복지관점

▶ 사회복지관점

맞벌이 가족을 위한 복지대책으로 맞벌이 가정에서 느끼는 일과 가정 양립의 어려움을 해소하기 위한 고충상담, 임신 · 출산 · 자녀양육 관련 생활정보 제공, 아빠 육아참여 프로그램 등을 운영한다. 지원대상은 일하는 엄마 · 아빠를 포함한 가족이고 지원 내용은 직장 생활 지원과 가정 생활 지원으로 나누어 볼 수 있다.

직장생활 지원에는 직장과 가정생활 양립제도 활용과 관련된 고충을 상담하고 컨설팅받을 수 있다. 또한 부부의 의사소통을 지원하는데 공동육아나눔터 주말 운영, 전업주부와 맞벌이 부부간 네트워크를 구출하는 것에 목적을 둔다.

가정생활 지원에는 자녀 및 가족문제 관련하여 상담하여 임신 · 출산 · 자녀 양육, 가족문제 관련 상담 및 정보 제공, 지역 내 돌봄서비스 이용 자녀학교 생활, 문화프로그램 참가 등 정보를 제공해준다. 생애주기별 가족교육 및 가족관계 개선 프로그램 운영은 결혼 · 임신 · 출산 · 자녀육아 등 생애주기별 가족교육과 가족관계 개선 교육프로그램으로 운영된다. 가족관계 개선 교육 프로그램은 자녀와 대화방법, 가족 간 소통, 아버지 교육 등 맞벌이 가족 부모의 역량을 강화하는 프로그램으로 구성되어 있으며, 인터넷 · 전화 혹은 방문을 통해 신청할 수 있다.

맞벌이 가족의 가장 큰 문제점은 여성의 스트레스라고 할 수 있다. 이는 여성의 부담감 증가로 인해 발생한다. 여성의 부담감을 국가에서 아이돌봄 지원사업을 통한 프로그램 개발만으로는 해결할 수 없고, 가정 내 부부간의 행동과 의사소통을 통해서 해결이 가능할 것이라고 생각한다. 부부가 경제활동을 하는 경우가 아닐지라도 자녀의 양육과 양가 부모님의 요양은 한쪽이 아닌 부부 모두의 책임이며, 가사 또한 부부의 일이라고 생각하고 실천하려는 자세가 중요하다고 본다.

남성의 가정 내 우대로 인해 가부장적인 가족문화가 인식되어 있는 우리 가족문화에 새롭게 시도하는 가치관으로 인해 혼란이 올 수도 있다. 하지만 가족은 혼자가 아닌 부부의 만남으로 이루어졌다. 이에 남편이 가족 내에 이루어지는 육아, 양육, 가사노동, 임신, 출산, 요양 등은 여성이 혼자 하는 일이 아니라고 생각한다면 맞벌이 부부의 여성 스트레스는 줄어들어 조금 더 행복한 가정이 이루어질 수 있을 것이다.

신문기사 1

맞벌이 부모에게 기업이 해줄 수 있는 것

코로나19 상황이 길어지며 기업이나 공공기관 등 많은 조직에서는 재택근무와 자녀 양육을 병행해야 하는 직원들이 많아졌다. 오늘날의 직장상사들에게는 이런 맞벌이 부모 직원들을 관리하는 방법을 배우는 것이 참으로 어려운 일이다. 재택근무를 하는 상황에서도 직원들이 일과 삶의 균형을 맞출 수 있도록 지원해야 하기 때문이다.

만일 관리자가 화상 회의를 지나치게 많이 요구하거나 업무 기한을 제멋대로 정한다면 재택근무 중인 직원들의 스트레스가 높아진다. 자녀가 있는 직원에게 일과 가족 중 하나만 선택하도록 만든다면 결국 직장을 포기할 수도 있다. 그렇다고 너무 관대하게 관리해서도 안 된다. 맞벌이 부모 직원들에게만 느슨하게 특별대우를 해준다면 다른 직원들이 소외감을 느낄 수 있다. 또 업무부담이 쏠려 팀 내 갈등이 발생할 수 있다. 이것이 팬데믹 시대 조직 관리자의 딜레마다.

그렇다면 어떻게 해야 할까? 핵심은 '예측 가능성'과 '유연성'을 높여주는 것이다.

조직의 관리자는 먼저 업무의 예측 가능성을 최대한 높여주어야 한다. 가족을 돌볼 의무가 있는 직원들은 자신의 업무 일정을 미리 계획할 수 있기를 바란다. 그래야 업무와 관련이 없는 개인적인 일들을 더 잘 관리할 수 있기 때문이다.

예를 들어 모든 팀원이 협업하는 '공통 집중근무시간'을 정하는 방법을 시도해 볼 수 있다. 팀 전체와 팀원들 개인 사정을 고려해 오전 10시부터 오후 2시까지는 모두 업무에 집중하는 시간으로 정하는 식이다. 이런 공통 집중근무시간에는 참석자들이 각자 업무에 대한 집중력을 잃지 않도록 모든 회의시간을 30분 이내로 제한해야 한다.

다른 방법도 있다. 이번에는 반대로 팀원들의 집중근무시간을 적절히 분산시켜서(오전 8~11시, 오전 11시~오후 2시, 오후 2~5시 등) 어느 시간에 고객이나 협력사가 연락을 취해와도 응대할 수 있게 하는 것이다. 집중근무시간이 아닌 직원과 의사소통을 해야 할 땐 온라인 메신저 메시지 같은 온라인 업무 도구를 이용할 수 있다. '버디 시스템'을 만드는 것도 좋다. 집에 갑자기 일이 생겨 화상 회의에 들어가지 못하는 직원에게 주요 정보를 정리해 전달해 줄 '코로나 버디'를 지정해주는 것이다.

이렇게 업무의 예측가능성을 높여주는 제도들을 도입해도 그 효과에는 한계가 있다. 예상하지 못한 상황은 반드시 온다. 아이가 갑자기 아프거나, 얌전히 있지 않고 말썽을 부려 집중근무시간을 지키지 못하게 된 직원이 생길지 모른다. 혹은 프로젝트 일정이 앞당겨지거나, 클라이언트가 긴급한 요청을 해오거나, 부품 공급망에 차질이 발생할 수도 있다.

이를 해결하기 위해 관리자는 두 번째 전략인 '더욱 유연한 유연근무'를 실행해야 한다. 자녀를 둔 직원 두 명이 서로 업무를 분담하도록 허용하거나, 주 6일 단시간 근무제나 주 4일 장시간 근무제를 선택하게 할 수도 있다. 이렇게 하면 직원들이 더 쉽게 친척에게 아이를 맡기고, 비용을 아끼고, '번아웃' 위험을 줄일 수 있다.

근무형태의 조정이 필요한 직원이 있으면 주저하지 말고 말을 하도록 장려해야 한다. 또 망설이지 않고 유급 휴가나 무급 휴가를 낼 수 있도록 허용해야 한다.

무엇보다도 유연 근무를 요청하는 직원이 불이익을 받는 일이 없도록 해야 한다. 또 다른 해결책은 성과 평가 기준을 조정하는 것이다. 미국의 몇몇 대학에서는 자녀를 둔 조교수들의 연구업적 평가기간을 연장해주고 있는데, 다른 업종에서도 이런 방식을 사용해볼 수 있다.

이 모든 일에 있어서 관리자 스스로가 좋은 롤모델이 되어야 한다. "관리자 자신이 양육과 직장생활을 병행하는 데서 나오는 고민을 직원들과 나누고 또 자신의 일정을 실제로 변경한다면, '일과 삶의 충돌은 흔한 문제이며 누구에게나 이따금 유연한 근무 방식이 필요하다'는 사실을 직원들에게 널리 알릴 수 있을 것이다.

이 글은 하버드비즈니스리뷰(HBR) 2021년 3 · 4월호에 실린 '맞벌이 부모가 상사에게 바라는 것'을 요약한 것입니다.

출처: 동아 비즈N, 엘런 언스트 코섹 퍼듀대 경영학 교수 작성, 조윤경 기자 정리(2021.03.15).

신문기사 2

[선데이 칼럼] 무조건 아이를 낳으라고 하기 전에

통계를 작성하기 시작한 이후 처음으로 대한민국 주민등록인구가 줄었다고 한다. 출생하는 아기들의 수가 사망자보다 적었는데, 작년 출생아는 역대 최소였다고 한다. 인구의 감소는 내수, 재정, 연금 등 국가 경제에 미치는 영향이 막대하니, 장기적으로 큰일이 아닐 수 없다.

여기서 한국은 이민 등 외부 유입으로 인해 인구를 증가하거나 유지시킬 생각은 없어 보이는데 이는 현실적인 정서가 반영된 시각일 것이다. 아직 한국사회는 다른 인종 또는 다른 민족 출신의 사람을 대거 '한국인'으로 받아들일 준비가 되지 않았고 그럴 마음도 없어 보이기 때문이다. 한국인으로 받아들이는 것은 고사하고, 다른 나라 출신인 사람을 동등하게 취급하지 못하고 차별하는 경우도 종종 본다. 때로는 한국인이라면 도저히 참을 수 없을 것 같은 대접을 하기도 한다. 그럼에도 그들에 대한 처우는 형편없는데, 최근 엄동설한에 난방시설이 고장 난 비닐하우스에서 잠을 자다가 사망한 캄보디아인 이주 노동자 사례는 노동권 보장이니 인권 침해까지 갈 것도 없이 근로기준법 위반이다. 법조차 이주 노동자에게는 평등하게 적용되지 않았다.

말하자면 한국 사회가 주로 고려하는 저출산 대책이란 결국 한국인 여성이 아이를 많이 낳게 하는 것이다. 한국의 합계출산율, 즉 가임기 여성이 평생 낳을 것으로 예상되는 아이의 수는 2년 연속 0.9명대를 유지하고 있다. 이는 OECD 국가 중 제일 낮은 수치다. 다시 말해서 다른 OECD 국가에서 살고 있는 여성들에 비해 한국 여성은 아이를 그리 낳고 싶어하지 않거나 또는 낳고 싶지만 여건이 되지 않아 낳지 않는다.

우선 한국 사회의 경우 '정상 가족' 안에서 아이를 낳고 키우는 것을 당연시한다. 성인 남녀가 혼인 신고를 하고 적법한 부부를 형성하여 아이를 낳는 것만을 '정상'적인 형태로 보고 있으니 그렇지 않은 경우 아이나 부모가 살기란 고단하다. 미혼모나 매우 드물지만, 미혼부 가족, 조손 가족이나 동거 가족에 대한 편견이나 차별이 없다고는 도저히 말할 수 없을 것이다. 일례로 한국에서 취직을 하면서 결혼하지 않았으

되 아이가 있다는 사실을 밝히고 아이 양육을 위한 배려 및 지원을 요청하는 것이 당연하거나 쉽게 들리는가. 하지만 한국 외 많은 OECD 국가에서는 드물지 않은 일이다.

적당한 상대를 만나 결혼에 성공하는 것도 아이를 갖고 낳는 일에 성공하는 것도 쉽지 않다. 난임 문제 역시 만만치 않다. 아이를 양육하는 데는 비용이 많이 든다. 한국 사회에서 돈벌이를 할 수 있는 수단이 없는 상태에서 아이를 낳고 공적인 부조에 의지해서 아이를 키우는 것이 가능하려나 의문이다. 더구나 자녀 양육에 대한 기준이 높고 끊임없이 서로 비교하는 사회 아닌가.

또한 아이를 양육하는 데는 시간은 물론 정신적 육체적 에너지 역시 참으로 많이 든다. 양육을 보조해줄 수 있는 인력이 없는 경우 양육에 수반되는 피로도는 매우 높다. 보건복지부 자료에 따르면 2019년 한 해 동안 신고된 아동학대는 4만 건이 넘는다. 이중 가정에서 발생한 것이 79.5%를 차지한다고 하니 신고하지 않거나 못하고 넘어간 가정 내 아동학대는 훨씬 많을 것이다. 아이를 양육하는 일은 여러 가지로 힘든 일이며 사회적 지원과 때로는 교육과 관리·감독 역시 필요하다는 사실을 먼저 인정해야 한다. 코로나19로 인해 사회 전체의 스트레스가 매우 높고 외부로부터의 관여도 쉽지 않았으니 2020년 가정에서 학대받은 아이들의 숫자는 더욱 늘었을 가능성이 높다.

역시 보건복지부 통계에 따르면 2019년 학대로 인해 사망한 아이들은 42명이라고 한다. 한국 사회를 슬픔과 죄책감에 빠지게 하고 분노로 들끓게 한 '정인이' 말고도 학대 끝에 2020년에 죽은 아이들이 적어도 수십 명이 더 있을 거라는 이야기다. 전 사회가 아이란 마치 세상에서 가장 소중하고 중요한 존재라는 듯이 말하고 아이를 낳으라고 외쳐대면서도 정작 태어난 아이들이 제대로 보호받지 못해 죽음에 이른다.

최근까지 보건복지부와 서울시의 임신육아종합포털에 게시돼 있던 내용을 보면 한숨이 나온다. 임신 막바지 가뜩이나 몸이 무거울 임신부에게 출산을 위해 가정을 비우기 전에 "요리에 서툰" 남편과 남아 있는 가족의 생활이 불편하지 않게 아주 소소한 것까지 챙겨야 하며 출산 이후에는 살을 뺄 준비를 하라는 내용이 '생활수칙'이라고 버젓이 적혀 있었다. 사회가 이런 시각으로 여성의 결혼과 출산을 보고 있다면, 여성들이 선뜻 결혼하고 아이를 낳고 싶은 마음이 생길 리가 만무하지 않겠는가.

출처: 중앙SUNDAY, 김세정 변호사(2021.01.09).

Chapter

08

다문화가족

Chapter **08**

다문화가족

들어가며

오늘날 세계화 시대에 들어서면서 국내 다문화가정의 수가 증가하고 있다. 다문화가정은 우리와 다른 나라, 민족, 문화적 배경을 가진 사람들로 구성된 가정이다. 넓은 의미로는 우리나라 내 거주하는 모든 외국인 가정을 뜻하며, 좁은 의미로는 가족 중 한 명이 우리나라 국적을 취득한 가정을 뜻한다. 다문화가정이 늘어나면서 우리나라는 다문화 사회화가 진행되고 있으며, 이와 같은 현상은 앞으로도 지속될 것으로 전망되고 있다.

다문화가정의 증가는 다문화 청소년의 증가로 이어지고 있다. 다문화 청소년은 다문화가정에서 태어나 두 가지 이상의 문화적 배경을 지니며 성장하고 생활하는 청소년들을 의미한다. 2017년 만 9~24세에 해당하는 청소년기 다문화가정의 자녀 수는 약 8만 3,000명으로 2012년에 비해 24% 이상 증가하였다(여성가족부, 2017). 실제로 2014년, 다문화 청소년들의 비율이 전체 학생 대비 최초로 1%를 넘어섰으며, 2016년에는 1.68%의 비율을 차지하는 것으로 나타났다. 이를 고려하면 앞으로도 계속해서 초 · 중 · 고등 교육과정에 진입하는 다문화 청소년들이 증가할 것으로 예측된다(교육부, 2017). 현재 우리 사회가 저출산, 인구절벽 현상으로 인해 학령인구가 점점 감소하고 있다는 점과 세계 각국에서 다문화 청소년들에 대한 문제가 발생하고 있다는 점을 고려할 때, 국내에 거주하는 다문화 청소년들이 건강한 성장과 우리 사회구성원으로서의 역할을 잘 감당할 수 있도록 지원하는 것이 필요할 것이다.

다문화 청소년들은 서툰 한국어 실력, 이국적인 외모, 다문화에 대한 보수적인 시각으로 인한 또래 한국 아이들의 부정적인 태도 등 여러 가지 어려움을 겪으며 살아가고 있다. 두 가지 이상의 문화적 배경을 지닌 다문화 청소년들은 자신의 정체성에 대한 혼란을 겪고 있어 청소년기에 정립해야 할 과업인 자아정체감의 위기를 경험하고 있다. 이뿐만 아니라 부모의 낮은 경제력과 서툰 한국어 실력으로 인하여 교육기회의 불평등이 더욱 심화되고 있다. 이러한 다문화 청소년들이 우리나라에 잘 적응하여 건강한 사회적 구성원으로 성장할 수 있도록 도모하기 위해서는 무엇보다 이들을 교육시킬 수 있는 '교육'적인 측면의 지원이 필요하다. 즉, 다문화 청소년들에 대한 다양한 교육 서비스를 지원할 수 있는 정책 및 제도적 마련이 필요할 것이다.

1. 다문화가정의 정의

서로 다른 인종 간의 결혼, 또한 그 결혼을 통해 태어난 혼혈자녀와 생활하는 혼혈인가족 등으로 불리던 국제결혼가족을 좁은 의미의 '다문화가정'이라고 부른다.

최근에는 '다문화가정'이 내국인 간의 결혼과 외국인과의 결혼으로 구분하는 국적에 따른 차별성 대신 한 가족 내에 다양한 문화가 공존하고 있다는 의미로 해석할 수 있다. 이에 한국인 남성과 결혼한 이주여성 가족, 한국인 여성과 결혼한 이주남성가족, 이주민 가족(이주노동자, 유학생 등)을 포함하여 그 범위를 확대하여 사용하고 있다.

2. 개념

다문화가족은 성원들의 문화가 다르다는 개념이므로, 국제가족(결혼이민자가족), 이주노동자가족, 혼혈인가족 등을 포함한다.

원론적으로 보면, 모든 신랑, 신부는 각자 자기부모를 중심으로 한 가족의 성원이므로 결혼 등을 통해 형성된 가족은 모두 다문화적 속성을 지닌다. 그러나, 학자들은 종족, 인종, 문화적 소수자가 포함된 가족만 다문화가족이라 지칭한다.

3. 다문화가정의 현황과 욕구

한국인과 외국인이 결혼한 가정을 일컫는 표현은 크게 세 가지로 압축된다. 서로 다른 인종 사이에서 태어난 자녀를 초점을 맞춘 '혼혈인가족', 말 그대로 국경을 넘나드는 결혼의 형태를 의미하는 '국제결혼가족', 마지막으로 한부모가정, 독신자가정처럼 다양한 가족의 형태 중 하나로 정의하는 '다문화가족'이다. 결혼이민자가정이나 이주노동자가정은 빈곤한 가정이 많다는 것은 다른 빈곤가족들이 겪는 인권 사각지대와 마찬가지이다.

이전까지 국제결혼, 이중 문화가정 등으로 불리던 국제결혼가족을 '다문화가족'이라고 부르기 시작한 것은 최근의 일이다. '다문화가족'이라는 용어는 국제결혼이라는 용어가 내포한 내국인 간의 결혼과 외국인과의 결혼으로 구분하는 국적에 따른 차별성 대신 한 가족 내에 다양한 문화가 공존하고 있다는 의미로 해석할 수 있을 것이다.

4. 한국의 다문화가족 증가 배경

첫째, 편중된 성비례로 인해 결혼하지 못하는 남성의 수요가 급증하고 있다. 둘째, 결혼하지 않고 혼자 사는 여성이 증가하고 있다. 셋째, 한국 여성의 결혼조건을 충족시키지 못하는 남성이 저개발국의 여성을 선택하는 경우가 증가하고 있다. 여기에는 농촌에서 살기를 꺼리는 한국 여성의 가치관이 작용한다. 넷째, 정보화, 세계화에 따라 국제결혼에 대한 인식과 가치관이 바뀌고 있다. 다섯째, 저임금 외국인 노동자의 고용정책으로 외국인의 한국으로의 이주가 많아졌으며, 주변국 여성이 결혼을 통한 한국 이주를 빈곤에서의 탈출로 생각한다. 여섯째, 국제결혼 중매업체들의 적극적인 상술과 노총각 구제 차원의 국제결혼을 독려하는 사회적 분위기가 맞물려 국제결혼의 증가 배경이 되고 있다.

외국인의 유입이 한국 사회에서 눈에 뜨이게 증가한 것은 1980년대 후반부터 외국인 노동자들과 제3국에 거주하던 재외한국인들이 입국하면서 시작되었다. 이들의 국내유입은 한국경제와 고용시장뿐만 아니라 한국사회의 일상과 문화, 더 나아가서는 가족의 모습까지 변화를 가져오고 있다.

외국인의 유입배경에는 이들의 자국 내에서 발생한 배출요인과 국내에서 작용하는 흡인요인의 상호작용 속에서 이루어진다. 인구이동을 가져오는 송출압력으로는 기아, 빈곤, 고용기회의 희소 등과 같은 경제적 요인이 가장 흔한 이주요인이다. 전쟁, 정치적 혼란과 탄압과 같은 정치적 요인이나 국제화라는 사회, 경제적 요인 등을 지적할 수 있다.

인구의 이동에는 흡입요소들도 기여한다. 노동이동의 첫 번째 요인은 이주자의 자국보다 우월한 고용기회와 보상이다. 둘째 요인은 지리적 접근성이다. 이는 이동비용과 관련되기 때문에 중요하다. 노동이동에서 유사성 또는 중요한 결정요인이다. 유사성이란 이민자의 자국과 유입국 사이에 존재하는 사회문화적 특성의 공유 정도를 의미하는 것으로 언어와 문화의 유사성은 행선지 선택에서부터 유입국에 적응하기까지 모든 과정에 영향력을 행사한다.

정치적 이주의 경우는 이주국의 이주민에 관련한 정책과 사회적 환경이 중요한 흡입요소로 작용한다. 외국인 유입과 관련하여 한국 가족사회의 다양화에 기여하는 집단들은 다음과 같다.

첫 번째, 외국인 이주노동자 집단으로 숫자상 가장 큰 집단이다. 한국의 내국인 인력수급이 부족한 경제적 유인요소로 인하여 대거 입국하기 시작하면서 국내 체류, 체류기간이 장기화된다. 이들과 내국인의 결혼이 증가하고, 자녀들을 갖게 되면서 한국 가족형태에 문화적 인종적 다양성을 가져다준다.

두 번째, 국제결혼 가정들이 이에 해당되는 집단이다. 조선족과 동남아 지역 국가의 여성들이 국내에서 배우자를 구하는 데 어려움을 겪는 한국 남성의 배우자로 유입되면서 상업화된 성격의 국제결혼이다.

5. 외국인 노동자의 현황

외국인 노동자의 유입과 코시안(Kosian)

1980년대부터 우리나라의 경제발전과 함께 한국 노동자들은 일이 힘들고 위험하며, 작업환경이 불결한 3D업종의 기피현상이 두드러졌다. 이로 인해 1980년대 후반부터 수많은 외국인 노동자들이 한국으로 입국하기 시작했고 이에 따라 외국인 노동자 수는 증가하였다. 한국은 일제식민지 시기부터 1970년대까지만 해도 노동력을 송출해온 인력 송출국이다.

노동력 송출국이었던 한국이 외국인 노동력의 수입국이 된 것은 1980년대 후반에 노동력 부족률의 심화와 '1987년 노동자 대 투쟁'에 의한 노사관계의 변화에 의한 것이다. 한국경제는 고임금시대를 맞게 되면서 인력수급에 어려움을 극심하게 겪었던 중소기업들은 외국인 노동력을 수입하여 경쟁력을 만들어 내고자 하였다. '연수생'의 이름으로 유입되거나 관광, 단기 방문 사증으로 한국에 입국해서 일하기 시작하였다. 한국과 중국 및 동남아 지역 간의 소득 격차, 임금 격차, 과잉 노동력이 이주노동자의 유입에 기여하였다.

현재 외국인 이주노동자 중 가장 큰 집단은 조선족 동포들이다. 1992년 한중

수교 이전 우리 정부는 1986년 아시안게임과 1988년 올림픽 이후 북방정책의 기치 아래 중국에 우호적인 신호를 보내면서 여행증명서 발급만으로 한국방문을 가능하게 하였다. 초기에는 재중 동포의 한국 방문이 제한된 범위의 친척 방문에 국한되었거나, 취업을 목적으로 하는 조선족의 대량유입과 불법 체류를 촉진하게 되었다. 이에 따라 재중동포는 1990년대부터 중국 국적으로 사증을 받아 입국해야 했고, 1992년부터는 중국국민에 대한 사증발급 업무가 외무부에서 법무부로 바뀌고 친지방문도 55세 이상인 사람으로 제한되었다. 이는 우리 정부는 재중동포를 더 이상 '동포'로 보지 않고 '불법체류의 가능성이 높은 외국인 노동자'로 보기 시작함을 의미하였다. 조선족에게 송출압력을 가한 중요한 배출요인은 다음과 같다. 양국 간의 소득격차, 중국 내에서 고용기회의 희소, 국제화 작용이 있다. 한국의 흡인용인으로는 한국인의 3D업종 기피현상, 한국 내 친척 등과 같은 사회적 연결망, 지리적 근접성, 문화적 동질성 등이 있다.

이주노동자들의 국내 유입이 증가하고 장기화되면서 이주노동자와 한국인과의 결혼이 증가하면서 코시안과 같은 새로운 다문화가족을 등장시켰다. 한국인과 혼인한 외국인 이주노동자들의 자녀들은 한국인(Korean)과 아시아인(Asian)을 합성하여 코시안(Kosian)이라 부른다. 코시안은 대부분 1990년대부터 출생해 일반적으로 혼혈인들이 겪는 결혼이나 국적에서의 어려움을 아직 겪지 않을 연령이다. 하지만 학교에서의 놀림, 따돌림 등을 경험하고, 정부의 무관심으로 인해 의료, 교육, 경제적 혜택과 관련한 사회·제도적 차별을 받고 있다.

특히 국제법은 출생 부모의 국적과 관계없이 국적을 부여하는 출생지주의가 아닌 혈통주의를 따르고 있다. 이에 불법체류 이주노동자 간의 결혼을 통한 자녀의 경우 교육과 의료혜택의 기회에 쉽게 접근하지 못하게 하는 제도적, 시행상의 문제로 인하여 이들을 인권과 서비스 전달체계 상의 사각지대에 있도록 할 수 있다.

6. 다문화가족의 문제점

1) 아동들의 문제

결혼을 하지 않은 상태에서 한국에서 태어난 혼혈아동은 미국시민권을 가질 수 없으며, 한국 호적에도 등록을 할 수도 없었다. 따라서 미혼모의 혼혈아동은 대부분 호적상으로는 친척의 자녀로 호적에 올려졌다. 생모가 있음에도 불구하고 어머니의 가족과 연락이 없는 경우, 혼혈아동은 법적으로 고아로 간주되어 별도의 가족을 구성해야 한다. 이렇게 혼혈인은 지난 30여 년간 한국사회에서 법적인 권리를 가질 수 없었다. 한국에서는 1980년부터 혼혈아동들이 어머니의 호적에 어머니의 자녀로 등록할 수 있도록 해주었지만 아버지란에는 아무런 표시를 할 수 없도록 하고 있다.

2) 사회관계

혼혈아동들은 아직도 친척과 가족으로부터 냉대받고 외국인으로 치부된다. 그리고 한 동족으로 인정하기를 거부하는 한국사회의 편견으로 인해 따돌림을 당하면서 심리적 고립감, 정서적 소외감을 경험하게 된다. 이러한 사회적 고립감과 소외감 때문에 혼혈아동과 그 어머니는 지역사회의 주민들과 화합하지 못하고 대부분이 기지촌을 중심으로 집단으로 거주하고 있다.

3) 경제적 여건- 대부분 어려움

혼혈아동 중 미국인 아버지로부터 직접적이고 지속적인 부양을 받고 있는 경우는 극히 드물다. 혼혈아동 가족의 대부분이 빈곤에 시달리고 있다. 특히 아동이 취학 연령이 되면, 대부분의 어머니들은 한국 학교의 차별적인 교육을 우려하여 외국인 학교로 보내고 싶어 하지만, 교육비 부담으로 인해 어려움을 겪는다. 그러나 한국 정부 및 민간단체의 지원은 많이 열악하다. 한국정부의 혼혈아동 지원사업은 1978년부터 월정생계비 지원사업으로 시작하여 그들의 최저생활보장에 노력했으나, 현재까지는 구호사업적인 성격을 벗어나지 못했다. 이에 혼혈인들은 아직까지도 우리사회의 무관심속에서 소외되고 고통 받고 있는 실정이다.

4) 교육적 현황

다문화가정의 아동들은 첫 사회적 경험 장소인 유치원이나 초등학교에서 자신의 외모적 특성으로 인하여 또래들로부터 놀림을 당하기 때문에 유치원이나 학교에 가지 않으려고 한다. 기본적인 학업능력이 떨어지게 되고 가정에서 학습도 제대로 이루어지지 않는 환경에서 자라기 때문에 교육적인 방면에서 많이 떨어질 수밖에 없는 현실이다.

5) 심리적 문제

다문화가정의 아동들은 주 양육자인 어머니의 원활하지 못한 한국어 능력 때문에 자신이 겪고 있는 사회심리적인 갈등을 해결하지 못한 좌절감으로 인하여 심한 자아정체감 위기를 겪는다. 그래서 비행이나 반사회적 행동을 보이는 비행청소년이 될 가능성이 항상 존재하고 있다.

경제적 어려움을 겪는 어머니를 보면서 가정이나 형제에 대한 책임감이 높고, 특히 자신의 외모적인 특성을 인식하면서 '자기존재의식'은 높아진다. 그러나 사춘기를 지나고 생활환경이 넓어지면서 사회적 압력과 장래에 대한 불안이 증대될 경우, 다른 집단의 아동들보다 심한 자아정체감 위기를 맞이하고 미래에 대한 자신의 목표의식이 낮아진다.

6) 사회 적응의 곤란

한국어를 하지 못하는 아동은 한국어를 배우기까지 친구를 사귀는데 상당한 어려움을 겪는다. 입국 초기에는 같은 나라 출신 친구들과 어울리거나 혼자 혹은 부모님과 지내는 경우가 많지만, 한국어를 배우게 되면 주변 한국인 아동들과 어울리는 경우가 많다. 주변 한국인 아동들이 노는 방식대로 따르는 경우가 많고 각 출신국의 놀이를 하는 경우는 거의 없다.

7. 외국인 노동자의 유입과 다문화가족의 문제

외국인 노동자들의 유입은 제조업 부문의 극심한 인력난을 일부 해소하지만, 동시에 다양한 사회문제를 낳고 있다. 첫째, 열악한 근로 조건과 인권침해 상황이 자주 발생하고 있으나 적절한 정책이 미비하다. 임금체불, 폭행, 근로조건에서 차별, 인종차별과 멸시 등이 있다. 외국인 노동자들은 대부분 불법적으로 체류하거나 산업기술 연수생의 지위를 갖고 있다. 근로자로서 법적 지위를 확보하고 있지 못하기 때문에 제도적인 지원을 거의 받지 못하고 있는 형편이다.

둘째, 최근 이주노동자의 성비가 바뀌어서 여성이 남성보다 많은 숫자로 나타나고 있다. 여성 이주노동자의 증가는 근로장에서 성폭력 발생의 위험, 모성보호 근로조항을 무시하는 근로조건, 임신, 출산, 유상 등에 대한 의료보장이 미비하기 때문에 여성 자신뿐 아니라 영유아의 건강에 위협적인 환경이 도처에 있다. 셋째, 인종차별적이고 폐쇄적인 사회적 태도를 경험하고 한국 사회에 대한 부정적인 인식을 갖게 된다. 장기적으로 국제관계에 부정적 영향이 될 것이다. 넷째, 외국인과 결혼한 부부와 이들 자녀들에 대한 사회적 제도 편견과 차별은 이 사회에 또 다른 소외계층을 만든다. 특히 불법체류 가정의 자녀들이 교육의 기회와 의료서비스 이용이 실제적인 제도상의 문제로나 심리적인 이유로 제한되는 경우가 빈발하고 있다. 다섯째, 다중문화권에서 부부관계나 자녀양육의 경험이나 역할 모범이 없으므로 가족 간의 갈등이나 의사소통의 문제가 있을 가능성이 높지만 이들을 의한 지지체계는 매우 제한되어 있다.

8. 다문화가족의 문제에 대한 대책

1) 다문화가족을 위한 서비스

단일 언어 단일 문화에 익숙한 한국사회에서 다문화가족을 위한 서비스개발은 새로운 도전으로 다가오고 있다. 그러나 이는 점차 국제화와 함께 노동력의 이동이라는 현대사회의 한 사회현상이므로 우리 사회에 이에 적극적으로 대처할 필요가 있다.

(1) 한국문화적응 프로그램

한국 사회에 새로이 유입되는 모든 집단들은 언어와 문화에 익숙치 않아 생활에 많은 장애를 경험한다.

서비스 프로그램으로는 한국의 문화, 역사, 생활예절, 한국어 교육, 식습관, 문화유적탐방, 지역주민과의 자원봉사인력을 활용, 지역사회 주민들의 높이는 동시에 필요한 지지서비스로 제공될 수 있다.

(2) 가족보존 프로그램

문화와 언어의 차이, 빈곤, 인종차별 등은 한국사회에 새롭게 정착하는 많은 가정들의 안녕과 안전을 위협하는 중대한 스트레스 요인들이다. 자녀교육이나 부부관계와 같은 가족관계를 위한 집단 교육프로그램, 가정의 문제가 있을 경우 이를 위한 개별적 개입서비스를 제공한다.

(3) 법률상담 프로그램

법률상담 및 법적 권익보호서비스로 자녀의 교육, 근로현장과 거주지역, 다양한 일상에서 국내법에 의해 보호되지 않을 경우가 많아 법적인 지원을 받아야 하는 경우가 많다.

(4) 상담 및 치료서비스

새로운 사회에 적응하는 과정에서 스트레스는 심리 정서적 문제를 가져올 수 있다. 이주 전이나 이주 과정에서 다양한 정신적 충격이나 스트레스는 정신적 외상 후 스트레스 징후군, 우울증, 불안증과 같은 문제를 가질 가능성이 상당히 크고, 그 결과 가정폭력이나 음주의 문제 등의 위험으로 증가할 수 있다.

따라서 이러한 문제에 대한 교육도 필요하며 문화적 · 언어적으로 적절한 서비스가 필요하다.

(5) 연계서비스 프로그램

언어 문화적 차이로 인해 이들로 서비스 접근성은 매우 열악하다. 사례관리 서비스와 같이 다양한 서비스에 접근성을 향상시키고, 적극적인 옹호의 요소를 갖는 서비스가 효과적일 것이다.

(6) 아동 및 청소년 교육지원 프로그램

학습지원서비스는 학교에서의 적응을 도움으로써 학업성취를 향상시킬 뿐 아니라 청소년기의 비행, 가족관계의 갈등, 부적응과 장기적인 실업 등을 예방함으로써 사회적 비용을 감소한다.

(7) 사회정착 프로그램

경제적, 사회적 안정을 위해서는 취업이 매우 중요하다. 취업과 관련한 기술훈련, 사회기술훈련, 창업지원서비스 등은 이주 가정들이 새로운 사회에서 뿌리를 내리는 데 도움을 줄 것이다.

2) 사회복지정책적 대책

(1) 가족법의 세계화

한국의 국적법은 혈통주의에 기반하고 부권주의적 요소가 강하여 이주노동자나 국제결혼을 한 이주여성들과 그들의 자녀에게 불리한 요소들이 많이 있다. 귀화법의 개정으로 상황이 호전되기는 하였지만 아직도 많은 외국인 배우자 여성들에게 불리하고 차별적인 요소를 담고 있기에 이를 개선할 필요가 있다.

(2) 결혼상담소, 혼인중매 기관, 취업알선업자 등에 대한 법적 규제 강화

결혼이나 취업을 통해 이주를 원하는 제3세계 이주민들이 좀 더 나은 삶과 경제적 기회를 찾기 위해 알선업자들에 의해 경제적 착취와 인권의 유린이 잦은 것으로 알려지고 있다. 이들에 대한 법적 규제와 단속이 필요하다.

(3) 이주노동자의 노동기본권 보장을 위한 노동법의 개정

외국 노동자들에게 정당한 근로환경과 보상을 제공하고, 근로자의 기본권을 보장하기 위해 인간적인 근로환경을 제공해야 한다. 산업재해의 예방을 위한 적절한 대책이 있어야 하며 정당한 보상과 인간의 존엄성이 보장될 수 있는 주거환경을 보장할 노동정책을 마련하는 등 철저한 감독이 필요하다.

(4) 국민의식의 계몽과 홍보

단일민족, 혈통의 순수성과 같은 허구적인 개념과 폐쇄적인 공동체의식, 배타적인 사회관습은 강한 인종차별적인 의식과 사회구조를 낳았다. 세계화와 인간존엄에 관한 사회적 의식을 고양하고, 개방적인 인식구조를 위한 홍보가 필요하며, 법적 · 제도적 변화를 가져오려는 의식적 노력이 필요하다.

2018년 여성가족부의 다문화가족 지원 사업

추진계획	세부내용
다문화가족 방문교육사업	• 한국어교육 서비스 – 한국어교육 1~4단계 – 어휘, 문법, 화용, 문화 • 자녀생활서비스 – 인지영역: 독서코칭, 숙제지도, 발표토론지도 – 자아정서사회영역: 자아정서사회성 발달을 위한 지도 – 문화역량강화영역: 문화인식, 정체성 확립, 공동체 인식지도 – 시민교육영역: 기본생활습관, 건강 및 안전, 가정생활, 진로교육
다문화가족 자녀 언어발달지원 사업	• 다문화가족 자녀 언어평가 • 다문화가족 자녀 언어교육 • 부모상담 및 교육

9. 다문화가족의 부모역할

다문화가족 자녀에게 가장 중요한 영향을 미치는 요인은 가족이며, 문화가 서로 다른 부모와의 상호작용을 어떻게 경험하는지는 매우 중요하다고 볼 수 있다. 다문화가족 자녀의 성격 형성에는 부모의 양육태도, 가정환경이 크게 영향을 끼친다. 특히 비외국인 부모로부터 보다 적절한 보호를 받지 못할 경우 비타협적이고 공격적이며 소심한 성격이 될 수 있지만, 제대로 양육할 경우 다문화가족 자녀의 장점을 더욱 발휘할 수 있다. 이러한 점을 감안하여 다문화가족 자녀를 둔 부모는 다음과 같이 자녀의 성장 발달을 지원할 수 있는 부모역할을 해야 한다.

첫째, 자녀양육에 필요한 정보와 방법을 습득할 수 있도록 한다. 출신 국적에 따른 우려의 정도는 다를 수 있으나, 다문화가족 대부분의 부모는 부모가 한국어에 능숙하지 못할 경우, 자녀 역시 한국어를 제대로 배우지 못할까 봐 걱정한다. 이중언어 환경이라 할지라도, 어린 시기부터 정확한 언어 사용에 노출될 경우, 양쪽 언어 모두를 효과적으로 습득할 수 있다. 예를 들면, 책 읽어 주기 교육은 자녀의 언어와 인지발달에 영향을 미치기 때문에 다양한 언어로 된 책을 읽어 주거나 종교적인 자료나 한국어로 된 오디오북을 활용해 부모가 자녀에게 책을 읽어 주는 것이 중요하다.

둘째, 자녀양육에 있어서 아버지가 협력적 · 지원적 태도를 가질 수 있도록 한다. 아버지의 양육태도는 자녀의 인지, 인성, 도덕성, 성역할 발달에 영향을 미친다는 연구결과들이 있다. 여성 결혼이민자 가정의 경우 아버지의 역할이 매우 중요하기 때문에, 아버지가 자녀양육에 협력적이고 지원적인 태도를 취할 수 있도록 하는 것이 중요하다.

셋째, 부모자조 모임에 참여한다. 동일한 문제를 지닌 같은 나라 출신의 동료 또는 유사한 다른 나라 출신의 부모 모임을 통해 자녀양육과 관련된 다양한 정보와 자원을 얻고 교환하는 것이 중요하다. 배타적인 한국 사회의 특성과 외국인에 대한 지나친 편견으로 인해 외국인 자녀들은 친구들로부터 놀림이나 따돌림 등 사회 심리적 문제를 가지게 된다. 따라서 부모는 상담, 멘토, 자조집단과 같은 정서적 지원이나 사회기관의 지원을 적극적으로 활용해야 한다.

넷째, 다문화가족 자녀를 위한 프로그램에 참여한다. 부모는 다문화가족 자녀들을 대상으로 한 교육프로그램을 이용하여 기초학력 및 체험 현장학습, 전통놀이 참여 유도를 통해 한국인으로서의 정체성을 함양하도록 해야 한다.

다섯째, 바람직한 부모역할을 위한 지원체계를 갖는다. 다문화가족은 무엇보다 사회적 지원체계와 가족 간의 연결망을 가져야 한다. 예를 들면, 한국 사회 적응 프로그램, 외국인 부모를 위한 상담 프로그램, 가족지원 프로그램 등을 통해 외부의 사회적 지지 체계의 도움을 받을 수 있다.

다문화가족의 부모역할은 부모 혼자만의 노력으로는 힘들다고 본다. 국제결혼과 이주민의 증가로 정부에서는 한국어 교육과 사회적응 프로그램, 다문화교육 등 다양한 정책들을 제시하고 있다. 그러나 그들이 우리와 비슷해진다한들 그들의 피부색마저 바꿀 수는 없으며, 한국사회에서 겪는 소외의 문제가 말끔히 해소할 수 없다. 이에 무엇보다도 한국 미래를 구성하는 성숙한 구성원으로 성장할 수 있도록 서로의 문화를 수용하고 인정하는 사회적 분위기를 형성될 수 있도록 노력해야 할 것이다.

신문기사 1

[재밌다, 이 책!] 외국인 노동자, 탈북민, 다문화가정… '외부인' 아닌 다 같은 사회구성원이죠

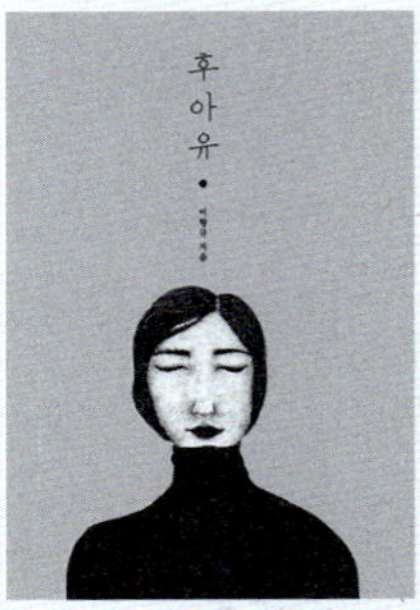

이 책의 작가는 대학에서 일하며 사랑에 빠집니다. 두 사람은 영국에서 펼쳐질 삶을 기대하며 결혼 후 영국으로 이주합니다. 하지만 작가는 그곳에 뿌리내리지 못해요. 딸 둘을 낳고 키우면서도 영국인 삶에 스며들지 못하고 겉돌면서 마음에 병이 듭니다. 결국 영국 생활 2년 만에 한국으로 돌아와요.

한국에서도 작가의 가족은 '다문화가족'으로 불립니다. 사실 이 용어는 다양한 문화를 존중하자는 이유로 붙여졌지만, 작가가 느낀 현실은 달랐어요. 작가의 자녀들은 친구들에게 '다문화'라며 놀림을 받기도 하고, 원하지 않는 지원을 무조건 받아야 할 때도 있었어요. 그러면서 작가는 다문화라는 용어가 사람 사이 경계를 만들고, 누군가를 배제하는 용어일 수 있다는 걸 느꼈다고 해요.

작가는 한국에서 결혼 이주 여성과 다문화 청소년, 탈북 청소년을 돕는 연구자이자 활동가로 일합니다. 이 책은, 작가가 이런 활동을 하며 만났던 사람들 이야기를 들려주고 있어요. 영국에서 결혼 이주 여성으로 살았고, 한국에서 다문화가족으로 살아온 작가는 이들을 타인의 시선으로만 바라보지 않습니다. 그들의 이야기에 자신의 삶을 투영하고, 이를 통한 고민과 성찰이 곳곳에 배어있어요.

책 중에 외국인 노동자가 하루는 지역 도서관에 갑니다. 사서는 그가 읽는 책에 관심을 가지고 그가 신청한 책을 구해 주려고 노력해요. 그러자 외국인 노동자는 이렇게 말합니다. "이곳에 오니까 존중받는군요." 이 외국인 노동자는 도서관에서 '당신의 직업이나 국적은 무엇인가'보다 '당신은 누구인가(who are you)', 한 인간으로서 당신은 어떤 사람인가를 중요하게 여기는 경험을 했던 겁니다.

작가는 한국에 이주해 온 사람들을 기능이나 역할로 바라보기 전에 '존재'로 봐야 한다는 말을 전합니다. 그들도 우리처럼 자신이 살아온 과거와 현재의 삶을 몸에 쌓은, 이성과 감정을 지닌 존재라는 점을 잊지 말자는 당부입니다.

출처: 조선일보 [신문은 선생님], 서현숙 작가(2022.02.07).

신문기사 2

한국 온 아프간 이방인, 심신건강 관리 시스템 마련해야

2014년 아프가니스탄의 23세 여성 카테라는 국영 TV에 나와 10년 이상 지속한 친아버지의 성폭행으로 다섯 번 출산했고 여섯 번째 아이를 임신 중이라는 사실을 폭로한다. 처음 태어난 네 명은 출생 직후 부친이 사막에 버려 다섯째 딸만 키우고 산다. 그간 친부의 만행을 15명의 율법학자와 상의하며 도움을 청했다. 하지만 14명은 "부패한 현 정부의 경찰과 법원은 도움을 안 줄 것"이라며 "탈레반이 재집권하면 아버지를 투석형(投石刑)에 처할 수 있다"는 말만 반복한다. 다행히 15번째 만난 율법학자가 "현 상태에서 유일한 해결책은 방송을 통해 피해 사실을 공론화시키는 일"이라며 출연을 주선해 공개적인 친부 고발이 가능했다.

한국 온 아프간인 61%가 미성년자

방송이 나가자 가해자가 구속됐는데 이는 아프가니스탄에서 학대받은 여성 편에서 정의가 구현된 첫 번째 사건으로 불린다. 2009년 여성을 학대한 가해자를 처벌하는 법은 도입됐지만, 오히려 피해 여성이 죄인으로 몰릴 위험이 크다 보니 집행된 적은 없었던 것이다.

시간이 흘러 카테라의 배 속 아이가 태어나 유전자검사가 진행됐고 가해자가 아버지임이 확인됐다. 그래도 판사는 유전자검사는 부족한 증거라며 아버지의 강간을 입증하라고 또다시 그녀를 압박했다. 카테라는 "탈레반이 통치하는 사회라면 아버지는 처형될 텐데…"라며 눈물로 탄식한다.

이후 우여곡절 끝에 2015년 카불 법원에서 재판이 열렸고 유전자 결과가 기자들에게 공개됐다. 검사는 가해자에게 사형을 구형했지만 이후에도 카테라는 투옥 중인 부친과 친척들의 지속적인 살해 위협을 받고 수시로 거처를 옮겨야 했다. 다행히 법률 자문가 등의 도움으로 그녀와 두 자녀는 프랑스 비자를 받아 가해자 집단을 떠날 수 있었다. 공항 대합실에서 카테라는 "TV에 출연하기 전에는 누구도 내 말을 안 들었다. 아프가니스탄에는 나 같은 피해를 보는 소녀들이 수천 명은 더 있을 것"이라는 말을 남긴다.

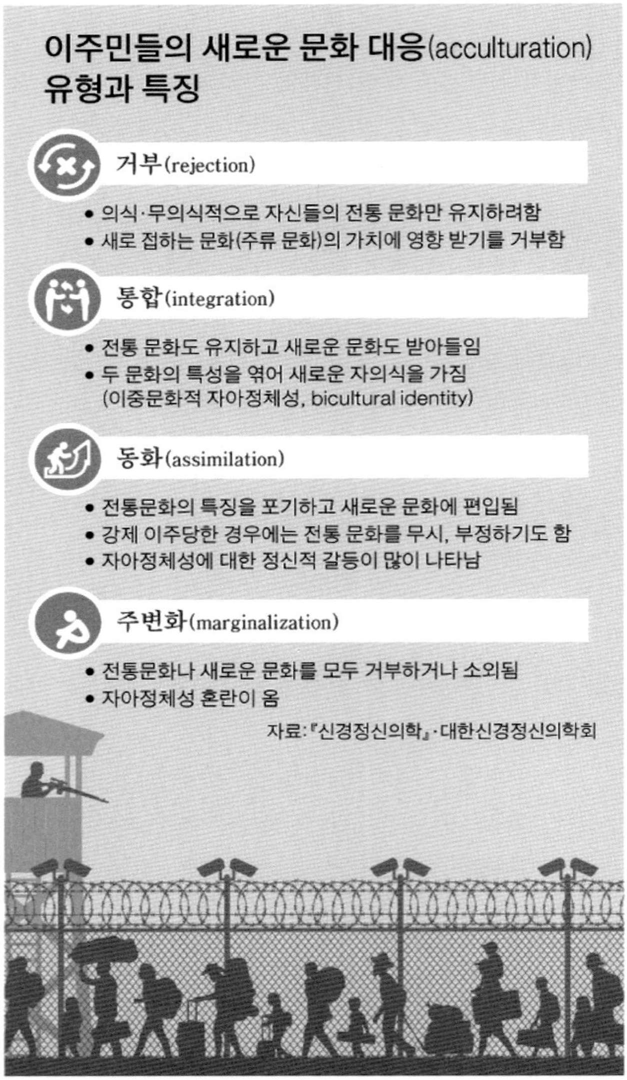

출처: 중앙SUNDAY, 황세희 국립중앙의료원 건강증진예방센터장(2021.09.04).

신문기사 3

"다문화 차별 안 돼요" 아이들 마음엔 국경이 없다
[기자의 눈/신희철]

"어른들이 다문화 친구를 차별하는 거 보면 이해 안 돼요. 다문화라고 공부 못하는 게 아니에요. 중국인 친구, 파키스탄인 친구와 즐겁게 잘 지냈어요."

경기 안산시 단원구 김○○ 양(16)은 안산원곡초등학교에서의 생활을 따뜻하고 즐겁게 추억했다. 재학 당시 학교에 이주배경 학생 비율이 90%에 달했지만 이주민 친구들을 크게 다르게 느끼지 않았다. 오히려 이주민 친구들은 쉽고 재미있게 세계를 배우는 기회가 되어 줬다. 김 양은 "학교에서 히잡을 둘러보고 일본 음식, 인도 카레도 먹어봤다"며 "원곡초를 나온 게 자랑스럽다"고 말했다.

본보가 17일부터 5회에 걸쳐 보도한 '공존: 그들과 우리가 되려면' 시리즈를 취재하면서 느낀 점은 취학 전 아동이나 초등학교 저학년일수록 국적이나 피부색에 대한 선입견이 적다는 점이다. 아이들은 어른들보다 문화적 수용력이 높았다.

아이들이 정서적 · 문화적으로 잘 어울리는 '공존 마인드'를 지키려면 어른들의 인식 전환이 필요하다. 다문화 교육은 이주배경 학생만 받는 방식을 바꿀 필요가 있다. 안산에서 만난 이주배경 청년 A 씨(26)는 학창 시절 다문화 수업이 상처로 남아 있다. 외국 출신 학생만 따로 불러 한국 문화를 가르쳐 국적이 다르다는 점이 더 각인됐단 얘기였다. 이주민 아이들뿐 아니라 한국 아이들도 함께 서로를 이해하는 교육을 받는 게 바람직하다.

또 다른 이주배경 청년 B 씨(22)는 '다문화가정'이란 명칭도 바뀌길 바랐다. 국내 유럽이나 미국 출신 이민 가정은 '글로벌 패밀리'라고 칭하고, 동남아시아나 아프리카 출신은 달리 부르는 건 차별적이란 취지다.

우리의 인식이 변하면 이주배경 아이들은 우리 사회를 좀 더 건강하고 풍요롭게 할 수 있다. 4회에 소개된 인도네시아계 한국인 윤○○ 씨(20)는 두 국가의 문화와 언어에 능통한 장점을 살려 인도네시아에 K푸드를 알릴 계획을 세운다. 스리랑카계 서○○ 씨(29)는 경기 안양 YMCA에서 안양시민들을 돕는다. 이주민 2세들이 우리 사회를 어떻게 바꿀지는 지금 우리에게 달려 있다.

출처: 동아일보, 신희철 기자(2022.01.24).

신문기사 4

다문화가족 범위 넓혀 지원 확대한다

외국인과 결혼 뒤 따로 사는 한국인의 자녀도 혜택 주기로

정부가 '다문화가족'의 법적 범위를 넓히기로 했다. 사각지대를 없애 더 많은 다문화가족이 정부 지원 혜택을 보게 하겠다는 취지다.

정부는 4일 오후 정부서울청사에서 20차 다문화가족정책위원회를 열고 이런 내용을 포함한 '학령기 다문화가족 자녀 포용적 지원 방안'과 '2022년도 다문화가족 정책 시행 계획'을 발표했다.

통계청에 따르면, 국내 다문화 가구원은 2015년 88만 명에서 2020년 109만 명으로 증가했다. 또 저출산으로 전체 초 · 중 · 고 학생이 2012년 672만 명에서 2021년 532만 명으로 21% 줄어든 반면, 다문화가정 학생은 같은 기간 4만7000명에서 16만 명으로 240% 급증했다.

정부는 우선 다문화가족의 범위를 넓힌다는 방침이다. 현재 다문화가족지원법은 '한국인+결혼 이민자(외국인)' '한국인+귀화자' '귀화자+귀화자' 등으로 이뤄진 가족을 다문화가족으로 본다. 만약 한국 남성이 외국 여성과 결혼한 뒤 여성은 본국(本國)에 있고 한국인 남성이 자녀만 데리고 한국에서 살고 있다면 '한국인+한국인' 가족이기 때문에 법적으로 다문화가족이 아니다. 여성가족부 관계자는 "이런 경우 자녀가 한국말도 잘 못 하고 외국인과 다름없는데도 법적 다문화가족으로 인정받지 못해 정부 지원을 못 받는다는 민원이 있었다"면서 "사각지대를 없애 지원이 필요한 다문화가족이 정부 지원을 받을 수 있도록 법을 개정할 계획"이라고 밝혔다.

정부는 또 국적 회복자와 한국인이 결혼한 경우도 다문화가족 범주에 넣는 방안도 검토할 예정이다. 과거 대한민국 국적을 갖고 있던 외국인이 다시 한국 국적을 취득할 땐 귀화가 아니라 국적 회복 절차를 밟게 되는데, 이런 국적 회복자와 한국인이 결혼한 경우 현재 법상으론 다문화가족으로 인정하지 않는다.

이같이 다문화가족의 범위를 확대하는 데 대해선 반대 의견도 있다. 현재 법적 다문화가족은 국공립 어린이집 입소 우선권과 공기업 채용 가산점, 주택 특별 공급 등 각종 혜택을 받는다. 여가부 측은 "법 개정안을 만드는 과정에서 구체적으로 어느 대상까지 법적 범위를 넓힐지 정하겠다"고 했다.

정부는 또 올해부터 다문화 아동·청소년이 학업 의지를 가질 수 있도록 전국 가족 센터 78곳에서 학업 상담을 해주고 교과 보충 프로그램도 제공하는 등 다문화 가정 자녀 지원을 확대하기로 했다.

출처: 조선일보, 김연주 기자(2022.02.05).

Chapter

09

새터민 가족과 가족복지

Chapter 09

새터민 가족과 가족복지

들어가며

2018년에 이루어진 4 · 27 판문점 선언, 9월 평양공동선언 등 통일을 향한 노력들이 이행되고 있지만, 정작 통일 이후의 사회와 교육에 대한 연구는 여전히 많이 필요한 상황이다. 새터민가족과 가족복지에 관한 다양한 연구를 통해 통일 후 남북한의 통합을 위한 정책들이 구상될 수 있기 때문에 새터민 가족과 가족복지라는 주제는 중요성이 있다고 본다.

새터민가족은 다문화가족의 한 형태이지만, 다음과 같은 이유로 별도의 고려가 필요하다. 새터민가족은 다문화가족의 일환으로서 동시에 하나의 민족이기 때문에 구별하여 고려할 점이 있다. 숫자적으로도 많은 수가 탈북하여 남한으로 오고 있다. 이주민의 특성을 가지면서도 같은 민족(헌법상 하나의 나라임)이라는 특수성이 있고, 국제결혼을 통하여 이루어지는 다문화가족과는 다른 양상이 있기 때문에 특정 가족 단위로 보는 개입이 필요하다.

1. 새터민의 개념

북한이탈주민에 대한 용어는 다음과 같다.

- 국가유공자 및 월남귀순자 특별보호법－월남귀순자(1962)
- 귀순북한동포보호법－귀순북한동포(1993)
- 북한이탈주민의 보호 및 정착지원에 관한 법률－북한이탈주민(1997)

초기에는 주로 군사적인 용어가 사용되었다. 주로 북한 군사들이 군사분계선을 넘어 귀순해왔고 나중에는 경제적인 이유로 일반 주민들이 귀순함에 따라 용어가 바뀌었다.

- 새터민

앞의 용어들이 부정적인 이미지를 드러낸다고 하여 통일부에서는 2004년 인터넷 공청회를 통하여 용어를 공모하였고 2005년부터 '새터민'이란 용어를 상용하게 되었다. 이는 새로운 터전에서 삶의 희망을 갖고 사는 사람이라는 뜻을 갖고 있다. 그러나 정치적인 이유로 당사자들은 '탈북자'라는 용어를 쓰기를 주장하였다.

2. 새터민가족의 개념

북한이탈주민이 다른 나라 국적을 취득하지 아니하고 남한으로 와서 보호받기를 신청하면 북한이탈주민가족이 된다. 북한을 이탈하는 경우가 점차 가족단위로 늘어나고 있다. 혼자 왔더라도 여러 경로를 통하여 가족을 데려오는 추세이다. 헌법으로는 한반도와 그 부속도서를 대한민국으로 규정하고 있다. 즉 북한땅도 대한민국의 영역에 포함되어 있다. 그러나 북한이탈주민이 보호를 요청해할 경우 통일부장관과 국정원장에게 통보되고 필요한 조치가 취해진다.

북한이탈주민은 국민의 지위이면서도 국민으로서의 당연한 권리를 향유하지 못하는 상태이다. 북한지역에서 생활근거를 갖고 있다가 벗어난 사람을 일컫는 용어는 실향민, 귀순용사, 탈북자, 북한 이탈주민 등의 다양한 용어가 있지만, 이들에 대한 법률적 용어는 '북한이탈주민'이다.

북한이탈주민은 북한이탈주민의 보호 및 정착지원에 관한 법률 제2조에서 규정한 북한에 주소, 직계가족, 배우자, 직장 등을 두고 있는 자를 의미한다. 그러나 2005년 1월부터 통일부에서 탈북자라는 용어의 부정적 이미지를 개선하기 위해 '새로운 터전에서 삶의 희망을 갖고 사는 사람들'이라는 의미로 북한이탈주민을 새터민이라고 발표하면서부터 '새터민'이라는 용어가 사용되기 시작하였다.

1) 입국 현황

새터민의 국내 입국 규모는 소수에 불과하다가 1990년 초 사회주의권의 붕괴 이후 1990년 중반부터 북한의 대홍수와 가뭄으로 인한 식량 사정으로 1994년부터 급증하였다. 2000년을 지나면서부터는 연간 천 명 이상, 2006년부터는 매년 2천 명 이상이 입국하기 시작하였고, 2009년에 2,919명으로 절정이었다가 2010년에 소폭 감소하였다. 작년 2011년에는 2010년에 비해 15% 증가한 인원이 입국하였고 2012년 3월 23,513명이 한국에 거주하고 있다.

1998년도까지는 주로 성인남성이 입국인구의 대부분이었으나, 최근에는 여성이 높은 비율을 차지하고 있다. 2002년 전체 입국자의 55%가 여성이며, 2005년까지는 약 60%였다. 2006년부터는 여성이 전체 입국자의 70%를 넘어서기 시작하여 현재 한국에 거주하는 전체 새터민의 약 72%가 여성인 것으로 나타났다.

북한인권정보센터가 2005년에 실시한 새터민 정착실태연구에 따르면, 새터민 중 미혼자의 비율은 남자 42.1%, 여자 42.3%였으며, 결혼하지 않고 동거하는 비율도 남자 7.3%, 여자 7.6%로 비슷하게 나타났다. 새터민의 24.6%는 이혼한 경험이 있고 19.9%가 사별한 경험이 있다고 응답하였으며 재혼한 사람의 비율도 16.6%에 달한다.

2) 개인 및 가족단위별 입국현황

2002년 이후 입국한 새터민들은 단독 입국이 여전히 많으나 가족을 동반한 새터민들의 수도 계속해서 증가하고 있는 추세이다. 그리고 이미 입국한 가족이 도움을 받아 잔류가족이 입국하는 연쇄 이주의 사례도 증가하고 있다. 1990년 이전에는 휴전선을 넘어서 귀순하는 사람이 대부분이었기 때문에 가족 단위의 탈북이 거의 불가능했다. 그러나 90년대 중반 이후 중국과 러시아 등을 경유하는 탈북이 급증하고 중국 내 체류가 점차 장기화됨으로써 북한 내 가족의 추가 탈북이 가능해졌다. 즉 입국한 새터민의 잔여가족 입국 지원에 따라 가족단위의 탈북경향이 증가하는 것으로 추정된다.

3) 연령별 유형

새터민의 입국규모의 증가와 함께 입국연령도 어린이에서부터 노인에 이르기까지 다양하다. 연령은 30대(31%), 20대(27%), 40대(16%), 10대(12%), 60대 이상(5%), 10세 이하(4%), 50대(4%) 순이다.

탈북의 힘겨운 과정과 위험을 감수할 수 있는 신체적 · 심리적 조건과 여건을 고려할 때, 그리고 더 나은 삶을 살고자 하는 동기적 측면에서 볼 때 20대와 30대의 새터민이 가장 많은 것은 자연스러운 일이며, 노동력의 유입과 증가 측면에서도 바람직한 현상이다. 그러나 한국의 청년 실업률이 날로 심각한 가운데, 새터민의 안정된 직장과 일정 정도의 소득을 보장받기는 더욱 어렵다. 그러므로 이들의 취업교육, 알선, 사후관리 등에 대한 실질적인 지원이 필요하다.

4) 지역별 거주현황

지역별 거주현황을 보면 새터민 중 13,578명이 수도권(서울, 인천, 경기)에 거주하고 있으며 65%가 지방에 거주하고 있다. 특히, 새터민 중 서울 거주자 29%는 양천구, 노원구, 강서구 등 임대아파트 단지에 거주하고 있어 거주의 집중도가 매우 높은 상황이다. 새터민들의 수가 증가함에 따라 서울과 수도권 지역의 분포를 전국차원으로 분산하기 위하여 지방으로 거주지를 배정받는 경우가 증대하고 있다. 그러나 지방의 정착여건 및 노동시장 여건이 불리하므로 서울과 수도권으로의 재이주가 늘어가고 있어 향후 새터민 정책의 어려움이 가중되고 있다.

5) 재북 직업별 유형

북한에서의 직업현황을 살펴보면 무직인 경우가 전체 50%이며, 노동자가 37%이다. 무직이 많은 이유는 탈북여성이 전체 72%를 차지하는 것과도 밀접한 관련이 있다. 그 외 관리직, 전문직, 예술 체육 분야의 직업을 가진 경우는 전체의 10%가량을 차지한다.

6) 재북 학력별 입국현황

북한의 교육과정은 유치원(1~2년), 인민학교(4년), 고등중학교(6년)로 되어 있어 남한과 다소 상이하다. 고등중학교의 학력이 70%로 가장 많고, 전문대, 대학 이상의 전체의 약 17%로 새터민 대부분의 학력수준은 높다.

7) 탈북 청소년

지난 20년간 우리나라 입국 탈북자의 수는 약 33,718명이 이르고 있다. 특히 이들은 자녀와 함께 탈북하는 사례가 많아지고 있으며, 하나학교의 전체 학생의 약 45%가 유아와 초등학교이다(하나원, 2016). 하지만 낯선 문화와 사회에 적응하는 과정에서 탈북 아동은 불안, 부적응, 스트레스 등의 어려움을 겪고 있다. 우리가 살아가는 사회에서는 탈북 아동들과 함께 살아가지만, 인식을 못하고 있는 실정이다. 탈북아동의 경우, 탈북 과정에서 형성된 외상후장애스트레스, 심리적 요인으로 남한사회 및 학교 적응에 대한 어려움 및 가치관 혼동 등 어려움을 겪게 된다.

북한 이탈주민의 국내 입국은 1990년대 초반까지는 10명 이내의 적은 인원이었으나 시간이 흐를수록 점점 그 인원이 증가하였다. 2000년대 초반까지는 1,000명이 조금 넘는 인원이었으나 최근 2006년부터는 매년 2,000명 이상 급격히 증가하는 추세이다. 이는 북한의 어려운 경제상황과 기존의 북한 이탈주민이 중간 역할을 한 것으로 분석된다. 또한 입국경로가 이전에 비해 다양화되었고, 먼저 입국한 가족이나 친인척의 도움을 받아 입국이 가능해진 것도 중요한 요인이다. 그리고 기입국자들의 개인배경도 매우 다양해지고 있다.

이처럼 요즘 시대에 우리 사회에서 성공적으로 정착하려고 한다. 이들이 탈북의 가혹한 생활을 견디고 생존한 만큼 강인한 것은 사실이나, 빠른 적응력을 기대하는 것은 쉽지 않다. 남한의 경제·사회환경에 적응하여 성취를 이루어 내는 것이 매우 어렵고, 문화적응 또한 오랜 남북체제의 이질성 때문에 쉽지 않기 때문이다.

현재 새터민의 남한 정착생활은 통일의 시금석이라고 불리는 만큼 중요한 사안이다. 왜냐하면 이들은 통일 후 이질화된 남북한 주민들이 함께 살아가야 할 때 생길 문제들을 미리 예측할 수 있도록 하고, 그에 대비할 수 있는 기회를 제공해주기 때문이다. 따라서 우리는 새터민과 그 가족들의 삶과 사고방식 및 행동을 이해해야 할 필요가 있다.

앞서 살펴본 현황 자료를 보면 우리는 점점 새터민의 입국인원이 급증하고 있는 것을 수치로써 명확히 알 수 있었다. 그들의 남한 정착생활에서 발생하는 각종 상황과 문제를 예측하고 해결하기 위해서는 북한사람의 특징에 대해 알아두어야 한다. 따라서 우리는 새터민가족의 문화적 특징을 간단히 알아본 후 현재 새터민가족이 남한사회에서 어떠한 문제점에 직면해 있는지 살펴보겠다. 그리고 발생하는 각종 문제점에 대비하기 위해 어떠한 정부지원책과 사회복지관의 사업 및 프로그램이 시행되고 있는지 알아보고자 한다.

3. 새터민가족의 특징

새터민들은 오랫동안 생활해 온 북한체제의 특성과 북한이탈과정에서 겪는 환경적 요인으로 인해 몇 가지 특징적 가치와 태도를 지니게 된다. 이러한 가치관과 태도는 한국생활 환경에 적응하는 과정에서 긍정적인 요소가 되기도 하고 때로는 어려움이 되기도 한다. 새터민의 특징을 살펴보면 다음과 같다.

첫째, 자신의 삶에 대한 능동적이고 적극적인 변화의 의지를 가지며, 자신들이 통일을 위한 선구자적 역할을 할 수 있다는 소신을 가지고 있다. 통일 이후 남북한의 사정을 잘 알고 있는 자신들은 북한지역의 재건과 남북 주민들의 통합을 위해 중요한 역할을 담당할 수 있다고 생각한다.

둘째, 강한 자아의식으로 자기중심적 인식과 태도를 가지고 있으며, 의사결정과정을 중시하지 않는 경향이 있다.

셋째, 탈북 사실에 대한 높은 자긍심과 정부의 보호와 지원에 대한 기대감을 갖고 있다.

넷째, 북한 체제의 영향으로 혁명과 반혁명, 민주와 독재, 사회주의와 자본주의 등 이분법적 사고방식으로 인해 흑백 논리적 태도로 나타난다.

다섯째, 강한 안전에 대한 욕구를 갖게 된다. 이는 신변위협에 대한 불안, 장래불안, 북한에 남은 가족에 대한 걱정 등이 원인이 된다.

여섯째, 심리-정서적 불안정상태를 보인다.

4. 새터민가족의 문제점

새터민 가족은 많은 가족갈등의 문제와 정신건강에서의 취약성을 드러낸다. 이러한 변화는 새터민에게도 나타나는데, 인적 · 물적 자원이 부족하기 때문에 남한 사회에 편입되기까지는 극도의 불안감을 경험한다. 이는 가출, 폭력, 약물 중독, 도벽, 학업중단, 성매매 등 범죄에 노출될 가능성과 정신건강의 어려움이 높아질 가능성이 크다.

1) 심리적 문제

새터민은 남한사회에서 갑작스러운 환경의 변화를 겪기 때문에 성장과정에서 형성된 자아정체감을 혼란스러워한다. 뿐만 아니라, 북한 탈출을 정당화하기 위해 북한에서 형성된 자아정체성에 대한 의심과 부정적인 평가를 해야 하는 심리적 압박을 갖고, 자아정체성을 상실해 가는 과정을 겪게 된다. 정체성의 박탈 이외에도 탈북과정에서 경험한 충격적 사건들로 인해 정신건강상의 어려움을 호소하는 경우가 많다. 이들의 66.4%가 충격적 사건을 경험하였고, 그 중 87.2%가 정신적 스트레스와 외상으로 고통을 받고 있다. 이들에게 가장 고통스러운 경험은 가족과의 이별, 가족 및 친밀한 사람의 죽음, 탈북과정 및 제3국 체류과정에서 체포, 발각의 두려움, 공안의 체포 및 강제송환, 굶어 죽는 사람의 목격, 공개처형 목격 등의 순이다. 또한 북한에 남겨둔 가족들이 자신의 탈북으로 인해 피해를 입을 수 있다는 죄책감과 함께 오지 못한 가족을 데리고 오려는 노력을 기울이는 과정에서 갖게 되는 불안감, 남한생활에서 느끼는 위축감, 신분노출로 인한 우려감 등의 심리적 문제를 경험하고 있다는 것으로 밝혀졌다. 이러한 심리적 불안전은 경쟁능력이 취약한 탈북자들에 대한 남한사람들의 멸시와 탈북자 스스로가 갖고 있는 강한 자존심 간의 마찰로 더욱 심화되고 있는 상황이다.

2) 사회문화적 적응문제

새터민들은 남한사회에서 살아가는 데 필요한 필수적인 예비지식과 정보가 없어 적응에 곤란을 겪고 있다. 영어 및 외래어를 이해하지 못하여 겪는 언어적 곤란, 새로운 대인관계를 맺는 과정에서 겪는 어려움, 가치관 및 도덕성의 기준이 달라서 받는 혼란, 문화적 충격으로 인한 어려움, 돈에 대한 가치인식의 차이로 인한 문제 등 다양한 문제에 직면하게 된다. 또한 새터민들은 어렸을 때부터 주체사상의 교육을 통해 획일적이고 경직된 사고에 길들여져 있다. 때문에 남한사회의 개인주의와 자율성, 다양성의 가치관을 받아들이는 데 있어 가치관의 혼란을 경험하게 되며, 공산주의 이외의 세계에는 노출된 적이 없었던 탈북자들은 자본주의에 대한 비현실적인 기대를 가지게 된다. 북한에서의 직업이나 출신이 다양하여 탈북자들 간에도 정치적 사고와 가치관의 차이를 보인다. 상호 배타적인 태도를 가지기 때문에 탈북자끼리도 외로움이나 고독감을 해소하지 못한다. 이와 더불어 이방인으로 느끼는 차별의식, 남한사람들의 무관심과 냉정함, 경멸로 오는 어려움 등도 경험하는 것으로 나타났다.

3) 직업선택의 문제

새터민들의 남한사회에서 정상적인 구성원으로 정착하기 위해서는 안정적인 직장을 구해서 안정된 생활을 하는 것이 필요하다. 새터민들은 취업을 하고 싶어도 하지 못하고 기대했던 것만큼 돈을 벌지 못해 답답해하며, 직장생활을 하면서도 자신의 능력을 발휘하기 어려운 여건 등으로 남한사회에의 부적응을 초래하는 경우가 많다.1,336명의 새터민을 대상으로 한 정착실태 연구에 따르면 새터민들의 월 소득은 50만 원 미만이 37.7%, 50~100만 원 미만이 40%로 나타났으며, 새터민 가족의 월평균 생활비도 100만 원 미만이 79.9%로 나타났다. 또한 실업자의 비율이 29.7%였고, 조사대상 새터민들 중 5.1%만이 자신을 중간층 이상으로 인지하고 있다. 반면 57.7%는 하류층, 극빈층이라고 인식하고 있는 것으로 나타나 이들의 경제적 상황이 매우 어려우며 한국사회에서의 상대적 박탈감 또한 매우 클 것이라는 것을 알 수 있다. 일반적으로 북한이탈주민들은 남한의 노동시장에서 정규직 직종에 취업하기가 힘들어 일용직과 임시직 등 불완전 고용상태이며, 취업을 한다고 하여도 오래 버티지 못하고 조기 퇴직하여 취업과 퇴직을 반복하는 경향이 높은 것으로 나타났다. 여성 새터민의 경우는 남성들에 비해 더욱 심각한 상태에 있다.

4) 지원에 대한 불만

새터민들은 남한으로 입국한 이후 한국정부가 이들에 대해 차별적 보상을 함으로써 또 다른 유형의 심리적 박탈감을 가지고 있다. 새터민에게 귀순 시기별 상이한 보상이 제공된 것에 대해서 강한 불만과 경제적 곤란을 지니고 있다. 그러나 이보다 더 큰 불만은 북한에서의 지위와 배경에 따라 차등적 보상금이 제공되고 사회적 대우가 달라진다는 점이다. 특히 남한사회에서 보상을 잘 받는다는 사람들은 대부분 북한의 기득권층이고 결국 그들은 북한의 억압체제에 적극적으로 동조한 사람이라는 것이다. 이처럼 차별적인 보상기준에 대해서 동의하지 못하는 새터민들은 한국정부의 지원정책에 대한 불만을 표출하고, 이는 남한체제 전반에 대한 불만으로 발전할 수도 있다.

5) 가정문제

새터민들의 가정생활이 경우 세대 간의 긴장 및 갈등 속에서 부모가 아이들에게 권위를 잃는 문제가 뚜렷이 나타나고 있다. 가족동반 입국 이후 일정 기간 적응교육을 거치고 나서 독립된 사회생활을 하는 단계에서 이런 양상이 두드러지고 있다. 초·중·고등학교 생활을 하는 아이들 및 대학생활을 하는 젊은 세대들이 비교적 새로운 사회에 동화되는 반면, 나이가 든 부모들은 주변적·표피적 동화만을 나타낸다. 더욱이 북한의 가치관과 생활방식에 익숙한 노인들은 서구식 사고방식과 문화를 가진 남한사회에 적응하지 못하고 식구들에게 잔소리를 하고 통제하려 함으로써 가족 간 갈등을 종종 빚는다. 자녀양육과 관련된 어려움도 들 수 있다. 한국의 교육체제나 학교 문화, 아동에 대한 부모의 양육태도 등이 북한의 상황과 다르기 때문에 새터민들은 많은 어려움을 겪는 것으로 나타났다. 특히 부모들은 남한사회에 적응하여 살아가는 문제가 바쁘기 때문에 자녀에게 신경을 쓸 여력이 부족하다. 그리고 남한 사회의 영향을 받아 보다 자유롭고 통제받지 않는 삶을 살아가려는 자녀세대에 비해 부모세대는 변화된 행동이나 태도를 쉽게 수용하기가 어려우며 청소년 자녀의 반항으로 인한 가족갈등이 발생하는 경우가 있다.

그리고 가정의 부부간 문제도 적지 않게 나타나고 있다. 특히 아내가 남편보다 새 사회에 적응하는 속도와 형편이 나을 경우 부부간 갈등이 어김없이 초래된다. 정착 초기에는 청소, 식당 허드렛일 등의 일을 구하기 쉽기 때문에 일반적으로 여성이 새로운 사회에 더 빨리 적응하는 경우가 많다. 그 결과 정착 초기에는 가족 내에서 유일하게 돈을 버는 위치에 놓이게 되는 경우가 많다. 하지만 이럴 경우 가부장적인 의식이 강한 남편들은 오히려 아내에게 권위주위적인 태도를 취하게 되고, 아내로 인해 큰 좌절감을 느끼는 경우가 적지 않다.

부부간 사이가 이미 좋지 않은 경우에는 이런 갈등이 더욱 심해지는 경향을 보이는데, 가장의 권위가 훼손되었다는 인식이 남편의 가정폭력을 일으키고, 결국은 심각한 가정불화로 이어져 이혼지경에 이르는 경우도 발생하고 있다.

6) 자녀교육과 언어문제

탈북귀순 청소년들은 대부분 남한의 학교와 사회생활에 제대로 적응을 못하고 있다. 학업성적은 일반적으로 중하위권의 경우가 대부분이며, 특히 영어, 국어, 역사, 사회의 성적이 저조하다는 연구결과도 나왔다. 또한 같은 언어를 사용하기 때문에 어려움이 없을 것이라는 일반적인 생각과는 달리, 새터민들은 사회문화생활 측면에서 언어와 관련한 어려움이 가장 큰 것으로 나타났다. 이들은 남한에서 사용되는 한자나 외래어 같은 낯선 언어 때문에 어려움을 느끼고 있는 것으로 밝혀졌다. 또한 탈북자들은 남한에 와서 자신들이 남한사람들의 말을 알아듣는 것보다는 남한사람들의 자신들의 말을 잘 알아듣지 못하는 것이 불편하다고 한다. 반면 남한에 들어오기 전 외국에 살았던 사람들은 이런 문제에 대하여 심각성을 느끼지 않았다.

자녀들은 대부분 학력 저하문제로 한두 학년 아래에서 수업한다. 학업성적이 중하위권에 있는 경우가 많으나 사교육을 할 정도의 환경이 되지 못하였다. 그리고 자신들이 남한 사람들의 말을 알아듣지 못하는 것보다 남한사람들이 자신들의 말을 알아듣지 못하는 것이 무척 답답한 경향이 있다.

5. 새터민가족에 대한 개입

새터민이 한국사회에 정착하는 과정에서 강점요인과 약점요인을, 새로운 사회에 정착하는 데 주어지는 기회요인과 위협요인을 추출한다. 그리고 강점요인을 중심으로 기회요인을 확대하여 새터민이 겪고 있는 문제점을 극복하는 방안을 제시하였다. 사회복지사가 새터민에게 개입 시 그들의 강점, 약점, 기회, 위협 등을 고려하면 더욱 효과적인 실천이 될 수 있기 때문이다.

또한 새터민을 위한 부모교육 프로그램을 개발하였다. 이 프로그램은 새터민의 특성인 적응에 대한 두려움과 불안감 또는 과도한 자신감을 고려하여 구체적으로 사실적인 정보를 전하는 데 초점을 맞추었다. 총 6회기로 구성되어 있으며, 프로그램의 구체적 목표는 첫째, 자녀양육에 대한 정보 및 교육을 통한 불안감 경감, 둘째, 부모-자녀 간 적응속도 차이에 대한 격차 경감, 셋째, 남한사회 적응력 향상을 위한 가족지지체계 강화, 넷째, 적응상황(집단 따돌림, 학습장애, 학교폭력, 가출 등)에 대한 대처능력강화이다.

6. 새터민가족 지원을 위한 사회복지 프로그램

1) 새터민 정착지원체계

(1) 새터민 정착지원체계의 내용

새터민의 국내 정착지원을 위한 기본체계는 먼저 새터민이 국내에 입국하면 1개월 내외 관계 기관의 합동신문을 거치게 된다. 이어 통일부에서 운영하는 정착지원 시설인 하나원에 수용되어 3개월간의 사회적응교육을 받고, 이 과정을 마치면 거주지에 편입하게 된다. 거주 편입 후에는 통일부가 지자체, 노동부, 경찰청 등 유관기관과 협조하여 5년 동안 사회정착에 필요한 거주지를 보호하고, 의료급여 등 일부 내용은 평생 개념으로 운영한다. 그리고 이러한 과정에서 통일부는 새터민 보호 및 지원업무와 관련된 정책협의, 조정, 심의 등을 위해 통일부, 국방부, 행자부, 국정원 등 19개 유관기관 협의체인 북한이탈주민 대책협의회를 운영하고 있다.

① 시설보호 및 교육단계

북한이탈주민 보호대상자에 대하여 우리 사회적응에 필요한 사회적응교육, 취적 및 주민등록증발급, 거주지 배정, 정착지원금 지급 및 임대주택 알선 등 사회편입을 준비하는 시기를 말한다.

② 초기 정착 지원단계

남한에 호적이 없는 새터민에 대하여 취적 및 주민등록증을 발급하여 우리 국민으로 살아갈 수 있는 기본 권리를 부여해준다. 이를 위해 하나원에서 취적 허가신청서를 서울가정법원에 제출하고, 신청을 받은 서울가정법원의 결정을 통해 취적을 받게 된다. 주민등록은 경기도를 주소지로 하여 본적 및 주소지를 등록하고 거주지 편입 전에 주민등록증을 발급받는다. 사회배출 후 거주할 지역은 새터민의 희망을 우선적으로 고려하지만, 신변보호 및 임대주택 공급 물량 역시 고려하여 수도권 및 전국 지역별로 분산 배정한다. 새터민이 초기 정착에 필요한 자립기반을 마련할 수 있도록 월 최저임금액의 200배 범위에서 장착지원금을 지원한다. 신문 시 허위 진술 또는 진술거부, 수용시설에서의 무단이탈 등 질서위반 범죄가담 등 물의를 야기한 보호대상자에 대해서는 그 사유의 경중에 따라 본금의 10~50%를 감액하여 지급한다. 새터민의 연령 세대구성

등을 고려하여 예산의 범위 안에서 85평방미터 이하의 주택을 임대하는데 필요한 주거지원금을 지원한다. 이를 위해서 사회에 편입됨과 동시에 대한주택공사 또는 각 자치단체에서 건립하는 공공건설 또는 국민 임대아파트를 알선한다. 새터민의 지방거주를 권장하기 위하여 지역별로 가급 서울, 나급 광역시, 경기도, 다급 기타지역으로 구분하고, 나 다지역에 5년 이상 거주시 지방 거주 장려금을 지급하고 있다. 자립자활을 위한 직업훈련 및 취업보호제도를 운영하여 전국 46개 지방 노동사무소에 취업보호담당관을 지정하고, 새터민의 기술경력을 고려해 직업훈련을 지원한다. 이를 위해 2004년에는 1,080명에게 14억 1천만의 직업훈련수당이 지급되었다. 북한이탈주민고용사업장부에 부가임금액의 1/2을 지원해 취업확대를 유도하고 있으며 2004년도에는 218개 업체 269명에게 9억 천만 원의 고용지원금이 지급되었다.

③ 거주지 보호단계

사회편입 후 지역정착지원을 위한 거주지 보호를 강화하고 있다. 즉, 국가기초생활보장, 의료급여, 학비지원 등 182개 지자체 거주지 보호 담당관을 지정하여 실시하고 있으며 이에 대한 정기적 정착실태조사 및 거주지 보호담당관의 반기 보고도 실시하고 있다. 민간단체의 사회적응프로그램에 대한 지원을 강화하기 위해 북한이탈주민후원회의 예산을 확대하고, 여성 · 청소년 등 사회적 취약계층에 대한 특화 프로그램을 개발 및 운영할 수 있도록 지원한다. 무연고 탈북 청소년 공동생활체 후원회, 탈북 청소년 학습 쉼터 후원회, 청소년 계절학교 북한인권시민연합, 하이모 프로그램 천주고 민족 화해 위원회, 자유 시민 대학 선한 사람들 등이 이에 속한다. 지역사회 내 정착지원 협력망을 강화하기 위해 지역협의회를 거주지 취업 신변보호담당관, 지역사회복지관, 자원봉사센터, 종교 민간단체, 북한이탈주민고용기업체, 민족통일협의회, 민주평통지역협의회 등으로 구성하였다. 북한이탈주민 밀집 거주 지역을 중심으로 북한이탈주민지원지역협의회 활동을 강화하여 2005년 현재 서울, 노원, 양천, 강서, 송파, 강남, 중랑, 부산, 대구, 인천, 광주, 울산, 경기, 성남, 부천 등 14개 지역협의회가 결성되었다. 지역협의회는 북한이탈주민에게 지역별 실정에 부합한 복지시스템 안내, 이웃 주민과의 공감대 형성 등 각종 사업을 추진하고 있다.

(2) 새터민 지원사업

① 서울북부하나센터

2009년 통일부에서 시범사업으로 전국의 6개 지역에 북한이탈주민의 '하나원' 퇴소 이후의 삶을 지원하다가 북한이탈주민 지역적응센터를 선정하였다. 공릉종합사회복지관이 서울북부지역을 관할하는 '서울북부하나센터'를 지정 위탁받아 운영하고 있다. 서울북부하나센터는 최초 민관협력의 통일부 지정 '북한이탈주민 지역적응센터'로서 북한이탈주민을 위한 초기정착지원활동과 지역적응을 실시하는 기관이다.

가. 북한이탈주민 적응 지원사업

- 정착도우미사업: 하나원 퇴소부터 거주지 안내 등 신규 전입 북한이탈주민의 초기 전입과정 지원을 통하여 북한이탈주민의 지역적응을 도모하고 또한 정착도우미(자원봉사자) 모집, 교육, 연결 및 관리한다.
- 지역적응교육 및 사후관리(신규 전입 북한이탈주민 중 만 18세 이상 성인대상): 지역실정에 부합하는 취업이나 진로에 대한 상담 및 사후지원을 통해 조기 자립과 자활을 도모한다.

나. 전문사례관리사업

- 사례관리: 상황에 따라 전담 사회복지사가 사례를 분담 관리하고, 가정방문과 전화연락 등 전문상담 및 지역사회자원 연계한다.
- 의료서비스지원: 서울아산병원과 고려대학교 안암병원을 연계하여 건강검

진 실시한다.

- 경제적 서비스지원: 아동 청소년 장학금, 긴급 생계비 및 의료비, 경조사비 및 생필품 지원한다.

설/추석 명절지원 행사를 지원하다.

- 법률상담지원: 법무법인과 연계하여 전문변호사를 통해 법적문제들을 해결하도록 지원한다.
- 심리(정신건강) 상담 및 치료: 상담심리사 개입, 약물관리 및 정신과 진료 연계한다.
- 학부모교육 및 간담회: 새터민 아동 및 청소년 부모를 대상으로 교육과 양육태도 등 교육을 실시한다.
- 탈북아동, 청소년, 대학생 지원사업: 초등 공부방 사업을 실시한다.
- 청소년 학습지도 학습멘토링 프로그램: 학습멘토링(일반학교, 대안학교, 검정고시준비), 탈북청소년 학원수강지원한다.
- 대학진학 & 적응지원 프로그램: 예비대학모임 '새내기 대학가', '대학입시박람회 및 동아리를 지원한다.

다. 진로취업지원사업

- 진로취업상담: 남한의 직업유형 문화, 직업훈련정보 등 종합적인 취업지원 전담서비스를 제공한다.
- 정보화 교육: 컴퓨터 기초능력 배양을 위한 자격증 취득, 기초실무과정 교육 지원한다.

라. 지역주민통합사업

- 북한이탈주민 조직화 사업: 북한이탈주민 자원봉사단 '나눔봉사단' 활동으로, 2006년 9월에 창단되어 자원봉사활동 교육, 지역 내 사회복지실과 연계하여 정기적인 자원봉사활동, 신규 전입한 북한이탈주민의 청소지원 및

밑반찬지원, 자원봉사활동 이후 평가회 및 단합대회 등의 활동을 한다.

- 주민통합기획단 '좋은 이웃' 활동으로 남한주역 주민 15명, 북한이탈 주민 15명이 월 1회 정기모임 및 특별활동을 통하여 진정한 이웃으로 살아갈수 록 있는 활동을 한다.

마. 지역인식 개선사업

- 북한음식 나누기프로그램을 통해 순대, 두부밥, 감자전, 통일비빔밥, 통일떡볶이 등의 북한음식을 제공한다.

바. 대학생 인식개선사업

- 북한이탈주민, 북한 정부 및 민간의 지원내용 등에 대한 전반적인 이해를 돕는 교육 실시한다.

② 공주시건강가정지원센터, 새터민 통합지원프로그램 운영

공주시건강가정지원센터는 2011년부터 새터민 통합지원 사업, '해피라이프'를 운영하고 있다.

- 대상: 공주시 거주하는 새터민
- 프로그램 소개: 총 10회기로서 가족상담 및 교육, 문화 통합 프로그램, 새터민 간의 실질적인 생활도구 제작, 새터민 간의 자연스러운 자조모임 형성에 도움을 주고자 한다.

③ 북한이주민지원센터

2003년부터 북한이주민들의 안정적인 정착을 위해 활동하는 민간단체로 2009년 3월에는 통일부 지정 북한이탈주민 지역적응 센터인 '대구 하나센터'를 운영하고 있다.

가. 정착지원사업

- 초기 전입 세대의 아파트 청소를 돕고 정착과정을 안내한다. (예를 들어, 북한이탈주민 마중, 전입신고, 아파트 계약, 도시가스 설치, 통장 개설)
- 월 2회 이상 가정방문을 실시하며 (거주지 전입 6개월 이후는 월 1회 이상) 또한 정기적으로 전화 통화를 통해 상태를 확인한다.
- 생활정보 제공한다. (예를 들어, 병원 가는 방법, 핸드폰 요금제 설명, 은행이용, 버스노선 안내)
- 지역사회 안내, 사회문화체험가 있다. (예를 들어, 영화관람, 마트 쇼핑, 동사무소 동행)
- 활동 내용은 월 1회 활동월보를 작성하고 정착도우미 교육, 간담회를 통한 의견을 공유한다.

나. 의료지원사업

대구지역으로 전입해오는 신규 북한이주민을 대상으로 하나센터 교육기간 중 대구의료원을 방문하여 건강검진을 실시한다. 신규 북한이주민뿐만 아니라 지역에 거주하는 북한 이주민 또한 건강검진이 가능하다.

다. 남북통합사업

남북간의 이질감을 줄여 상호이해의 계기를 마련함으로써 지역사회에서 남북한의 거리감을 좁히고, 나아가 통일 후 사회통합을 위한 초석을 마련한다.

자원봉사단 및 북한이탈주민풋살팀을 운영하고, 남북화합한마당 체육대회, 명절행사, 송년의 밤 행사를 한다. 이 외에도 여성 북한 이주민 간담회, 고령자 모임, 지역 북한이주민 지역단체 연계 프로그램 진행을 하며 대학생 하계 및 동계 캠프를 진행한다.

라. 교육지원사업

- 배움터: 대구, 경산지역 새터민 대학생, 예비대학생 학교생활 적응 및 취업

지원을 위한 프로그램이 있다. 새터민 대학생, 예비대학생들에게 교육의 기회를 제공하여 무한 경쟁시대의 학습능력을 배양한다. 동시에 대학생들의 사회진출 준비를 위한 지역 공동에 의식을 형성하는 프로그램을 실시한다.

마. 발개돌이 공부방

2010년 4월 물을 연 발개돌이 공부방은 약 10명의 북한 이탈주민 자녀들이 이용하고 있다. '발개돌이'란 북한말로 개구쟁이이라는 뜻을 가지고 있다. 발개돌이 공부방에서는 심신 안정을 목표로 다양한 프로그램이 진행 중이다. 국 · 영 · 수를 비롯한 기초학습능력 향상을 위한 교육과 독서지도, 미술, 한문, 생명과학 등 수업이 진행되고 있다. 다양한 수업진행으로 자신감을 회복시키며, 학교에서의 적응을 잘 할 수 있도록 돕는다. 또한 야간보호를 통해 안정적인 보호와 공동체 생활을 통해 사회성을 높인다.

7. 새터민가족의 대책

1) 법적 또는 제도적 개선

북한이탈주민의 보호 및 정착지원에 관한 법률로서 북한이탈주민(1997)

기존의 법들이 물질적 보상 위주이고 체제적응을 위한 사회적응 프로그램과 직업 훈련 등 남한 시스템에 적응 능력 신장을 강조한다. 탈북자의 북한에서의 신분과 정보 가치에 따라 차등 지원. 탈북자 간 갈등을 심화시키는 원인이 되기도 한다. 따라서 동등하게 보상할 필요가 있다. 다만, 기술이나 자격증은 일정 과정을 통하여 인정할 필요가 있다. 현재 국내의 보호수준은 저소득층 보호수준과 형평성을 고려하여야 한다고 주장하고 있다.

2) 시설지원부문

현재는 하나원으로 가능하나 대규모 탈북이 이루어질 경우 하나원으로 부족한 실정이다. 거주지 부문에서 지방에 거주하다 서울로 다시 올라오는 부작용이 발생한다고 우려한다. 따라서 지역균형발전의 필요성을 강조한다.

3) 정부지원부문

정부는 그동안 자립지원 수준과 제도를 강화하고 탈북자들의 사회적응교육 및 자활능력을 강화하고 있다. 그러나 입국인의 증가, 분포지역의 산만화, 지원 관련 환경의 다변화 등으로 지원에 대한 전반적인 검토를 해야 한다. 그리고 지방과 민간의 역할이 확대되어야 한다. 일률적인 재정지원보다는 북한이탈주민 개개인의 정착의지를 제고시키는 정책이나 제도가 필요하다. 또한 인센티브 등 탄력적 운영이 필요하고, 전담사회복지사 양성 및 고용에 대하여 대책이 있어야 한다.

4) 교육지원부분

직업교육의 다양화가 필요하다. 전문직 출신이나 기술을 보유한 사람은 보완교육을 통하여 전문성을 살릴 수 있다. 새로운 기술을 습득하기 위해서는 실질적인 새로운 교육과 더불어 심화교육이 필요하다. 단순직을 원하는 사람에게는 업체 내 실질적인 교육이 이루어지도록 해야된다.

5) 학교교육

초·중·고 대학생 대상에 맞는 교육역량강화사업이 필요하다. 예를 들어 방학 중에 학교생활에 돕기 위한 예비학교 운영 및 멘토링이 필요하다. 또한 학생자원봉사에 탈북청소년들에게 멘토링하는 경우에도 자원봉사로 인정해주는 시스템이 구축되어야 하겠다.

6) 사회적응 프로그램 개발

- 심리적응 프로그램: 상담센터 및 대화할 수 있는 시스템 구축이 필요하다.
- 문화적응 프로그램: 남한사회문화 체험하기 필요. 연극, 영화, 공연, 환경, 풍물, 역사, 기행 등이 필요하다.
- 스포츠적응 프로그램: 다양한 스포츠 활동, 동호회 활동 등이 있다.
- 가정적응 프로그램: 미혼남녀 결혼, 가족 결연(멘토링) 등이 있다.

마무리하며

북한 이주민들이 겪고 있는 문제점들을 기반으로 앞으로 우리가 새터민을 위해 나아가야 할 방향은 다음과 같다.

첫째, 북한 이주민들을 지지할 수 있는 환경을 조성하는 프로그램이 끊임없이 요구된다는 것이다. 북한 이주민들은 초기에 하나원의 집중적인 사회적응 교육 이후에는 폭넓은 교육을 받지 못하고 있다. 현재 북한 이주민을 대상으로 하는 프로그램은 그 숫자가 많지 않을 뿐만 아니라 무엇보다도 이들에게는 정신적, 심리적, 사회적 지지가 절실하다. 북한 이주민의 실정과 욕구에 필요한 사회적 자원을 개발하고 이들에 대한 편견을 제거할 수 있는 프로그램이 더욱 활성화되어야 한다.

둘째, 현재 정부의 정책만으로는 한계가 있으므로 이들이 지원하는 민간자원 체계가 활성화되어야 한다. 북한 이주민이 남한사회에 성공적으로 통합되기 위해서는 정부뿐만 아니라 지역사회의 적극적인 참여가 필수적이다.

셋째, 북한 이주민들의 안정적인 정착을 위해서는 체계적이고 깊이 있는 취업교육 및 일자리 지원이 필요하다. 새터민의 성공적인 정착은 소득과 어느 정도 관련성이 있다. 그런데 현실적으로 정부의 지원금만으로는 어려움이 있으므로 정부에서는 북한 이주민들이 스스로 정착할 힘을 키워주는 노력이 필요하다고 볼 수 있다. 또한 무엇보다도 북한 이주민에 대해 남한 사람들의 편견 없는 시선과 사회 분위기 형성이 가장 중요하다.

신문기사 1

새터민 삶 제대로 아시나요?

넷플릭스 드라마 '오징어 게임'이 화제입니다. '오징어 게임'은 한국을 비롯해 홍콩, 말레이시아, 대만, 태국, 베트남 등 22개국에서 1위를 차지했다고 합니다. 영국과 프랑스, 독일 등에서는 2위에 올랐습니다.

'오징어 게임'에선 이주노동자와 노인 등 그동안 한국 드라마가 소홀히 했던 인물들이 주요 역할을 맡고 있습니다. 특히 새터민 새벽(정호연)의 비중은 눈여겨볼 만합니다. 새벽은 북에서 데려와야 할 가족이 있어 범죄의 수렁에 빠졌고, 빈곤에 시달린다는 식으로 표현됩니다.

새터민은 어떻게 살고 있을까요. 다큐멘터리 영화 '올드 마린 보이'(2017)의 주인공 박명호 씨의 삶은 우리에게 새터민의 여러 면모와 더불어 많은 메시지를 줍니다. 탈북 후 남한에서 착근하려는 박 씨의 모습은 새터민들의 일상과 고민을 대변하는 동시에 한국사회의 현실을 반영합니다.

① 머구리 그 사람

박 씨는 강원 고성군 대진항 인근에 살고 있습니다. 대진항은 동해 최북단 항구입니다. 박 씨의 직업은 머구리입니다. 잠수복을 입고 바닷속 깊이 들어가 해산물을 채취합니다.

언뜻 보면 간단한 노동처럼 보이지만 위험천만한 일입니다. 배와 연결된 공기호스 하나에 의지해 작업합니다. 공기호스가 프로펠러 등에 의해 자칫 잘리면 바로 죽음 문턱까지 내몰릴 수 있습니다. 잠수복장은 60kg가량. 몸무게까지 합하면 120kg은 족히 되니 조난당하면 혼자 해수면 위로 떠오를 수가 없습니다. 잠수복을 벗는 것조차 힘겨우니 스스로 바닷속을 빠져나오기 불가능하기도 합니다. 직업병인 잠수병이 언제 몸을 공격할지 두렵기도 합니다. "머구리는 저승 가서 벌어다가 이승에서 쓴다"는 말이 나오는 이유입니다.

박 씨는 가족과 함께 북한을 빠져나왔습니다. 2006년 5월 아내 김순희 씨, 두 아들과 배를 타고 밤새도록 노를 저어 서해를 통해 남쪽으로 내려왔다고 합니다. 박 씨는 "이것저것 하다가 안 되면 머구리를 할 것이다"고 마음먹었는데, 결국 남한에서 머구리를 생업으로 택하게 되었다고 합니다. 그는 북한 군대에서 20년 동안 일하며 머구리 일을 배웠습니다.

② 평범한, 평범치 않은

박 씨의 남한 내 삶은 여느 사람들과 다르지 않습니다. 그는 전쟁 치르듯 다른 배들과 해산물을 놓고 치열한 경쟁을 펼칩니다.

박 씨가 10년 남짓 성실하게 일해온 덕분에 살림살이가 제법 넉넉해 보입니다. 꽤 넓은 집에서 살고 있고, 장성한 두 아들은 외지에서 일을 하고 있거나 대학을 다니고 있습니다. 둘째 아들은 대학원 진학을 계획하고 있고, 호주로 어학연수를 곧 떠날 예정입니다. 김순희 씨는 횟집을 열려고 합니다. 박 씨 혼자 벌어서는 생활비를 충당키가 만만치 않고, 머구리 일은 언제 그만둬야 할지 모를 정도로 위험하기 때문입니다. 박 씨의 생활은 평범해 보이지만 주변에서는 그를 평범하게 대하지 않습니다. 남한 사람들은 대놓고 반감을 드러내지 않지만 박 씨 가족을 애써 반기지도 않습니다. 북에서 왔다는 점 때문입니다. 박 씨는 이렇게 말합니다.

"처음에 여기 분들이 우리를 보는 눈길은 오직 측은, 동정, 이거였어요. 그다음에 우리가 좀 나아가서 자기 사업하고 그다음에 거기서 좀 더 치고 올라가니까 제어를 하려고 그러더라고요."

③ 탈북 때와 다를 바 없는 삶

새터민을 향한 눈길이 곱지 않으니 박 씨는 예상치 못한 곳에서 암초를 만나곤 합니다. 박 씨는 자신이 소유한 배에 선장을 고용해 조업에 나섭니다. 한번은 선장에게 싫은 소리를 쏟아냈는데, 선장이 바로 그만두겠다고 해 곤란한 상황에 처하게 됩니다. 박 씨는 사람을 고용하기도, 그들과 오래 일하기도 어려운 현실을 받아들이려고 합니다.

믿은 건 가족이고 그나마 처지가 비슷한 새터민 정도입니다. 새로 연 횟집에 손님이 잘 들지 않자 김 씨는 "우리가 여기서 태어났으면, 친구 친척들 있었으면 이럴 때, 어려울 때 의지가 되잖아"라고 말하면서 서러움을 드러냅니다. 강원 동부 지역 거주 새터민들을 위해 마련된 송년회에서 한 새터민이 "원하는 것은 무엇이든 얻을 수 있고, 뜻하는 것은 무엇이건 될 수가 있어"(아, 대한민국!)라고 노래하고 사람들이 곡조에 맞춰 춤을 춰도 이들에게 대한민국은 그리 친절하거나 온유한 조국은 아닙니다.

④ 그들을 알아야 북한을 안다

박 씨는 탈북한 지 10년이 됐으나 남한 문화가 여전히 낯섭니다. 추석날 아침 태극기를 밖에 걸려다가 아내의 타박을 듣습니다. 주요한 날에는 빠지지 않고 국기를 걸어야 했던 북한에서의 습관이 아직 남아있는 거죠.

영화에선 묘사되지 않지만, 제작 관계자에 따르면 박 씨가 탈북을 결심하기 전 가장 궁금했던 정보가 남한의 쌀값이었다고 합니다. 쌀값을 제대로 알면 남한에서 어떻게 살아갈 수 있을지 계획을 세울 수 있다는 판단에서였다고 합니다. 하지만 남한 라디오를 수년간 몰래 들어도 쌀값이 어느 정도 수준인지 파악하기 매우 힘들었다고 합니다. 남한에선 쌀값이 생활의 큰 변수가 아니니 대중매체에서 관련 정보를 접하기 어려웠던 듯합니다. 북한 사람과 남한 사람의 일상에 대한 시각 편차가 얼마나 큰지 새삼 보여주는 사례입니다.

박 씨는 다큐멘터리 막바지에 이렇게 자신의 처지를 토로합니다. "지금도 북한을 넘어오던 그날 밤을 생각하면 잊혀지지 않거든요. 그런데 지금도 그날하고 별로 달라진 게 없어요. 우리(가족)는 여전히 남한에서 불안하고, 나는 아직도 늘 위험하고…"

통일부 통계에 따르면 2011년(2,706명)을 기점으로 탈북자가 매년 줄어드는 추세라고 하나 한 해 탈북자는 여전히 1,000명가량입니다. 지금까지 남한에 정착한 탈북자 수는 총 3만 3,752명입니다.

최근 한국일보 보도에 따르면 2012년 60억 원 수준이던 남한 내 북한주민 재산은 현재 445억 원에 이른다고 합니다. 남한 거주 이산가족 1세대의 사망과 탈북민의 국내 입국 증가에 따른 현상이라고 합니다. 남한과 북한의 경제적 연계가 우리도 모르게 강해지고 있음을 보여줍니다.

출처: 한국일보, 라제기 영화전문기자(2021.09.26).

신문기사 2

"죽더라도 북한에서…" 알려지지 않은 '탈북자' 이야기

[조천현 작가 인터뷰 ①] 저마다의 사연이 있는 그들

조 바이든 미국 대통령은 취임 후 첫 의회 연설에서 북한과 중국의 인권 문제를 거론했다. 북한의 인권 문제로 거론되는 사안은 정치범 수용소와 탈북자 문제다. 특히 탈북자는 미국을 비롯한 국제사회에서 북한의 반인권적 상황을 비판하는 데 중요한 수단으로 쓰이고 있다.

탈북자는 북한 인권 문제를 대표하는 상징일 수 있을까? 그들은 모두 북한의 체제에 반기를 들고 탈출해 한국이나 제3국으로 가고 싶어 하는 자들일까? 탈북자는 국제사회에서 북한을 들여다보는 거의 유일한 창이다. 우리는 탈북자를 제대로 바라보고 있는가?

지난 4월 15일(현지 시각) 미 의회에서는 대북 전단 금지법 청문회가 열렸다. 4월 30일에는 대북 전단 금지법 제정에도 불구하고 한 탈북단체가 경기 · 강원 비무장지대 인근에 대북 전단 50만 장을 살포했다고 밝혔다. 하지만 이런 움직임과 다르게 미국 의회와 UN에서 북한 인권 문제가 논의되고 국내외 언론에서 다뤄질수록 탈북자들은 살기 힘들어진다는 주장이 나온다.

'북한 인권'을 내세우며 행해지는 활동은 탈북자들에게 어떤 영향을 끼칠까? 우리는 이 질문을 해결하기 위해 1997년부터 북중 접경지대를 다니며 탈북자를 직접 인터뷰하고 그들의 삶을 기록해왔던 조천현 작가를 만났다. 마침 그는 올해 초 20여 년간의 취재기록을 모아 책 〈탈북자〉를 출간했다.

각자의 사연으로 탈북한 사람들의 이야기

'탈북자' 하면 떠오르는 이미지가 있다. 배고픔과 굶주림, 강제북송, 인신매매, 불안한 삶, 북한체제에 반기를 품고 자유를 찾으려는 이들… 작가는 말문을 열었다.

"탈북자를 바라보는 우리 국민들의 시각이 이제는 변해야 할 것 같아요. 아직도 탈북자들을 굶주리다 북에서 나온 사람들로, 동정의 시선으로만 보는 것이 아닌가 그런 생각이 듭니다. 벌써 20년이란 세월이 흐르고 상황이 변해가고 있고 그 변화를 봐야죠."

탈북자들은 다양한 이유로 탈북을 감행한다. 모든 탈북자가 한국에 오고자 하는 것도 아니다. 대학 동창을 따라 물건을 사러 나갔다 빵에 탄 약을 먹고 쓰러져 중국으로 잡혀간 여성, 동업자 동료를 찾기 위해 두만강을 건너 중국에 온 사람, 두만강을 10여 차례나 도강한 사람, 북한에 남편과 아이가 있지만 어쩔 수 없이 조선족 남자와 결혼한 여성들, 친척방문 허가를 얻어(사사여행) 합법적으로 중국으로 나온 사람, 죽어도 북한으로 돌아가 죽겠다는 할머니 등 탈북자들은 각자 저마다의 사연을 지니고 있다.

조천현 작가는 이들을 크게 세 분류로 나눴다. 북으로 돌아가고자 하는 사람들, 중국에 살고자 하는 사람들, 한국으로 가고자 하는 사람들이다. 그가 인터뷰를 통해 통계 낸 결과로는 한국행을 원하는 사람은 41%, 북한행을 바라는 사람은 34%, 중국에서 살아가길 원하는 사람은 21%라고 한다.. 책 〈탈북자〉의 기록이 1990년대 후반과 2000년대 초반의 기록임을 감안하더라도, 이들 중 55%의 사람들이 한국행을 바라지 않았다.

조 작가는 세 부류 중 중국에서 살아가고자 하는 이들, 그리고 북으로 돌아가고자 하는 이들에게 관심을 기울였다.

북으로 돌아가고자 하는 사람들은 경제적인 안정을 위해 중국으로 나왔지만, 돈을 벌면 고향으로 돌아가길 원하는 이들이다. 이들은 가족을 부양하기 위해 북한을 나왔거나, 북으로 돌아갈 경우 처벌이 두려워 중국에 머무르기도 한다. 책 〈탈북자〉

에서 조 작가는 '북으로 가고자 하는 사람들은 한국행을 선택할 마음이 없고 은둔 생활을 하고 있어 그들을 만나기 쉽지 않다'고 밝혔다.

또한 이들은 가족에 대한 애정이 남다르고 북한체제를 비판하지 않는 경향이 있다고 전했다. 이는 북으로 강제송환 당해도 '오로지 생계를 위해 탈북했다는 사실만 증명하면 처벌이 관대하다'는 사실과도 연결된다. '고향을 버리지 않고 잘 사는 게 소원'이라는 탈북자의 말은 북으로 돌아가고자 하는 탈북자들의 심리를 대변한다.

중국에 정착하길 원하는 이들은 중국에 머물며 북한이 개방되기를 기다리는 이들이다. 이들은 중국 한족이나 조선족과 결혼해 아이를 낳고 사는 여성, 중국의 시장경제에 물들어 북으로 돌아가 생활하기 힘들어하는 이들을 포함한다. 한국에 정착하면 북에 돌아갈 수 없기 때문에 이들은 중국에 살길 택한다. 중국에 있으면 북에 있는 가족에게 경제적인 지원을 하거나 북으로 들어가 가족들을 만날 수 있다. 조 작가는 특히 이들 중 중국에서 일자리를 얻어 살거나 결혼해 아이를 낳고 생활하는 이들은 정치적 난민으로 보기보다 불법체류자로 보는 것이 옳다고 덧붙였다.

한국행을 바라는 이들은 다양한 이유로 한국행을 택한다. 정부의 지원금 등 경제적인 이유로 한국에 들어오고자 하는 이들, 범죄를 저지르고 처벌을 피하고자 한국행을 택하는 이들, 자녀교육을 위해 한국으로 오고자 하는 이들이 있다. 또 남한에 정착한 탈북자가 자신의 가족을 한국으로 데려오려 시도하거나, 탈북 여성과 결혼한 한족이나 조선족 남편이 탈북 여성을 통해 한국 진출을 시도하기도 한다. 탈북 여성이 한국에 정착하면 국제결혼을 통해 한국 국적을 취득하려는 방식이다.

"초창기 탈북 행렬은 식량난으로 인한 생계형이었다. 그러나 이제는 삶의 질을 높이고 안전하게 살기 위한 인간의 기본욕구형으로 바뀐 것이다." –182쪽, 〈탈북자〉

한국행을 시도하는 이유로는 여러 요인이 있다. 첫 번째 이유는 '더 살기 좋은 환경을 찾기 위해서'다. 1997년 북한이탈주민법이 제정되면서 국내에서 탈북자들을 위한 제도가 마련됐다는 점도 그 이유 중 하나다. 범죄를 저지른 탈북자들은 북한이나 중국에서 인신매매 처벌 형량이 높다는 점 때문에 한국행을 선택한다.

감소하는 탈북자, 변화를 맞이하는 북중 지대

조천현 작가가 책 〈탈북자〉에서 다루는 사연은 과거 탈북자들의 이야기다. 현시대를 살아가는 탈북자들은 어떤 삶을 살아가고 있을까.

국가정보원은 지난 2월 국회 정보위원회 보고에서 북한이 100만t 이상의 식량이 부족한 실정이라고 밝혔다. 북한의 곡물 수요량이 550만t임에 비해 지난해 생산량이 440만t에 그쳤다며 북·중 접경 지역에 식량부족 현상이 나타났다고 덧붙였다. 미국 농무부 역시 지난 1월 북한 주민 10명 중 6명이 식량부족 상태이며, 2020년 기준 북한 주민 63.1%가 식량 섭취 부족에 시달린다고 언급했다.

하지만 조 작가를 통해 들은 북중 접경지대의 상황은 이와 다른 측면을 보였다. 조천현 작가에게 북한의 식량난과 현 탈북자들의 상황에 관해 물었다.

"북한은 1990년대 중반 고난의 행군을 거치며 '자력갱생'을 외친 지 15년 정도 지났어요. 배급으로 먹고사는 시대는 이미 끝났어요."

그는 북한 주민들이 스스로 식량 문제를 해결하고 있지만, 이 부분을 통계치로 확인할 수는 없다고 말했다. 대신 그는 시간이 지나며 변해가는 북한사람들의 모습을 언급했다.

"내 사진집을 보면 북한사람들이 입는 옷, 먹는 것들이 이전과 달라졌어요. 주민들의 삶이 많이 개선된 것은 사실입니다."

조 작가는 압록강, 두만강 인근에는 새집 건설이 많아졌고, 2018년부터 현재까지 쌀값은 1kg 기준 3800원과 4200원 사이를 유지하고 있다고 덧붙였다. 북한에서도 빈부 격차가 있어 돈을 버는 사람들은 안전원을 끼고 비법(불법)으로 일한다는 사실도 책 〈탈북자〉에서 언급된 바 있다.

조 작가는 코로나19로 인한 국경 봉쇄 후 세관은 차단됐지만 밀수는 이전처럼 이뤄지고 있다고 전했다. 중국 상품뿐 아니라 한국 상품도 밀수 대상이다. 한국에서 상품을 접경 지역 조선족이나 연결책에게 소포로 부치면 북에서 접경지대로 나와 물품을 가져간다. 그 물품이 다음 날 북의 시장에 나가는 식이다.

조 작가는 국내 탈북자들이 북의 가족들에게 돈을 전달하는 과정 역시 이러한 경로를 따른다고 덧붙였다. 연결책은 중국인 화교, 조선족, 중국에 사는 탈북자, 북한 내 브로커 등이며 평균적으로 삼십 퍼센트의 수수료를 떼는 것으로 알고 있다고 말했다.

"최근에는 사사여행(친척방문)을 통해 중국에 나와서 일하는 사람들이 있어요. 탈북자 만나는 것보다 그런 사람 만나는 게 더 쉬워요. 다른 말로 이야기하면 중국 내 탈북자가 그만큼 줄었다는 말이죠."

국내 유입 탈북자의 수는 코로나19로 인해 급감한 2020년의 수치(229명)를 제외하면 2012년 이후 평균 1300명대로 감소했다. 2003~2011년 사이 연간 입국 인원이 2000~3000명에 달했다는 사실을 감안하면 국내 유입 탈북자의 수는 점차 줄어들고 있다.

탈북자의 삶

조천현 작가는 여러 명칭 중 '탈북자'가 가장 일반적으로 사용되는 용어라 판단해, 자신 역시 '탈북자'라는 명칭을 사용한다고 말했다. 그는 "한국에 정착한 탈북자들은 자신을 '탈북자'로 규정하고, 북한에서도 '탈북자'라는 용어를 사용한다"며 "가장 일반화된 명사를 사용하는 것이 적절하지 않겠냐"고 덧붙였다.

다만 그는 "중국에 거주하는 탈북자들은 스스로 탈북자 대신 조선 사람(북한사람)이라고 규정하는 경우가 많다"고 전했다. 그들은 경제적인 이유로 나온 사람들이지 정치적인 이유로 나온 이들이 아니기 때문에 다른 이들이 언급하기 전에는 자신들을 '탈북자'로 인식조차 하지 못한다는 것이다.

조 작가의 책 〈탈북자〉는 탈북 여성의 이야기를 많이 다룬다. 통일부의 국내 유입 탈북자의 비율을 살펴보면 평균 70% 이상이 여성 탈북자다. 남성 탈북자보다 여성 탈북자가 두드러지는 이유는 무엇일까. 조 작가는 북한의 성비 자체에서 여성이 더 많다는 사실을 전했다. 또한 북한의 남성들은 17살에 군대에 입대해 장기간 복무하기 때문에 북의 마을에 젊은 여성들이 많을 수밖에 없다고 밝혔다.

탈북 여성들은 북을 나와 혼자 살아가기 힘든 환경 때문에 북한에 남편과 자식이 있는 경우라도 조선족이나 한족 남성과 함께 사는 경우가 많다. 때로는 중국과 북한에 모두 자식이 있어 한 곳에 정착할 수 없는 상황이 생기기도 한다. 탈북 여성들은 유흥업소에 종사하기도 하는데 인신매매로 인해 강제로 팔려 오는 사례가 있지만, 자발적인 경우도 있다. 유흥업소는 신분증을 요구하지 않는 경우가 있어 젊은 여성들이 비교적 쉽게 일을 구할 수 있기 때문이다. 단속에 걸릴 경우, 업주 역시 벌금을 내야 해, 업주가 탈북 여성을 숨겨주고 보호하는 역할을 하기도 한다.

중국은 조선족이나 한족과 결혼해 자식을 낳은 탈북 여성들에게 중국 국적을 부여하지 않는다. 작가는 한때 중국 내에서 혼인 후 3년 이상 지난, 중국 국적의 아이가 있는 탈북 여성에 한해 임시 호구를 부여할 것을 논의했지만 무산됐다고 언급했다.

현재는 탈북 여성이 중국 국적의 남성과 아이를 낳는 경우 그 아이에게만 중국 국적이 부여된다. 한 국가에서 국적을 인정받지 못하고 살아가는 이들의 삶은 안정적일 수 없다. 작가의 기록 속에는 안정적인 일상을 영위하지 못하는 탈북자들의 이야기가 여럿 보인다.

> 안전한 곳에 있었으면 좋겠지만 언제나 물음표를 달고 살아야 했다. 임 씨는 "하루하루 먹고 잠자고, 눈을 뜨면 또 살았구나. 내일은 또 어떻게 살까. 매일매일 계획 없이 산단 말입니다. 길가에 있는 조약돌이나 가로수만도 못해요." – 129쪽, 〈탈북자〉

조천현 작가는 '탈북자들은 우울증을 생각할 여유나 겨를이 없다'고 말한다. 한국에서는 삶의 수준이 올라가면서 우울증, 공황장애 등 다양한 정신적 문제에 대한 논의가 이뤄질 수 있지만, 탈북자들에겐 그런 개념 자체가 형성되기 어렵다는 뜻이다. 일부는 한국에 정착하고 나서야 자신에게 정신적 문제가 있음을 알게 된다고도 전했다.

조 작가는 탈북자 중 범죄를, 특히 인신매매, 마약 밀매, 살인, 강간 등 대형 범죄를 저지르고 한국에 들어오는 탈북자들을 가려내야 한다고 주장했다. 현재 국내 유입 탈북자들의 범죄율을 다룬 조사는 미비하며 국외에서 범죄를 저지르고 한국으로 유입되는 탈북자를 다룬 통계는 전무한 것으로 보인다.

탈북자들에 대한 대처와 시각도 다양해져야

탈북 후 바로 한국에 들어오는 사람이 있는 반면, 중국에서 오래 체류하다 온 사람이 있다. 북에 가족을 두고 온 이들이 있는 반면, 먼저 한국에 정착한 탈북자가 가족을 데려오는 경우도 있다. 탈북자 아이들의 경우 아빠가 중국인이고 엄마가 북한 사람인 다문화가정의 아이들도 있다. 2015년부터 한국에 입국한 탈북자 자녀 중 '제3국 출생의 중국 국적 자녀들'이 많아졌다. 조 작가는 탈북자의 다양한 경우에 따라 그들을 위한 대처가 달라져야 한다고 언급했다.

출처: 오마이뉴스, 한나라 · 이준상(2021.05.09).

Chapter

10

성소수자 가족과 가족복지

Chapter **10**

성소수자 가족과 가족복지

들어가며

현대가족에는 미혼모가족, 한부모가족, 1인가족, 성소수자가족 등 다양한 가족형태가 나타나고 있다. 가족 형태별 생각하는 가족의 정의는 다양하며, 일탈된 가족형태로 생각하는 사람들이 많은 것이 현실이다. 특히, 우리나라에서 성소수자에 대한 편견이 매우 심각한 편이다. 하지만 성소수자에 대한 정확한 개념을 이해하고 그들도 우리와 똑같은 인간이라는 것을 느낀다면, 비로소 성소수자가족도 다양한 가족형태 중 하나라고 인정할 수 있을 것이다. 따라서 본 장에서는 우선 현대가족의 개념과 범위를 살펴보고 나아가 성소수자 및 성소수자가족의 개념과 실태를 살펴본다. 그 후, 성소수자가족 문제에 대한 개선책 및 사회복지적 가치를 생각해 보고자 한다.

가족에 대한 정의는 학자들마다 견해 차이가 있기 때문에 한마디로 정의 내리기 어렵다. 하지만 일반적으로 결혼을 기반으로 부부가 자녀, 부모, 형제 등 혈연에 의해 맺어지거나 그들의 근친들이 함께 생활하는 공동체라고 볼 수 있다. 그러나 최근 급변하는 사회현상으로 인해 부부가족과 1인가구가 증가하고 한부모가족, 동거가족, 미혼모가족, 공동체가족, 무자녀가족, 재결합가족, 동성애가족 등 다양한 가족형태가 출현하였기 때문에 가족에 대한 전통적인 개념은 재검토해야 한다.

현대 산업사회에서 핵가족이 보편성을 띤다고 보는 기능주의 가족이론에서는 핵가족만 정상가족이며 이에 벗어나는 가족은 비정상가족, 즉 결손가족이라 불렀다. 그러나 최근에는 기능주의 이론에 반대하고 가족 유형의 다양성을 옹호한다. 이에 가족의 개념을 '사람들이 가족이라고 생각하는 것'으로 폭넓게 이해하는 추세이다. 따라서 가족복지의 바람직한 방향은 일정한 가족유형을 정해 놓고 그 유형에 맞추도록 사람들을 독려하기보다는 사회변화에 따른 가족유형의 다양성을 인정하고 어떤 유형의 가족이든 인간다운 삶을 누릴 수 있도록 보장해 주는 것일 것이다.

1. 동성애가족의 개념과 실태

1) 동성애의 개념

동성애는 같은 성의 타인에 대한 지속적인 미적 이끌림이나 애정 혹은 성적 욕구로 특징지어지는 성적 지향성을 의미한다. 또한 이 용어는 성적 지향성과 상관없이 동성 간의 단순한 성적 행위를 뜻하기도 한다.

동성애는 일반적으로 'homosexuality'로 불린다. 동성애라는 용어는 '같은'이라는 의미를 갖는 그리스어 Homoios와 Sex라는 의미를 갖는 라틴어 Sexus에 기초를 두고 있다. 따라서 동성애를 해석한다면 동일한 성 혹은 성별을 가진 자들끼리의 정신적이고 육체적인 관계와 사랑을 의미한다. 쉽게 말해서 동성애란 동성에게 느끼는 성적인 관심과 매력을 말한다.

전통사회에서는 전통과 권위가 지배적인 규범으로 개인의 정체성에 절대적인 영향력을 끼쳤지만, 탈전통사회인 현대 사회에서 자아(Self)는 수많은 선택과 다수의 정체성에 열려있다고 할 수 있다. 개인은 기회와 위험 사이를 이동하며 자기정체성을 구축하고 자기 삶의 역사를 스스로 써나가게 된다. 근대 이후로 종교, 전통, 생물학적 근거에 기반한 과거의 확고한 규정들은 상당부분 약화되었다. 이러한 조건은 현대사회에서 자신만의 자율적인 삶에 대한 요구와 동시에 결합, 친밀함, 공동체에 대한 동경 두 가지가 결합되어 이중적인 긴장 관계가 발생한다. 이는 전통 가족 이후로 도래하는 다양한 가족들, 예컨대 한부모 가족, 재혼가족, 비혈연 공동체 가족, 무자녀 가족 등의 등장과 연결된다.

이처럼 복수적이고 유연한 가족론을 배경으로 한 후기 근대의 다양한 가족 담론에서 빠짐없이 열거되는 가족 양태 중 하나는 동성애 가족이다. 한국 사회에서도 동성애가 점차 가시화되고 동성애를 둘러싼 담론이 빠르게 변화하였다. 그간 동성애자에 대한 사회적 인식이 부재한 상태에서 '정상가족'과 사회에 대한 상징적 위협으로 재현되면서 이들이 만드는 가족에게 점차 주목하고 있다. 실제로 많은 레즈비언과 게이들이 동거 커플관계를 형성 및 유지하고 있으며, 동성애 동거 커플 관계를 중심으로 동성결혼과 동성가족의 논의가 대두되고 있다. 1990년대 이후 본격화된 한국 내 동성애자 인권운동의 역사를 통해 '성소수자 가족구성원' 및 '동성결합'과 관련한 담론 형성과 사례 연구가 이루어져 왔다.

2) 성소수자 관련 용어

• 성소수자(Sexual Minority)

사회에서 다수를 차지하는 성적 지향 또는 성별 정체성을 가진 사람들(주로 이성애자)과 구별되는 성적 지향이나 성별 정체성을 가진 사람, 또는 그런 집단이다.

• 퀴어(Queer)

원래는 서양에서 동성애자에 대한 부정적이고 경멸적인 표현으로 사용되었으나, 현재는 젊은 성소수자들을 중심으로 그들 자신과 자신의 커뮤니티를 가리키는 말로 쓰이고 있다. 어떤 이들은 저항의 맥락에서, 어떤 이들은 성소수자 커뮤니티 전체를 포괄할 수 있는 단어이기 때문에, 어떤 이들은 그들 자신의 좀 더 유동적인 정체성을 표현하기에 적합해서 이 단어를 좋아한다.

• 성적 지향(Sexual Orientation)

타인을 향한 성적 · 정서적인 끌림이다. 이러한 끌림을 이성애자는 주로 이성에게, 게이와 레즈비언은 주로 동성에게 느낀다. 양성애자들은 이성과 동성 모두에게 이러한 끌림을 느낀다.

• 성별정체성(Gender Identity)

자신이 여성인지 남성인지, 혹은 남성도 여성도 아닌지, 내적으로 느끼는 성별. 어떤 사람들은 태어날 때 정해진 성과 스스로 느끼는 성별이 일치하지 않을 수 있다. 여성과 남성으로만 나누는 사회의 성별이분법이 포함할 수 없는, 그리고 성별이분법으로는 설명될 수 없는 다양한 성별 정체성이 존재한다.

• 지정성별(Assigned Sex)

출생 시 성기의 모양이나 형태를 기준으로 출생증명서 등 문서에 기록된 성별이다. 간성이나 트랜스젠더 같은 경우 본인이 정체화하는 성별과 지정성별이 일치하지 않을 수 있다.

• LGBT

레즈비언, 게이, 양성애자, 트랜스젠더의 머리글자를 따서 만든 용어이다. 'LGBT'의 순서로 쓰이기도 한다. 퀴어(Queer)나 탐색 중인 사람들(Questioning), 무성애자(Asexual)와 간성(Intersex)까지 포함해 'LGBTAIQ'로 쓰기도 한다.

• 호모섹슈얼(Homosexual)

원래 병리학적 용어로 '동성애'를 뜻했으나, 대개 '호모'로 줄여 부르고, 동성애자를 비하하거나 공격할 때 많이 사용된다. 요즘에는 동성애자를 가리킬 때 '호모섹슈얼'보다 '게이'나 '레즈비언'이란 말이 대중적으로 쓰인다.

• 레즈비언(Lesbian)

여성에게 성적·정서적 끌림을 느끼는 여성이다.

• 게이(Gay)

남성에게 성적·정서적 끌림을 느끼는 남성이다. 서구권에서는 동성애자 모두를 가리키는 말로 사용되기도 한다.

• 바이섹슈얼(Bisexual)

양성애자 혹은 '바이'라고도 한다. 성적 또는 정서적 끌림을 남성과 여성 모두에게 느끼는 사람이다. 양성애자로 정체화하기 위해 남성과 여성 모두와의 동일한 성경험은 필요하지 않다. 때로는 남성에게 때로는 여성에게 끌림을 느끼는 것으로, 양쪽과 동시에 관계를 이어나가는 것은 아니다. 두 명 이상과 동시에 관계를 이어나가는 경우는 폴리아모리에 해당한다. 양성애자이면서 동시에 폴리아모리일 수도 있고 아닐 수도 있다.

• 헤테로섹슈얼(Heterosexual)

이성애자이며, '헤테로'라고 줄여 부르기도 한다.

• 에이섹슈얼(Asexual)

무성애의 하나로, 어떤 상대에게도 성적 끌림(육체적인 끌림)을 느끼지 않는 것을 말한다. 성적 끌림은 느끼지 않더라도 로맨틱 끌림은 그와 상관없이 느낄 수도 있고, 느끼지 않을 수도 있다.

• 트랜스젠더(Trans-gender)

태어날 때 지정된 성별과 성별 정체성이 일치하지 않는 사람이다. 남성의 몸으로 태어났으나 여성의 성별 정체성을 가진 트랜스여성(MTF, Male to Female), 여성의 몸으로 태어났으나 남성의 성별 정체성을 가진 트랜스남성(FTM, Female to Male), 그리고 젠더퀴어가 있다. 트랜스젠더는 호르몬요법이나 외과적 수술을 통해 자신의 몸을 성별 정체성과 일치하도록 바꾸려고 할 수도 있고, 그것을 바라지 않을 수도 있다.

• 커밍아웃(Coming Out)

성소수자가 자신의 성적 지향과 성별 정체성을 드러내는 일이다. 성소수자의 가족과 친구들도 지지자로서 커밍아웃할 수 있다. 커밍아웃의 정도는 매우 다양한데, 어떤 이들은 친구들에게만, 어떤 이들은 공개적으로 모두에게 커밍아웃하기도 하고, 어떤 이들은 자기 자신에게만 커밍아웃한다. 커밍아웃에 대해 이야기할 때는 모두가 똑같은 상황은 아니라는 것을 기억하는 것이 중요하다.

• 아웃팅(Outing)

타인이 성소수자 본인의 동의 없이 성적 지향이나 성별 정체성을 공개하는 행위이다.

• 앨라이(Allies)

원래 '협력자'라는 의미로, 성소수자와 연관되어 사용될 때에는 '성소수자의 인권을 지지하는 사람들'을 뜻한다.

3) 동성애 가족의 개념

동성애가족의 정의는 혈연과 법적인 관계에 의해 구성된 전통적 가족 개념을 넘어선다. 동성애가족은 서로 애착을 형성하고 가족구성원으로 여기는 동성 커플만 구성되거나 그들의 생물학적 자녀, 입양자녀, 의붓자녀, 심지어는 이전 연인으로부터 형성된 구성원과 함께 사는 공동체를 의미한다. 동성애 결혼을 법적으로 인정하지 않고 있는 국가가 대부분이기 때문에 자녀를 원하지만 양육권을 갖지 못하는 동성애 부부가 많다. 일반인들의 우려와 편견으로 인해 동성애 부부의 부모가 되기는 더욱 어려운 상황이다. 하지만 동성애 가족들이 직면하고 있는 역경과 손상된 정체감에 불구하고 동성애 부모의 자녀들 또래 및 사회적 관계는 다른 아동들과 다르지 않다고 한다.

4) 동성애 가족의 실태

동성애가족에 대한 논의는 동성애의 논의에 묻혀 있어 그 실체 또는 통계치를 정확하게 찾아볼 수는 없다. 그렇지만 네덜란드, 독일, 벨기에에서 동성애

결혼을 합법화한 것을 시점으로 점차 많은 동성애 가족이 생겨날 것이라고 생각한다. 비교적 성이 개방되어 있는 유럽 스칸디나비아반도 3국과 스페인, 프랑스 등은 동성애자를 법적으로 보호하고 있다. 또한 미국과 캐나다의 경우도 동성애자에 대해 부분적인 보호를 하고 있다. 즉 성에 관대한 국가는 동성애에 대해서도 관대한 편이다.

반면, 아시아와 아프리카 국가들은 동성애에 대해 매우 차가운 시각이다. 이란 등 중동국가들은 동성애자에 대해 사형까지 내릴 수 있는 법률이 있다. 또한 게이에 대해서만 절대 불가 방침을 갖고 있는 국가들이 이러한 법률을 갖고 있다. 우리나라에서도 아직 동성애 가족은 터부시되고 있다. 동성끼리 가족을 이룬다는 것은 법적으로나 사회인식으로나 아직도 많은 부분에서 불이익을 받고 있다. 동성애자를 받아들이지도 않는 상황에서 동성애가족에 대한 합법화는 시기상조로 여겨지고 있는 것이다.

2. 동성애가족의 사회복지가치

1) 동성애가족 문제에 대한 개선책

(1) 동성애자들을 위한 법적 제도 마련

동성애자라는 이유로 가족을 이루지 못하고 자녀를 갖지 못하는 법제도는 서서히 바뀌어야 한다. 동성애는 소수에 그칠 수 있지만, 지금은 현저히 늘어나는 추세이고 또한 '소수 인권의 보호'는 민주주의 사회의 근본 가치이기 때문이다. 인권은 천부적 권리이며, 사회적 통념은 역사적 흐름에 따라 변화하여 왔다는 것을 잊어서는 안 될 것이다. 그러나 유럽처럼 당장 동성애자의 혼인을 인정하고 입양을 허용하는 것은 부작용이 있을 수 있으므로 우리나라의 풍토에 맞는 법 제도의 검토가 중요할 것이다.

(2) 적극적인 동성애자 인권단체의 조직과 운동

동성애 단체가 불법적인 단체에 속함으로써 적극적인 활동에 제약이 많았다. 일반 단체들과 똑같은 근거를 바탕으로 이들 단체도 합법화되어야 한다. 그러나 이들의 운동으로 인해 동성애에 대한 시각이 하루아침에 바뀌는 것은 아니다. 이에 적극적인 운동을 통해 동성애자들에게 힘을 주고, 동성애에 대한 편견과 차별을 사라지게 해야 할 것이다.

(3) 교육부와 언론사들의 각성

동성애를 쉬쉬하는 시대는 지났다고 생각한다. 따라서 동성애를 혐오하거나 하나의 흥밋거리고 보는 교육부와 언론사의 시각은 바뀌어야 한다. 교육계와 언론매체에 의해 동성애가 혐오의 대상이 되거나 흥밋거리로 전략하는 악순환의 고리를 끊어내야 한다. 동성애를 바르게 인식하고 알리는 것이 교육계와 언론사들의 의무이다.

(4) 있는 그대로 보는 인식의 전환

의료계에서도 더 이상 동성애를 병으로 취급하지 않는다. 신경정신적 관점에서도 더 이상 동성애를 치료의 대상이 아니라, 정상적인 성적 성향이라는 판단이 대세라고 말하고 있다. 따라서 동성애에 대한 편견을 버리고 그들도 우리와 동일한 인간임을 자각하는 인식의 전환이 필요한 시점이다.

3. 동성애가족의 사회복지적 가치

우리 사회에서 오래도록 인권의 사각지대에 방치된 채 소외되어 살아온 사람 중, 동성애자가 있다. 소외문제는 개인들 간의 문제가 아닌 사회문제로부터 발생한 사회문제로서, 여러 문제들이 다양한 형식으로 엮여 있어 일시적이고 단편적인 대증요법만으로는 해결할 수 없다. 따라서 소외문제의 원인을 밝히고 이에 대한 대책을 마련하는 노력들은 실천이라는 사회과정 속에서 조망될 필요가 있다. 소외문제를 해결하기 위한 방법은 바로 사회복지이다. 사회복지란 복지를 추구하는 인간들의 공동체 노력을 의미한다. 이러한 사회복지나 사회보장에 대한 권리는 시민의 권리를 넘어서 점점 전 세계적인 인간의 보편적 권리로 보장되고 있는 추세이다. 그 소외문제가 동성애 문제라고 해서 달리 볼 것은 절대 아닌 것이다. 따라서 사회복지는 현대사회가 갖는 각종 소외, 차별, 불평등 문제들을 해결하는 필수 과정이며, 동성애자를 포함한 모든 국민이 인간다운 삶을 살 수 있도록 도와주는 방패막이가 되어야 하는 것이다.

현대사회는 미혼모가족, 한부모가족, 공동체가족, 동성애가족 등 다양한 가족형태로 등장하고 있는데, 이를 가족해체의 위기로 우려하는 사람이 있는가 하면 오히려 새로운 환경에 적응하여 가족이 재구조화하고 있다고 생각하는 사람도 있다. 그러므로 바람직한 가족유형을 미리 정해 놓고 그 유형에 맞추기보다는 사회변화에 따른 다양한 가족유형을 인정해야 한다. 그리고 어떤 유형의 가족이든 사회복지적 차원에서 인간다운 삶을 누릴 수 있도록 여건을 조성하며, 동성애가족의 문제는 이러한 사회복지적 가치에서 출발해야 한다.

4. 동성애 가족에 대한 가족이론

1) 가족체계

우리나라에서는 동성애에 대해 긍정적 시각을 가진 사람보다 부정적인 시각을 가진 사람이 더 많은 것으로 드러난다. 하지만 우리나라도 시간이 지남에 따라 동성애자들에 대한 부정적 인식이 서서히 줄어드는 현상을 보인다.

우리나라에서 동성애자들에 대한 부정적 인식이 많이 나타나는 이유는 전통적인 유교문화와 가부장제도, 그리고 고정된 성역할관념에 있다고 말한다. 대부분의 한국 사람들은 전통적인 가치 안에서 인간관계의 틀이 형성되어 왔다. 그래서 사람들은 진정한 사람은 오직 남성과 여성 사이에서만 존재하고 누구나 이성과 결혼하여 전통적인 가정생활을 유지해야 한다고 믿는다. 그리고 이러한 믿음 안에서 성장한 사람들은 대부분 이성 간의 성적 관계만을 자연스럽게 생각하고 동성 간의 관계를 일반인의 가치체계에서 벗어난 부정적인 것으로 생각하게 된다.

가족체계란 가족을 구성하고 있는 개인을 치료대상으로 간주하였던 기존의 개인심리학적 관점과는 달리 동성애 가족을 둘러싼 맥락을 강조하는 관점이다.

첫째, 가족은 각 부분들의 특성을 합한 것 이상의 특징을 지닌 체계이다. 이는 가족의 질이나 특성을 간단히 이해할 수 없으며, 각 가족의 고유의 특성이 있다는 것을 의미한다. 둘째, 이러한 체계의 움직임은 어떤 일반적인 규칙에 의하여 지배되고 있다. 셋째, 모든 체계는 경계를 가지고 있다. 이와 같은 경계의 특성은 체계가 어떻게 기능하는가를 이해하는데 중요한 열쇠가 된다. 넷째, 체계 한 부분의 변화는 체계 전체의 변화를 초래할 수 있다. 다섯째, 가족체계는 완전하지 않으므로 항상 비교적 안정된 상태를 유지하려는 경향이 있다. 따라서 성장이 가능하며 여러 가지 방법으로 변화를 일으키거나 촉진시킬 수 있다. 여섯째, 체계기능 중 체계 간의 의사소통이나 피드백 기능이 중요하다. 일곱째, 가족에서의 개인행동은 어떤 원인이 곧 결과가 된다는 직선적 인과관계보다는 원인이 결과이며, 결과가 원인이 될 수 있다는 순환적 인과관계로 보는 것이 보다 이해하기 쉽다. 여덟째, 다른 개방체계와 마찬가지로 가족체계는 목적을 추구하다. 아홉째, 체계는 하위체계에 의해서 성립되며, 그 체계는 보다 큰 상위체계의 일부이다.

2) 보웬의 가족이론

보웬은 최상의 가족 발달은 가족구성원이 상대적으로 분화되고 불안이 낮고, 부모가 그들의 원가족과 좋은 정서적 연결을 가졌을 때 일어난다고 보았다. 정서적으로 단절된 가족에서는 문제가 즉각적으로 드러나지 않지만 다음 세대에서는 결국 나타나게 된다. 과거로부터 물려받은 것과 부부간의 정서적 애착이 그들 각각의 원가족에서 각자가 지녔던 것과 같다는 것이다.

보웬의 체계에 따르면, 잘 적응된 사람은 합리적 객관성과 개별성의 특징이 있다고 본다. 분화된 사람은 사고와 감정을 구분할 수 있고 핵가족과 확대가족을 함께 접촉하면서도 독립적이다. 아이들은 부모 모두와 개별적인 관계를 가진다. 아이들은 개인적인 느낌을 나누며 부부간에도 이러한 관계를 가진다. 그러나 가족 구성원 개인의 직업이나 인생의 목적을 추구함에 있어서 개인은 삼각관계에서 벗어나 가족의 반대에도 정성적으로 관여하지 않는다. 가족의 반대는 예상된 것이며 개인이 분화되었다는 증거이다. 개인의 분화 정도는 가족의 역사와 주로 관련된다. 그러나 가족치료 과정을 통해서 높은 분화의 수준을 달성하는 것이 가능하다.

따라서 보웬에게 이상적인 결혼은 배우자들이 분화수준이 높고 자율성을 가지고 정신적인 사랑을 할 수 있는 상태를 의미한다. 부모로서 배우자들은 자녀에게 자신의 이상을 투사하여 그대로 성장하도록 강요하지 않고 한 사람의 인격체로서 성장하도록 양육하는 것을 이상적인 부모로 보았다.

마무리하며

21세기는 다양성을 존중하는 시대라 하지만 보수적 사고의 굴레를 쉽사리 벗어던지지 못하고 있는 한국사회에서는 '차이'를 인정하지 못하고 '차별'을 거듭하는 사례가 적지 않다. 이는 비단 동성애가족만의 문제는 아니다. 물론 정도의 차이는 있으나 다문화가족, 미혼모가족, 공동체가족 등도 이러한 차별을 겪고 있는 실정이다. 앞으로 우리 사회가 발전하기 위해서는 반드시 고쳐나가야 할 부분임은 당연하다고 본다. 생각이 다르다고 해서 무턱대고 동성애자들의 인권을 무시하고 동성간의 결혼을 반대하는 것은 무리가 있다고 생각한다. 동성애에 대한 편견을 버리고 이들을 좀 더 너그러운 시선으로 바라보아야 할 것이다. 동성결혼 문제는 우리 개인과 사회의 전체적인 시각의 변화가 가장 중요한 부분이 아닐까 생각된다. 우리 개인과 언론, 교육, 사회 모든 부분들이 동성애에 대한 인식을 변화할 수 있도록 열심히 노력할 필요가 있다.

전통적인 가족의 정의는 혼인을 통해 결합된 부부와 그 자녀로 구성되는 자연적 생활공동체이며, 동시에 인간사회를 구성하는 가장 기본적인 단위이다. 이처럼 인간사회의 가장 기본적인 공동체로 인식되는 가정은 그 속에 자녀를 출산하고 양육할 뿐 아니라 개개인의 인격완성과 나아가서 사회의 완성을 그 사명으로 한다.

다시 말해서, 가족은 혼인 · 혈연 또는 입양의 형태로 결합하여 동거하면서 상호 협동하는 비교적 영구적인 생활공동체를 말한다. 가족의 존립기반인 가정은 사회의 존속과 발전을 위해 사회구성원을 재생산하고 자녀를 보호 양육하여 사회구성원으로 육성한다. 또한 근친상간이나 혼외성관계를 금지함으로써 반사회적인 성행위를 규제하고 구성원들의 경제적 수요를 해결하며, 구성원들의 정서적 만족을 충족시키는 등 다양한 기능을 수행하는 역할을 한다. 가족과 가정의 출발점인 혼인에 대해서는 한 사람의 남성과 한 사람의 여성이 생활공동체를 구성하기로 합의하는 것을 말한다.

가족법에서 정의하는 가족이란 일가의 구성원으로서 호주가 아닌 자를 말하며, 한 사람이 두 가지 가족에 속할 수 없다. 호주의 배우자, 혈족과 그 배우자 기타 민법의 규정에 의하여 그 가에 입적한 자는 가족이 된다. 호주의 변경, 즉 호주승계나 호주의 폐가 입양이 있었을 경우에는 전 호주의 가족은 원칙적으로 신호주의 가족이 된다.

동성애자 사이에서도 '일부일처제적으로' 지속적인 광범한 생활공동체, 즉 주거공동체 경제공동체, 성공동체를 영위하는 관계가 얼마든지 성립할 수 있다. 동성애자 사이에 생활공동체가 성립한 경우, 동성연애자도 당연히 생활공동체의 법적 보호를 원하고 외부에 그 관계는 선언하려는 경향을 가질 수 있다.

동성애적 생활공동체에 대한 법적 보호의 필요성을 부정할 수 없다. 종래 동성애행위를 형법상의 범죄로 취급한 경우도 있으나, 현재 세계 각국은 동성애자의 인권을 보호하고 동성애적 생활관계의 법적 보호를 인정하는 추세로 나가고 있다. 아직 국내에서는 동성애자의 지위 및 동성애적 생활관계의 법적 보호나 규율에 관한 논의가 거의 없으며 동성애자의 혼인도 인정되지 않고 있다. 장차 국내에서도 동성애자와 관련되는 다양한 법적 논의가 전개될 필요가 있다고 본다.

동성 간 결혼을 법적으로 인정할 것인지의 문제는 성 개방, 혼인의 개념변화, 개혁이나 전통고수냐는 상반된 반응이 나올 수밖에 없다. 변화를 지지하는 쪽에서는 인권존중을 가장 주요한 근거로 내세우고, 반대하는 쪽에서는 전통적 혼인이 파괴됨에 따라 사회적 혼란과 성적 타락이 가중될 것이라고 염려를 내세우기 때문이다. 즉 누구를 사랑하고 누구와 결혼할 것인가의 문제는 인간의 기본적 권리인가 아니면 사회의 무게 중심을 잡는 버팀목인가라는 양측의 격렬한 논쟁은 피하기 어려운 숙제다.

지금까지의 내용으로 보아 가족의 형태가 다양해지고 있다. 전통적으로 동성애는 정신병적인 현상이자 죄악으로 간주되었지만, 현대 과학과 심리학의 발달로 동성애적 경향이 하나의 성적 경향으로서 인식되기 시작되었다. 또한 이러한 학계의 인식 변화는 사회적인 차원에서 동성애자를 차별하지 못하도록 하고 더 나아가 그들에게 합법적인 결혼의 지위를 인정해주는 법안이 통과하도록 이끌었다. 이러한 법안들의 제정은 최근 들어 가속화되었고 미국의 일부 주와 네덜란드, 프랑스, 영국은 동성 결혼을 합법화하는 법안을 통과하였다.

한국 사회에서 성 소수자에 대한 인식은 아직 서구에 비하면 걸음마 수준이다. 유럽 일부 국가와 미국은 동성의 결혼을 인정하고, 혐오 및 차별 발언을 처벌하는 법도 있다. 하지만 한국 사회에서 성 소수자를 차별하면 처벌받는 '차별금지법' 제정은 아직 먼 나라 이야기인 것 같다. 개신교에서 이 차별금지법을 적극 반대하고 있기 때문이다. 이러한 사회 분위기 속에서도 성 소수자는 우리 곁에 존재한다. 성 소수자 자녀를 인정하고 그들을 지지하는 부모도 있다.

신문기사 1

성소수자 가족은 가족이 아니라고?

[인권으로 읽는 세상] 가족을 구성할 보편적인 권리를 향하여

이번 기본계획이 지향해야 할 방향

이번 4차 기본계획(2021~2025년)은 '가족 다양성 포용'과 '평등한 돌봄'을 최우선 과제로 제시하고 있다. 핵심적으로 혈연 혼인으로만 규정된 가족의 정의를 바꿔 가족다양성을 받아들이고 가족 유형에 따른 차별을 해소할 법과 제도가 마련될 예정이다. 국가가 고정된 가족 개념의 한계를 공식적으로 인정하고 가족규범을 재구성하겠다고 공언했다.

그러나 이번 기본계획의 '가족다양성'과 '돌봄'이라는 키워드는 그 자체로 새롭거나 혁신적인 목표는 아니다. 2004년 건강가정기본법이 제정된 이래로 과거 기본계획들도 '가족다양성'과 '돌봄'을 핵심적 정책 과제로 제시해 왔다. 그러나 이 계획들은 모든 형태의 가족들의 가족구성권을 인정하지 않았다는 한계가 분명했다. 혼인과 혈연중심의 '정상가족'에 독점적인 지위를 그대로 둔 채 그 외 가족들을 한부모, 조손가족, 청소년 한부모 등으로 유형화해 다양한 가족 형태 그 자체가 취약하거나 위기라는 차별적인 인식을 강화해 왔다. 이런 비판에 기초해 수립된 이번 4차 기본계획(2021~2025년)은 모든 가족을 포용하는 사회기반을 구축하겠다고 한다.

가족다양성을 포용한다는 것의 의미

우리는 누구나 살아가면서 만나고 헤어지는 과정에서 1인 가구로 살아가다가도 가족을 꾸릴 수 있고 그 안에서 위기와 안정을 경험한다. 국가가 가족을 혈연과 혼인 관계를 넘어 다양한 가족구성을 인정한다고 할 때, 가족은 고정된 무엇이 아니라 다양한 생애 주기 유동하는 것이라는 전제 속 모든 사람이 포함되는 정책이어야 한다. 그래서 가족 구성권을 포용한다는 의미는 모든 사람의 보편적인 삶을 포용한다는 의미와 만난다.

가족구성이 다양하고 유동적일 수 있다는 사실은 지난해 여성가족부가 진행한 '가족 다양성에 대한 인식 조사'에서도 드러난다. 이 조사에 따르면 '혼인 · 혈연관계가 아니어도 생계와 주거를 공유하면 가족'이라는 데 동의한다고 밝힌 비율이 전체 중 약 70%다. 정서적 유대만으로 친밀한 관계라면 가족일 수 있다고 답한 비율도 40%에 달할 만큼 가족에 대한 사회 인식은 달라졌다. 가구형태도 1인 가구 포함 2인 이하 가구가 전체의 60%를 차지하고, 부부와 미혼자녀로 구성된 이른바 정상가족은 30% 채 되지 않은 비주류적인 가족형태가 되었다. 또한 성인이 결혼하지 않고 혼자 사는 것에 대해 80.9%, 결혼하지 않고 아이를 낳는 것에 대해 48.3% 수용할 수 있다고 답하는 등 가족다양화에 대한 수용도가 높아지고 있다.

보편적인 가족구성권을 향하여

최근 여성가족부장관은 이번 계획에 대한 종교계 일각에서 '가족다양성 확대는 사실상 동성혼 허용'이라는 반발에 대해 동성혼인 관계는 4차 계획이 말하는 가족 범위에 포함되지 않는다고 선을 그었다. 모든 가족이 차별 없이 존중받고 정책에서 배제되지 않는 여건 조성하겠다고 공언한 여성가족부는 자신의 '가족' 담론과 가족 정책이 성소수자 비혼 · 동거 가구를 정책 대상으로조차 인식하지 않고 있다는 점을 드러낸 셈이다.

그동안 국가에 의해 가족이되 가족으로 인정받지 못했던 사람들이 정책의 대상이 된다는 것은 이들의 총체적 삶에 대한 권리를 가시화하는 일이다. 그런 의미에서 이번 4차 가족계획이 성소수자의 가족구성권에 대한 내용을 담지 않고 있는 것은 가족다양성의 의미를 온전히 실현하기 어렵게 만든다. 성소수자에 대한 가족구성권을 배제는 단순히 '동성혼 불허'의 의미가 아니라 실질적인 돌봄과 친밀성을 실천하는 다양한 가족 관계들 사이의 위계를 만든다는 점에서 여전히 누가 가족을 구성할 수 있는가 하는 질문으로 돌아가게 만든다. 수년간의 가족정책은 누가 나의 '가족'인가에 대해 근본적인 질문을 던지며 견고한 국가와 이성애 중심적인 가족규범에 균열을 내려고 시도해왔던 도전 덕분에 변화해왔다. 이번 4차 계획이 바로 그 결과물이라면 국가가 가족유형에 따라 서로를 돌보고, 지지하는 관계를 차별하거나, 선별적인 복지의 대상으로 바라볼 것이 아니라, 모든 사람이 가진 보편적인 권리로서의 가족구성의 의미를 실현해나가야 할 것이다.

다시 가족은 누구이냐는 질문 앞에서

정부의 다양한 가족을 포용하겠다는 4차 기본계획을 계기로 우리 사회는 다시금 '가족은 누구인가'라는 질문 앞에 섰다. 이제 국가는 제대로 답해야 할 것이다. 누구나 차별 없이 평등한 관계 속에서 가족이라는 이름으로 살아갈 수 있어야 한다고 생각한다.

출처: 프레시안, 가원 인권운동사랑방 상임활동가(2021.05.16).

신문기사 2

[성소수자 가족③] 상당수 동성애자 가족 화해 못 하고 '탈(脫) 가정'

자녀의 성적 취향을 그대로 받아들이는 부모가 점차 늘고 있지만 여전히 성소수자에게 커밍아웃은 어려운 일이다.

중학교 3학년 때 본인이 '게이'임을 알게 됐다는 동그리씨(25 · 닉네임)는 고등학교 1학년 때 '아웃팅'을 당했다. 독실한 기독교 신자 부모 밑에서 본인 역시 교회를 다니던 그는 자신이 동성을 좋아한다는 사실을 알고 이를 교회 친구들에게 털어놨다.

동그리씨의 고민을 심각하게 받아들인 친구들은 어린 마음에 이를 자신의 부모에게 말했고, 이 같은 소문은 삽시간에 교회 전체로 퍼져 동그리씨의 부모님 귀에까지 들어갔다.

아웃팅보다 동그리씨를 더 힘들게 했던 것은 부모님의 태도였다. 독실한 기독교인이던 부모님은 동그리씨에게 "교회 안에서 부모를 망신시킨 것"이라며 "네가 청소년으로서의 치기 어림 등으로 인해 단순히 (성적 취향에 대해) 고민을 하는 것"이라며 동그리씨를 이해하지 못했다.

동그리씨의 부모는 이와 함께 동그리씨에게 폭력까지 행사하기 시작했다. 가정폭력의 상황에까지 놓인 그는 결국 대학 입학과 함께 집을 나와 탈(脫) 가정을 시작했다.

그러다 몇 해 전 '아예 정리를 해야겠다'는 생각에 재차 부모에게 커밍아웃을 한 이후부터는 부모님이 조금씩 변한 모습을 보이고 있다 했다. 동그리씨는 "커밍아웃 이후 부모님이 종종 전화를 걸어 동성애 이야기를 하는 등 어느 정도 받아들이는 분위기를 보이고 있다"고 설명했다.

동그리씨는 "나에게 가족이란 그렇게 좋은 의미가 아니다"라면서도 성소수자부모모임을 통해 다양한 형태의 가족을 볼 수 있었다고 전했다.

그는 "성소수자 부모모임에 찾아오는 부모들은 대다수 '자녀의 성적취향을 수용하겠다'는 마음을 가지고 오기 때문에 궁극적으로는 자녀를 이해하고 받아들이게 된다."며 "그러나 여전히 전환치료와 기독교 캠프 등 극단적인 방법을 통해 성적소수자인 자녀를 받아들이지 못하는 경우가 상당수 존재한다."고 밝혔다.

이어 "성적소수자 부모모임은 성소수자 당사자에게 너무나 어려운 가족 상대 커밍아웃의 성공적인 사례를 볼 수 있는 공간"이라며 "성소수자 당사자는 덜 상처를 받을 수 있고, 부모들은 이미 경험한 부모들을 통해 자녀를 받아들이는 데 도움을 받을 수 있다"고 전했다.

동그리씨는 끝으로 "(부모와 갈등을 겪고 있는 나에게) 성소수자 부모 모임은 희망과 어려움을 동시에 확인하는 공간"이라면서도 "다만 서로가 대화를 하고 이해하려고 노력한다는 것 자체에 의미가 있다고 생각한다."고 말했다.

출처: 뉴스1, 권혜정 기자(2017.07.02).

신문기사 3

한국의 '가족' 규정, 동성애 커플도 포함해야
법률을 개정하여 다양한 가족을 인정하라

1월 26일, 한국 정부는 '가족'의 법적 정의를 개정할 것임을 발표하고, 한부모와 비혼 가족 등 가족의 다양성을 인정해야 할 필요성에 대한 공청회를 개최했다. 안타깝게도 3월에 정부가 최종 결정하여 발표할 건강가정기본계획에서는 새로 갱신된 '가족'의 정의에 동성 커플은 포함되지 않을 것으로 보인다.

가부장적 유교 문화에 뿌리를 두고 있는 한국의 가족법은 아직까지 출생, 혼인 또는 입양만을 바탕으로 엄격하게 혈족과 인척을 규정하고 있다. 한국은 동성 커플의 혼인권을 인정하지 않으며, 한 정부 관료는 새로운 가족 개념에 동성 커플이 포함되지 않을 것이라고 밝혔다.

가족에 대한 정부의 좁은 해석으로 인해 많은 사람들이 복지제도에서 배제되고 있다. 한부모, 특히 비혼모들은 경제적 지원과 사회복지 서비스를 이용하는 데 어려움을 겪으며, 뿌리 깊은 사회적 낙인으로 인해 종종 차별을 받고 자녀와 함께 빈곤층으로 전락할 가능성이 크다.

세계 최저 출산율에 대응하기 위해 정부는 보다 많은 사람들이 아이를 낳도록 독려하고자 새로운 조치와 출산장려금 정책들을 내놓고 있다. 그러나 비혼 여성과 동거가족은 인공수정과 체외수정 시술을 받지 못한다. 또한 동성 커플은 법적으로 인정되지 않고 성소수자들에 대한 차별을 금지하는 법률이 부재하여 부모가 되기 어렵다.

한국은 변화할 준비가 되어 있다. 여성가족부의 최근 설문조사에 따르면, 한부모와 다문화가정 등 다양한 가족에 대한 수용도가 증가했으며, 응답자의 약 70%가 혼인이나 혈연으로 연결되지 않더라도 같이 살면서 생계를 함께하는 사람들을 가족으로 규정하는 것으로 나타났다.

한국 정부는 다양성을 중요하게 고려하여 가족에 대한 모든 법적 정의에서 한부모와 비혼 및 동거가족, 동성 커플이 포함되도록 법률을 개정하고, 모든 가족이 사회복지 서비스와 보조금 혜택을 받을 수 있도록 해야 한다. 정부는 또 한부모, 특히 비혼모와 성소수자에 대한 모든 형태의 차별을 철폐해야 한다.

출처: Human Rights Watch, Susanné Bergsten(Senior Coordinator, Women's Rights Division)(2021.02.02).

신문기사 4

'무조건 숨겼다'…
살기 위해 집 떠나는 청소년 성소수자들

"경찰은 저와 양친을 조사하면서 제게 '맞을 만했네.'라고 말했습니다. 제가 성소수자로 태어났기 때문에 맞는 게 당연한 일인 건가요? 가정도 안전하지 않아 제가 살려고 나온 밖도 혐오로 뒤덮인 세계였습니다."

탈가정 경험이 있거나 탈가정을 진지하게 고민해본 청소년 성소수자 중 65%가 신체적 · 정서적 폭력, 전환치료 시도, 부모의 방임 · 무관심, 성폭력 중 최소 1개 이상의 가정 내 폭력을 경험한 것으로 나타났다.

청소년성소수자위기지원센터 띵동은 지난 26일 '청소년 성소수자의 탈가정 고민과 경험 기초조사 결과 보고회'를 열고 이 같은 내용을 발표했다.

띵동은 2020년 7월, 10대 때 탈가정 경험이 있는 만 24세 이하 성소수자와 탈가정을 고민하거나 계획한 청소년 소수자 총 325명을 조사, 이 중 153건의 응답을 분석했다.

이 중 약 42%가 성정체성을 부모에게 알린 것으로 나타났다. 43%는 부모에게 자신의 성정체성을 알리지 않았다고 답했다.

띵동의 활동가인 아델은 보고회에서 "2015년 띵동이 상담을 시작한 이래 2000건이 넘은 상담 및 위기 지원 사례 중에서 정신건강(심리 문제)을 비롯해 가족과의 갈등, 가족의 학대, 탈가정 문제는 언제나 큰 비중을 차지해왔다"고 밝혔다.

"청소년이 있어야 할 곳으로 여겨지는 가족과 학교에서 청소년 성소수자들은 많은 혐오와 차별을 경험하고, 자신을 지키기 위한 방식으로 탈가정과 탈학교를 고민하게 됩니다. 어느 하나 쉬운 선택이 없고, 수많은 고민과 갈등에 부딪히는 길이지만 이때 청소년이 필요한 도움과 지원을 구할 수 있는 곳도, 곁에서 함께해줄 수 있는 사람도 참 많이 부족합니다."

탈가정 청소년 성소수자

한국에서 '성소수자 청소년의 가정폭력 피해와 탈가정 실태'는 구체적으로 알려진 바가 없다. 청소년 성소수자에 대한 국가기관의 연구는 2006년이 마지막이다.

전문가들은 아직도 한국 사회에서 문제에 대한 인식은 물론, 공적 지원시스템의 성적소수자 인권에 대한 이해와 배려가 부족하다고 지적한다.

띵동은 현재 '위기/가출청소년', '가정 밖 청소년'을 대상으로 한 연구조사 중 그 어떤 것도 성별정체성과 성적지향을 포함하고 있지 않다고 했다.

한국에서 빈곤, 방임, 학대 등으로 더 부모가 보호할 수 없다고 판단된 아동은 '요보호아동'으로 분류된다. 하지만 같은 이유로 청소년이 스스로 탈가정할 경우엔 '위기청소년'으로 분류한다.

소년법 제4조에 따르면, 19세 미만의 청소년이 "정당한 이유 없이" 가출하는 것은 우범 사유에 해당해 경찰에 의해 보호자에 인계될 수 있다. 정당한 이유를 증명하려면 청소년이 집을 '나올 수밖에 없었던 이유'로서 폭력이나 다른 피해를 증명해야 한다.

청소년쉼터 이용을 희망할 때도 상황은 비슷하다. 폭력과 학대 피해자임이 공식적으로 증명(피해상담 사실 확인서나 경찰 사건 · 사고 사실 확인서)됐을 경우가 아니라면, 입소희망자는 부모에게 연락해 허락을 받아야 하는 게 원칙이다.

이날 발언을 한 청소년 성소수자 서드(가명)는 가정폭력과 불화로 집을 나와 현재 청소년쉼터에서 살고 있다.

그는 한국 사회에서는 "청소년이란 이유로 부모 곁에서 떨어지기 힘든 구조가 있다"고 지적했다.

"집을 나온 청소년 성소수자들은 잘 곳이 없어 대부분 찜질방이나 그마저도 안되면 계단에서 쪽잠을 잡니다. 집을 나왔을 때 저는 혼자인 것도, 기댈 사람이 없다는 것도 무서웠습니다."

탈가정 이후 이용해본 쉼터 등 주거시설을 묻는 응답에 59.7%가 '해당되는 문항 없음', 즉 이런 시설을 이용한 적이 없다고 응답했다. 24시간 운영되는 가게에 머물거나 노숙을 했다고 답한 비율도 각각 24.2%나 됐다.

청소년쉼터를 이용하지 않은 이유에 대해 응답자의 75.7%가 '부모에게 연락할 것 같아서'라고 답했다.

서드는 "가족들과 떨어져 지내고 싶은 사람이어도 쉼터는 애처롭게도 부모님 허락이 있어야 머무를 수 있다"며 "폭력을 피해, 살기 위해 집을 나온 사람들이 이런 이유로 다시 집으로 돌아가는 경우를 많이 봤다"고 증언했다.

허민숙 국회입법조사처 입법조사관은 이날 토론회에서 "입소결정권을 청소년 당사자에게 부여하고 있는 외국의 입법례를 참고할 필요가 있어 보인다."면서 "미국 인디애나주의 경우, 홈리스 또는 저소득 청소년이 쉼터 서비스 등을 이용하려고 할 때 부모의 동의를 전혀 요구하고 않는다."고 말했다.

전문기관 도움받기도 쉽지 않아

청소년 성소수자들은 청소년 기관들을 알고 있지만 다양한 이유로 이를 이용하지 않는 것으로 나타났다.

한 심층 면접 참가자는 청소년 복지센터 상담사가 "퀴어에 관한 이해가 없어서, 이해나 공감을 못 해주는 것 같았다"면서 "들어주기는 하는데, 아무리 말해봤자 그냥 메아리 같았다"고 말했다.

허 입법조사관은 "청소년을 위해 마련된 서비스 기관에 대해 청소년들이 잘 모르고, 또 알고 있다 하더라도 '내 문제를 이해받을 수 없을 것 같아서 이용하지 않았다'라는 응답은 사실상 청소년 정책의 뼈아프고도 부끄러운 공백"이라고 꼬집었다.

띵동은 가정폭력을 경험한 청소년 성소수자에게 "탈가정은 나를 지키는 것과 직결된 문제"라면서 "학교와 상담기관, 등 청소년 성수자를 만나는 사람 한 명 한 명의 태도가 귀중한 이유가 여기에 있다"고 강조했다.

가정폭력이 발생했을 때도 청소년 성소수자들은 도움을 제대로 받지 못하는 것으로 나타났다.

가정폭력 신고 경험이 있다는 응답자(18명) 중 신고 기관이 '거의 도움이 되지 않았다'거나 '전혀 도움이 안 됐다'는 응답은 94.4%(17명)에 달했다.

경찰에 가정폭력을 신고한 청소년 성소수자 시원(가명)은 당시 "경찰관이 오히려 부모님 편을 드는 느낌이었고, 그러면서 별 심각성도 못 느끼고 제가 철이 없다는 것처럼 얘기했다"고 당시를 회상했다.

복합적인 위기

탈가정을 경험했거나 고민하는 청소년 성소수자들은 복합적인 위기를 겪는 것으로 나타났다.

이들은 '현재 고민, 걱정하고 있는 문제'에 대한 질문에 '성 정체성에 대한 고민(68.6%)', '정서적 · 심리적 어려움(66.7%)', '성소수자 혐오표현 경험(64.7%)', '자살, 자해 시도 또는 충동(60.8%)', '아웃팅에 두려움(53.6%)'이라고 답했다.

한국성폭력상담소 활동가인 수수는 이날 토론회에서 이번 연구는 "청소년 성소수자들이 탈가정을 결정 또는 계획하게 된 이유의 절대다수가 혐오, 가정 내의 신체/정서적 폭력 때문이며, 탈가정을 통해 정신적 안정과 신체적 안전을 구하고자 함을 알 수 있다"고 분석했다.

전문가들은 이런 이유로 성소수자 청소년들은 또래 청소년보다 거리를 전전할 확률이 높다고 설명한다.

시카고 대학의 2017년 연구에 따르면, 청소년 성소수자가 홈리스를 경험할 확률이 그렇지 않은 청소년보다 120% 높은 것으로 나타났다.

허 입법조사관은 "미국의 조사에서 성소수자 청소년들은 또래 청소년보다 홈리스가 될 우려가 훨씬 높고, 홈리스가 된 이후 낙인과 차별이라는 추가적인 고통에 노출된다는 점이 지적됐다"면서 한국도 "가정 밖 청소년을 포함한 위기청소년에 대한 본 조사에서 반드시 청소년 성소수자를 포함해야 할 것"이라고 강조했다.

출처: BBC News 코리아. (2021.06.28).

신문기사 5

성소수자 인권교육

서울시교육청은 학생인권위원회 심의를 거쳐 계획을 확정할 예정이다

'레즈 같다' '게이냐' 등 혐오표현 만연… 청소년 인권교육이 필요한 이유

서울시교육청은 성소수자 인권교육이 포함된 '학생인권종합계획'을 추진 중이다. 교육청은 올해부터 2023년까지 각 학교에 적용되는 '2기 학생인권교육'을 수립하면서 '성소수자 학생의 인권교육 강화' 사항을 포함했다. 2기 종합계획은 올해부터 2023년까지 적용된다.

이번 초안에 소개된 다섯 가지 정책 목표 중 하나인 '혐오와 차별 없는 학교 만들기'에 '성소수자 학생 보호 및 지원' 항목이 신설됐는데, 여기 성소수자 피해 학생 상담 조사 지원과 성소수자 학생에 대한 인권교육을 강화한다는 내용이 담겼다. 최종안은 아직 발표되지 않았다.

'소수자 학생'의 권리 보호는 2018년 수립된 1기 학생인권종합계획에도 포함됐지만, 성소수자 학생의 인권에 대한 내용이 직접적으로 언급된 적은 없다.

하지만 이 사항을 두고 찬반 논란이 일고 있다. 서울시교육청 시민청원 게시판에 이와 관련해 올라온 청원만 수십 개다. 자녀에게 동성애를 가르칠 수 없다는 학부모와 교사의 원성도 나왔다.

교사라고 밝힌 한 청원인이 올린 "'학생인권종합계획'의 올바른 개정을 촉구한다"는 청원 글에 김영준 서울시교육청 학생인권옹호관은 "학생인권종합계획은 학생들의 안전을 최우선으로 생각하여 일상에 남아 있는 성차별 해소와 왜곡된 성인식을 개선하여 인권친화적인 학교 문화를 조성하고자 하는 것"이라며 서울시교육청은 "특정이념 및 성정체성이나 성적 지향을 강요하는 반인권적 교육과는 관련성이 없다"고 답했다.

지난 2019년 유엔아동권리위원회는 한국이 성소수자 학생들이 겪는 차별을 예방

하기 위해서는 성교육을 포괄적으로 개정해 아이들의 연령에 맞게 임신, HIV/AIDS, 성적 지향, 젠더 정체성 등의 주제를 다뤄야 한다고 촉구한 바 있다.

성소수자 혐오 표현

한국청소년정책연구원이 발표한 연구에서 청소년 응답자 전원이 학교폭력 예방 교육과 같이 혐오표현에 대해서도 예방교육이 필요하다고 동의했다. 이 중 67.5%가 교육 현장에서 혐오표현의 교육이 필요하다고 답했다.

한 응답자는 "표현 자체를 어떻게 해야 할지에 대해서 학교 안에서 교육하는 것이 중요한 것 같다"며 "내 주변에 성소수자 친구가 있더라도 어떻게 이 친구와 관계를 맺을 수 있는지에 대해서도 교육이 필요하다"고 답했다.

실제 학생들 사이에서 성소수자 혐오를 담고 있는 표현인 '레즈 같다' '게이냐' '똥꼬충'뿐 아니라, 트랜스젠더와 정신병자의 혐오를 함께 담고 있는 '정신병자'라는 복합적인 표현도 쓰이는 것으로 나타났다.

연구진은 "성소수자에 대한 혐오표현은 수위도 심각할 뿐 아니라 아웃팅 협박이나 폭력 피해, 성폭력 피해까지 보게 되는 사례가 적지 않다"며 "학교 수업이나 학생 지도 과정에서 교사에 의한 성소수자 혐오와 차별로 인한 피해도 종종 발생한다."고 설명했다.

청소년성소수자위기지원센터 띵동도 지난 1월 20일 "실제 띵동엔 청소년 성소수자의 학교 내 피해 상담이 매일 같이 접수되고 있다"며 "'게이 같아, 레즈 같아'라는 놀림이 일상인 환경, 아웃팅 협박, 따돌림과 신체적 폭력 사례가 수년째 줄어들지 않는다"고 강조하며 이번 학생인권종합계획 추진을 촉구하는 내용의 성명을 냈다.

어느 날 내 아들이 사실 남자를 좋아한다는 고백을 한다고 가정해 보자. 자녀의 고백에 "그래? 엄마는 괜찮아"라고 주저하지 않고 대답할 수 있는 부모가 몇 명이나 있을까. 종교를 가지고 있든 무신론자든 자녀가 동성애자라 할 때 "그래 난 너를 지지해"라고 단번에 얘기할 수 있는 부모는 그리 많지 않을 것 같다.

출처: BBC News 코리아. (2021.03.03).

참·고·문·헌

고기홍 (2005). 가족문제 사례개념화 모형 개발. **청소년상담연구**, 13(1), 3-15.

강은영, 김정민, 정하나 (2015). 난임 여성의 심리사회적 적응을 위한 인지행동치료 프로그램의 개발 및 효과. **상담학연구**, 16, 451-471.

김만두 (1982). **현대사회복지 총론**. 서울. 홍익재.

김상규 외 (1983). **사회복지론**. 서울: 형설출판사.

김성천 (1993). 사회복지학에서의 가족연구 접근방법. 한국가족학회. **가족학논집**, 5, 201-229.

김성천, 서윤 역 (1995). **현대 가족복지론**. 서울: 이론과 실천.

김수정 (2006). 스웨덴 가족정책의 삼중 동학: 탈상품화, 탈가족화, 탈젠더화, 한국가족복지학회. **가족과 문화**, 18(4), 1-33.

김양희, 박정윤 (2004). 한국 가족의 위기 개입을 위한 전문가의 역할. **생활과학논집**, 20, 1-13.

김영혜, 김종남 (2013). 해결중심 집단프로그램이 이혼가정 아동의 심리적 적응에 미치는 효과: 탄력성, 이혼지각, 부정적 정서를 중심으로. **한국가족치료학회지**, 21, 103-126.

김윤경, 이다미 (2011). 해결중심단기가족치료의 효과에 관한 사례연구: 이혼가정 청소년 자녀와 부모를 중심으로. **청소년학연구**, 18, 49-81.

김승권 외 (2000). 한국 가족의 변화와 대응방안. 한국보건사회연구원.

김승권 외 (2001). **최근 가족해체의 실태와 정책방안에 관한 연구**. 서울: 한국보건사회연구원.

김태성, 성경륭 (1993). **복지국가론**. 서울: 나남.

김희정, 김정민 (2015). 결혼이주여성의 양육효능감 향상을 위한 CBT 부모훈련 프로그램의 개발 및 효과. **한국가정관리학회지**, 33, 135-148.

권영자 (1996). 한국가족의 당면문제와 정책과제. 한국가족복지학회. 창립총회 및 학술대회 자료집.

공세권, 조애저, 허남영 (1995). **가족결손의 유형별 특징과 가족정책의 접근방안**. 한국보건사회연구원. 서울: 대명문화사.

노혜련, 김윤주 (2014). **강점관점 해결중심 사례관리**. 서울: 학지사.

류연규 (2007). 복지국가의 탈가족화에 대한 이론적 논의와 탈가족화 수준 비교. 한국가족사회복지학회. **한국가족복지학**, 20, 259-286.

박완주, 박신정, 황성동 (2015). 한국 학령기 ADHD 아동을 위한 인지행동중재의 효과 연구. 대한간호학회지, 45, 169-182.

박태영, 김선희, 유진희, 안현아 (2012). 이혼위기에 있는 부부에 대한 가족치료 다중사례연구. 한국가족치료학회지, 20, 23-56.

박태영, 유진희 (2012). 자해행동을 하는 자녀에 대한 가족치료 사례연구. 한국가족치료학회지, 20, 225-251.

박태영, 조지용 (2012). 부적응행동 (집단따돌림, 도벽, 거짓말)을 하는 초기 청소년 자녀에 대한 가족치료 사례연구. 한국가족치료학회지, 20, 601-626.

박태영, 박진영, 하태선 (2011). 고부갈등을 겪고 있는 부부들을 위한 가족치료 사례연구: 남편들의 자아분화를 중심으로. 한국가족치료학회지, 2011, 23-51.

박태영, 김태한 (2008). 홀어머니와 큰아들의 갈등에 대한 가족치료 사례연구. 한국가족복지학, 23, 263-302.

백은영, 채규만 (2015). 인지행동 학습치료 프로그램이 ADHD 성향 중학생에게 미치는 효과 검증. 한국청소년연구, 26, 245-268.

송다영 (2004). 가족위기에 대한 비판적 재고찰. 대한예수장로회 총회사회부 가족복지선교 토론회 자료집.

송다영, 정선영 (2013). 통합적 가족정책으로의 패러다임 전환을 위한 과제. 비판사회정책. 39, 145-189.

송성자 (2001). 한국문화와 가족치료: 해결중심접근. 서울: 법문사.

송성자 (2002). 가족과 가족치료 (제2판). 서울; 법문사.

송성자, 정문자 (1994). 경험적 가족치료: Satir 이론과 기법. 서울: 중앙적성출판사.

신섭중 외 역 (1995). 일본 현대복지학 총람. 서울: 대학출판사.

유영주 (1993). 가족학. 서울: 하우.

유승은 (2015). 구조적 가족치료를 활용한 가족모래놀이치료가 정서 행동장애아 가족의 건강성에 미치는 효과. 한국가정관리학회지, 33, 33-50.

유진희 (2015). 원가족의 역기능적 의사소통 방식으로 인해 대인기피증이 있는 딸에 대한 가족치료 사례연구: MRI이 의사소통모델과 Bowen의 가족체계이론 중심으로. 가족과 가족치료, 23, 217-238.

윤경자 (2015). 외도로 인한 이혼위기의 부부상담: 사례연구. 한국가족치료학회지, 23, 55-88.

이다미 (2014). 문제행동 청소년을 위한 해결중심 가족상담 사례연구. 청소년시설환경, 12, 69-80.

이다미 (2013). 불안정 애착의 세대 간 전이를 경험한 어머니-자녀에 관한 사례연구: Bowen의 가족상담이론을 중심으로. 복음과 상담, 222-254.

이동원 외 (2001). 변화하는 사회, 다양한 가족. 파주: 양서원.

이인수 (2003). 한국 가족문제의 유형과 특성 (1940~1980년대 신문기사를 중심으로). 서울: 학지사.

이정숙 (1993). 가족복지에 관한 탐색적 고찰. 한국사회사업학회. 사회사업학회지, 5, 15-33.

이진숙 (2003). 가족복지정책의 패러다임 검토. 2003년 한국가족사회복지학회 추계공동학술대회 자료집.

이종원, 옥선화 (2015). 결혼초기 기혼남녀의 부부갈등 관련변이 연구: Bowen과 Satir 모델의 이론적 연계성 탐색. 한국가족관계학회지, 20, 3-25.

이화여자대학교 사회사업학과 편 (1995). 가족치료 총론. 서울: 동인.

이혁구 (1999). 탈근대사회의 가족변화와 가족윤리: 21세기 가족복지의 실천방향. 한국가족복지학, 4, 11-17.

이혜경 (1995). 한국의 가족정책: 대안의 선택과 정부 민간의 연계. 가족정책토론회 자료집: 삶의 질 선진화와 가족정책.

이혜경 (1996). 한국의 가족정책 대안의 선택과 정부 민간의 연계. 박병호 외. 한국가족정책의 이해: 서울. 학지사.

이효재 편 (1988). 가족 연구의 관점과 쟁점. 서울: 까치.

임인숙 (1999). 미국 학계의 가족 변화 논쟁. 가족과 문화, 11(1), 23-46.

임향빈 (2014). 가족갈등 문제를 가진 빈곤여성가구주의 변화과정 연구: 대상중심 가족치료를 적용한 사례를 중심으로. 한국가족치료학회지, 22, 97-130.

원석조 (2002). 사회문제론. 경기: 양서원.

은기수 (2002). 출산율 추이와 그 변화의 원인: 출산율 1.30 진단과 대안. 10차 여성정책포럼자료집. 서울: 한국여성개발원.

장휘숙 (1995). 가족심리학. 서울: 다우.

전준우 (1988). 가족복지론. 서울: 홍익출판사.

조지용, 박태영 (2011). 갈등으로 인한 이혼위기를 경험하고 있는 부부의 부부치료 사례연구. 한국가족관계학회지, 19, 41-62.

최성재 (1995). 복지국가와 가족. 한구가족복지학회 편. 서울: 하우.

최정란 (2014). 사티어 경험적 가족치료모델 의사소통훈련 결혼준비교육이 참여자들에게 미치는 영향: 자존감과 친밀감을 중심으로. 한국가족치료학회, 22, 229-251.

한국여성개발원 (1990). 한국가족정책에 관한 연구. 서울: 한국여성개발원.

함인희 (2005). 가족. 여성정책의 비전과 과제. 여성정책의 새 패러다임으로서 가족 여성정책의 비전과 과제. 서울: 한국여성학회.

Adams, B.N. (1980). *The family* (3rd ed.). Chicago: Rand McNally.

Ale, C. M., McCarthy, D. M., ROthschild, L.M., & Whiteside, S. P.H. (2015). Components of cognitive behavioral therapy related to outcome in childhood anxiety disorders. *Clinical Child Family Psychology Review, 18*, 240-251.

Ale, C. M., McCarthy, D. M., Rohschild, L.M., & Whiteside, S. P. H. (2015). Components of cognitive behavioral therapy related to outcome in childhood anxety disorders. *Clinical Child Family Psychology Review, 18*, 240-251.

Aponte, H. J., & VanDeusen, J. M. (1981). Structural family therapy. In A. Gurman, & D. Kniskern (Eds.), *Handbook of family therapy* (pp. 310-360). New York: Brunner. Mazel.

Arad, D. (2004). If your mother were an animal, what animal would she be?. *Family Process, 43*, 249-263.

Azrin, N. H., Naster, J. B., Jones, R. (1973). Reciprocity counseling: A rapid learning-based procedure for marital counseling. *Behavior Research and Therapy, 11*, 365-383.

Becerra, M. D. & Michael-Makri, S. (2012). Applying structural family therapy with a Mexican-American family with children with disabilities: A case study of a single-parent mother. *Journal of Applied Rehabilitation Counseling, 43*, 17-24.

Becvar, D. (1988). *Family therapy: A systemic integration*. Boston: Allyn &Bacon.

Becvar,D. S. & Becvar, R. J. (2006). *Family therapy: A systematic integration* (6th ed.). Boston: Allyn and Bacon.

Bellah, R.N., Madsen, R., Sullian, W. M., Swidler, A., & Tipton, S.M. (1985). *Habits of the Heart: Individualism and commitment in American life*. New York: Harper & Row.

Belanger, C., Laporte, L., Sabourin, S., & Wright, J. (2015). The effect of cognitive-behavioral group marital therapy on marital happiness and problem solving self-appraisal. *The American Journal of Family Therapy, 43*, 103-118.

Bogenschneider, K. (2008). What family policy issues are likely to be debated in the New Millenium? In K. Nogenschneider, *Family Policy matters: How policymaking affects families and what professionals can do*. New Jersey: Lawrence Erlbaum Associate.

Booth, A. (Ed.). (1991). *Contemporary families: Looking forward, looing back*. Minneapolis, MN: National Council on Family Relations.

Boscolo, L., Cecchin, G., & Penn, P. (1987). *Milan systemic family therapy*. New York:

Basic Books.

Brockman, M., Hussian, K., Sanchez, B., & Turns, B. (2016). Managing child behavior problems in children with austim spectrum disorders: Utilitizing structural and solution focused therapy with primary caregivers. *The American Journal of Family Therapy, 44*, 1-10.

Burr, W., & Leigh, G. (1983). Famology: A new discipline. *Journal of Marriage and the Family, 45*, 467-480.

Carter, E. A., & McGoldrick (1980). (Eds.), *The Family life cycle: A framework for family therapy*. New York: Gardner Press.

Clarke, J. K. (2014). Utilization of clients: Metaphors to punctuate Solution-Focused Brief Therapy interventions: A case illustration. *Contemporary Family Therapy, 36*, 426-441.

Donner, S., &Sessions, P. (1995). *Garrett's interviewing*(4th ed.). Milwaukee, WI: Families International, Inc.

Dohery, W. (1999). Post-modernism and Family Theory. M. Sussman, S. Steinmetz, G. Peterson (Ed.). *Handbook of marriage and the family*. New York: Plenum. Press.

Doherty, W. J., & Campbell, T. (1988). *Families and health*. Newbury Park, CA: Sage Publications.

Duvall, E. M., &Miller, B. C. (1985). *Marriage and family development*. N Y.: Harper & Row.

Elder-Vass, D. (2012). *The reality of social construction*. Cambridge: Cambridge University Press.

Elliot, F.R. (1988). *The family: Change or continuity?*. N.Y.: Macmillan Education Ltd.

Elliot, G. (1988). *Middlemarch*. Ed. David Carroll. Oxford: Oxford UP.

Esping-ANdersen, G. (1990). *The three worlds of welfare capitalism*. Cambridge: Polity Press.

Feldman, F. L., & Scherz, F. H. (1967). *Family Social Welfare: Helping Troubled Families*. N.Y.: Atherton Press.

Furstenberg, F., & Cherlin, A. (1991). *Divided families*. Cambridge: Harvard University Press.

Galvin, K. M. (1996). *Family communication: Cohesion and change*. NY: Harper Collins College.

Gauthier, A. H. (1996). *The state and the family: A comparative analysis of family policies inindustrialized countries*. Oxford: Clarendon Press.

Goldenberg, I., & Goldenberg, H. (1991). *Family therapy: an overview* (3rd ed.). Pacific Grove, CA: Brooks/Cole.

Goode, W. J. (1964). *The family*. Englewood Cliffs, NJ: Prentice-Hall.

Goldenberg, I., & Goldenberg, H.(1988). *Family Therapies*.

Gurman, A., Kniskern, D. (Eds.). (1991). *Handbook of family therapy*. New York: Brunner/Mazel.

Haley, J. (1976). *Problem-solving therapy*. San Francisco: Jossey-Bass.

Hartman, A., Laird, J. (1983). *Family-centered social work practice*. New York, London: The Free Press.

Hantrais, L. (2004). *Family policy matters: Responding to family change in Europe*. Bristol, UK: The Polity Press.

Hepworth, D. H., & Larseon, J. A. (1993). *Direct Social Work Practice* (4th ed.). Pacific Grove, A: Books/COle Publishing Company.

Holman, A. M. (1983). *Family assessment*. Beverly Hills/London/New Delhi: Sage Publications.

Jordan, C., Franklin, C. (1995). *Clinical assessment for social workers*. Chicago: Lyceum Books Inc.

Horigian, V.E., Feaster, D. J., Brincks, A., Robbins, M. S., Perez, M.A., Szapocznik, J. (2015). The effects of Brief Strategic Family Therapy (BSFT) on parent substance use and the association between parent and adolescent substance use. *Addictive Behaviors, 42*, 44-50.

Irwin, E. & Malloy E. (1975). Family puppet interview. *Family process, 14*, 179-191.

Kamerman, S. B., &Kahn, A. J. (Ed.)(1978). *Family Policy: Gouernmint and Families in Fourteen Countries*. N.Y.: Columbia University Press.

Kuhn, T.S. (1970). *The structure of scientific revolution*(2nd ed.). Chicago: University of Chicago Press.

Lock, A., & Strong, T. (2010). *Social Constructionism: Sources and Stirrings in theory and practice*. Cambridge: Cambridge University Press.

Minuchin, S., & Fishman, H. C. (1981). *Family therapy techniques*. Cambridge, MS: Harvard University Press.

Munson, C. E. (1980). *Social Work with Families; Theory and Practice*. N.Y: The Free Press.

Moos, R. H., & Moss, B. S. (1994). *Family environment scale manual* (3rd). Palo Alto, CA: Consulting Psychologies.

NASW. (1995). *Encyclopedia of Social Work* (19th ed.).

Nicholas, M. P. (2015). 가족치료 이론과 실제. 서울: 시그마프레스 (The essentials of family therapy (6th ed.)).

Nicholas, M. P. (2010). *Family therapy: Concepts and methods* (9th ed). Boston: Allyn & Bacon.

Parsons, T. (1951). *The social system*. Glencoe, Ill.: Free Press.

Park, T. & Ryu, W. (2014). A case study on family therapy for husbands with infidelity problems: Focused on changes in family relationship. 한국가족치료학회지, 22, 509-538.

Patterson, J. M. (2002). Integrating family resilience and family stress theory. *Journal of Marriage and the Family, 64*, 349-360.

Pecora, P. J., Whittaker, J. K., Maluccio, A. N., Barth, R. P., & PLotnick, R. D. (1992). *The Child Welfare Challenge: Policy, Practice, and Research*. N.Y.: ALdine De Grayter.

Plosker, R., & Chang, J. (2014). A Solution-Focused Therapy Group designed for caregivers of stroke survivors. *Journal of Systemic Therapies, 33*, 35-49.

Popenoe, D. (1988). *Disturbing the nest: Family change and decline in modern societies*. New York: Aldine de Gruyter.

Radohl, T. (2011). Incorporating family into the formula: Family-directed structural therapy for children with serious emotional disturbance. *Child and Family Social Work, 16*, 127-137.

Romanyshyn, J. M. (1971). *Social welfare: Charity to justice*. Lincoln, U.K.; Random House.

Satir, V. (1967). *Conjoint family therapy*. Palo Alto, CA: Science & Behavior Books.

Selvini-Palazoli, M., Boscolo, L., Cecchin, G., & Prata, G. (1978). *Paradox and counterparadox*. New York: Jason Aronson.

Scanzoni J. (1987). Families in the 1980s: Time to refocus our thinking. *Journal of Family Issues, 8*, 394-421.

Seed, P. (1990). *Introducing network analysis in social work*. London: Jessica Kinsley Publishers.

Sockol, L. E. (2015). A systemic review of the efficacy of cognitive behavioral therapy for treating and preventing perinatal depression. *Journal of Affective Disorders, 177*, 7-21.

Stanton, M.D. (1981). Strategic approaches to family therapy. In A. Gurman, & D.

Kniskern (Eds), *Handbook of family therapy* (pp. 361-402). New York: Brunner/Mazel.

Strong, B., & Devault, C. (1992). *The marriage and family experiences* (5th ed.), St. Paul, MN: West.

Suitt, K. G., Franklin, C., & Kim, J. (2016). Solution-Focused Brief Therapy with Latinos: A systemic review. *Journal of Ethnic & Cultural Diversity in Social Work, 25*, 50-67.

Sullivan, T., & Thompson, K. (1988). *Introduction to social problems*. N.Y.: Macmillian.

Szapocznik, J., Zarate, M., Duff , J., & Muir, J. (2013). Brief strategic family therapy: Engaging drug using/problem behavior adolescents and their families in treatment. *Social Work in Public Health, 28*, 206-223.

Walsh, F. (1996). The Concept of Family Resilience: Crisis and Challenge. *Family Process, 35*, 261-281.

Walsh, F. (2003). Family resilience: A Framework for Clinical Practice. *Family Process, 42*(1), 1-18.

Watalawick, P., Bavelas, J., & Jackson, D. (1967). *Pragmatics of human communication*. New York: W. W. Norton.

West, A. E., Weinstein, S. M., Peters, A. T., Katz, A. C., Henry, D. B., Cruz, R. A., & Pavuluri, M. N. (2014). Child and family-focused cognitive-behavioral therapy for pediatric bipolar disorder: A randomized clinical trial. *Journal of the American Academy of Child and Adolescent Psychiatry, 53*, 1168-1178.

Whittaker, J. K., & Tracy, E. M. (1989). *Social treatment: An introduction to interpersonal helping in social work practice*(2nd ed.). New York: ldine de Gruyter.

Wilensky, H.L., & Lebeaux, C. (1979). *Industrial society and social welfare*.

Williams, N. D., Foye, A., & Lewis, F. (2016). Applying structural family therapy in changing context of the modern African American single mother. *Journal of Feminist Family Therapy, 28*, 30-47.

Zimmerman, S. L. (1983). *The Reconstructed Welfare State and the Fate of Family Policy*. Social Casework.

저자소개

■ 박언하

박언하 교수는 Syracuse University 아동가족학과(Child and Family Studies)를 졸업한 이후 New York University 임상사회복지학과(Clinical Social Work) 석사를 마쳤고 연세대학교 사회복지대학원에서 사회복지학과 박사를 마쳤습니다. 이후 대동대학교 사회복지학과 조교수, 부교수, 학과장, 국제교류협력센터장, 사회봉사센터운영위원, 평위원을 거쳐 현재 교수로 재직 중에 있습니다. 현재 관심 분야는 아동학대, 다문화, 새터민가족에 관심을 갖고 강의, 연구, 학생 지도를 하고 있습니다.

가족복지론

초판 1쇄 발행 / 2022년 12월 30일
초판 2쇄 발행 / 2024년 3월 2일
초판 3쇄 발행 / 2025년 2월 10일

•

저 자 / 박 언 하
발행인 / 이 중 수
발행처 / 동 문 사

•

서울특별시 서대문구 홍제원 1길 12
(홍제동 137-8)
Tel: 02)736-3718(대), 736-3710, 3720
Fax: 02)736-3719
등록번호: 1974.04.27. 제9-17호
가격: 22,000원

•

ISBN: 979-11-6328-421-5 (93330)
E-mail: dong736@naver.com
www.dongmunsa.com